기독교문서선교회 (Christian Literature Center: 약칭 CLC)는 1941년 영국 콜체스터에서 켄 아담스에 의해 시작되었으며 국제 본부는 미국 필라델피아에 있습니다.
국제 CLC는 59개 나라에서 180개의 본부를 두고, 약 650여 명의 선교사들이 이동도서차량 40대를 이용하여 문서 보급에 힘쓰고 있으며 이메일 주문을 통해 130여 국으로 책을 공급하고 있습니다. 한국 CLC는 청교도적 복음주의 신학과 신앙서적을 출판하는 문서선교기관으로서, 한 영혼이라도 구원되길 소망하면서 주님이 오시는 그날까지 최선을 다할 것입니다.

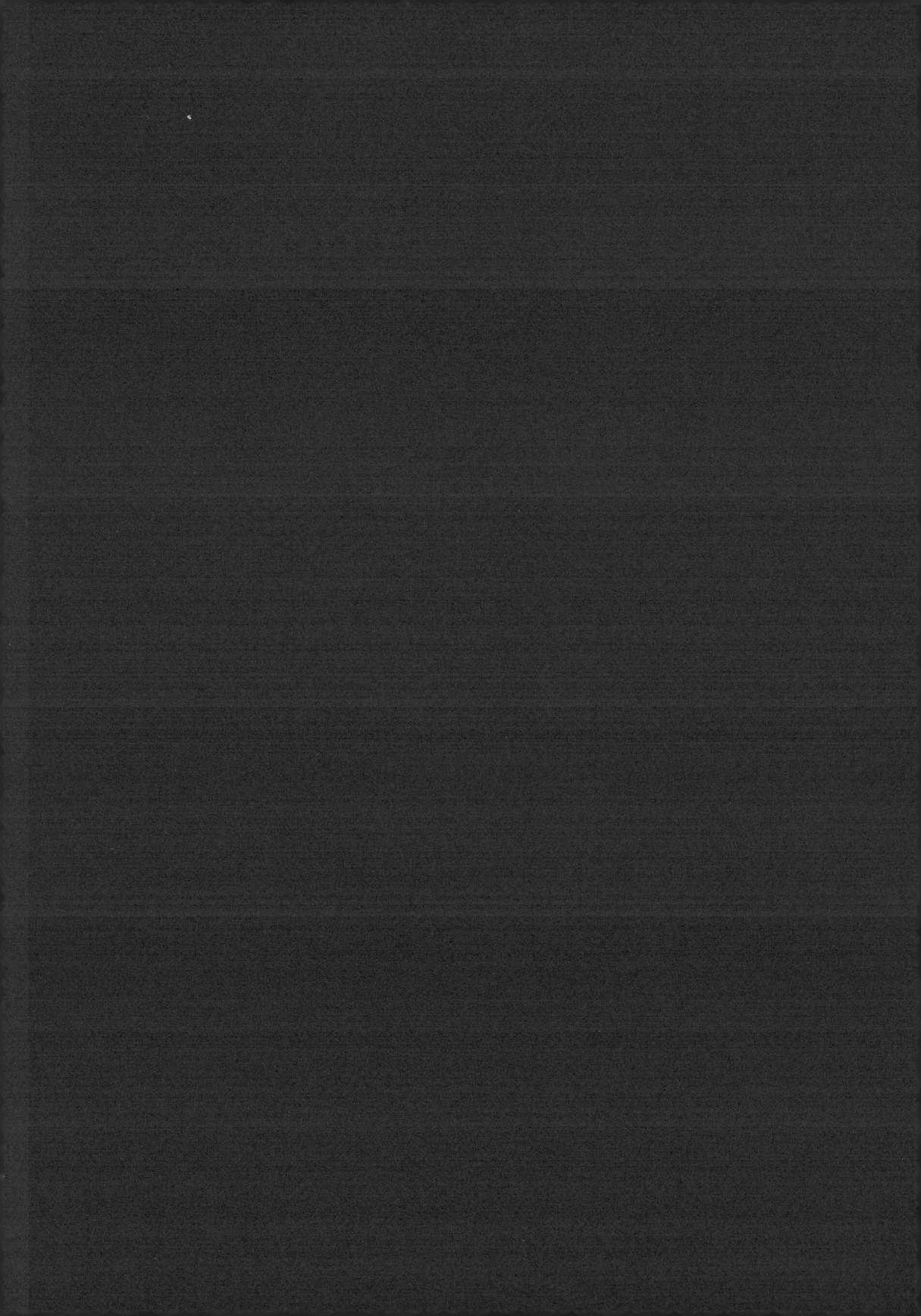

• 기본과정 •

십계명
The Ten Commandments

The Ten Commandments
Edited by Paul. S. T. KIM
All rights reserved.
Korean Edition Copyright ⓒ 2025 by Christian Literature Center, Seoul, Korea

십계명

2025년 7월 20일 초판 발행

지 은 이 | AMRC (김성태)

편　　집 | 다음역(Next Station) 사회적 협동조합
디 자 인 | 파우스튜디오
펴 낸 곳 | (사)기독교문서선교회
등　　록 | 제16-25호(1980. 1. 18.)
주　　소 | 서울특별시 동대문구 천호대로71길 39
전　　화 | 02-586-8761~3(본사) 031-942-8761(영업부)
팩　　스 | 02-523-0131(본사) 031-942-8763(영업부)
이 메 일 | clckor@gmail.com
홈페이지 | www.clcbook.com
송금계좌 | 기업은행 073-000308-04-020 (사)기독교문서선교회
일련번호 | 2025-59

ISBN 978-89-341-2831-1(04230)
ISBN 978-89-341-2792-5(세트)

이 책의 출판권은 (사)기독교문서선교회가 소유합니다.
신저작권법에 의하여 한국 내에서 보호받는 저작물이므로 무단 전재와 무단 복제를 금합니다.

기본과정

The Ten Commandments
십계명

김성태 편저

CLC

CONTENTS

들어가는 말 '담대한 첫 걸음' — 6p

1과 — 8p
언약과 율법

2과 — 21p
십계명 서론

3과 — 36p
제 1계명
너는 나 외에는
다른 신들을 네게 두지 말라

4과 — 53p
제 2계명
너를 위하여 새긴
우상을 만들지 말라

5과 — 68p
제 3계명
너는 네 하나님
여호와의 이름을
망령되게 부르지 말라

6과 — 86p
제 4계명
안식일을 기억하여
거룩하게 지키라

7과 — 102p
제 5계명
네 부모를 공경하라

8과 — 114p
제 6계명
살인하지 말라

9과 — 132p
제 7계명
간음하지 말라

10과 — 147p
제 8계명
도둑질하지 말라

11과 — 160p
제 9계명
네 이웃에 대하여
거짓 증거하지 말라

12과 — 175p
제 10계명
네 이웃의 집을
탐내지 말라

13과 — 190p
예수님과 율법

14과 — 204p
바울과 율법

15과 — 223p
복음적 삶

담대한 첫 걸음

김 성 태 교수
총신대학교 명예교수
아시아선교연구소장

한반도가 위치한 동아시아 지역은 세계의 다른 지역과 비교할 때 기독교에 적대적인 특정한 이데올로기와 세속주의 그리고 전통적 민족주의와 결합된 종교적 세계관 등으로 인해 교회의 활동이 상당히 위축되고, 또한 신학적 혼란이 있는 지역입니다. 동아시아와 근접한 중앙아시아 지역은 이슬람 지역이며 여전히 교회를 핍박하고 있는 지역입니다. 한반도의 북쪽 지역인 북한은 기독교말살정책이 70년 이상 계속되고 있는 지역이며 그런 곳에 지하에서나마 하나님의 교회가 존재하고 있는 것은 기적이요, 하나님의 특별하신 은혜입니다.

저희는 동아시아의 복음화와 연약한 지체로서 사방의 적대적 세력에 둘러싸여 있는 동아시아 교회와 교인들을 돕고 그들의 신학적 혼란을 극복하기 위하여 건강하고 성경적이며 복음주의 입장에 굳게 서 있는 기본적인 성경대학 수준의 교과과정 40과목을 개발하였습니다. 따라서 저희는 이것을 순차적으로 출판하여 동아시아와 중앙아시아 더 나아가서 모든 열악한 선교 환경 가운데 있는 교회와 교인들을 돕기를 원합니다. 또한 동아시아의 교회가 서로 연합하고 협력하여 동아시아의 복음화와 세계복음화를 위해서 함께 사역할 것을 염두에 둔 타문화권 선교사역에 필수적인 교과과정 10여 권을 개발할 것입니다. 성경대학 교과목과 타문화권 선교연구 및 훈련을 위한 교과과정을 개발하는 필진은 동아시아에서 최소한 7년 이상의 현장 선교경험을 가지고, 특정 신학분야와 지역 연구에 석, 박사 학위를 가진 분들입니다. 저희가 누리는 하나님의 은혜는 자유로운 환경 가운데서 각 교과목을 개발하는데 필요로 한 많은 참고자료들을 어려움 없이 확보하고, 수시로 현장에서 검증하며 자료들을 개발할 수 있었다는 것입니다. 저희는 복음에 빚진 자들이고, 하나님의 사랑에 빚진 자들입니다. 무엇보다 한반도의 북쪽 지역에 있는 교회와 교인들을 그리스도의 몸 된 지체로서 돌보아야 할 엄중한 언약적 책임이 있습니다.

저희는 거룩한 사명의식을 가지고, 출판 작업에 참여합니다. 이런 작업은 출판을 통한 영리목적이 아니라 복음의 빚진 자로서 하나님의 교회와 교인들에게 이 빚을 갚기 위한 조그마한 시도입니다. 교과목 과정을 개발하고, 책을 출판하는 일은 전 세계의 모든 후원 교인들을 통해 가능하였습니다. 저는 제가 창립한 아시아선교연구소 소장으로서 선교적 성경대학과 타문화권 선교훈련소의 교과과정을 개발하는 일에 참여합니다. 필진은 수시로 적대적 선교환경 지역을 왕래해야 하기에 필명으로 자신을 표기합니다. 여호수아 리, 바울 박,

요한 김, 데이비드 임, 에스더 진 등 모두 다섯 선교사들이 참여하였습니다. 이 분 중에 한 분은 예루살렘에서 성경 히브리어를 수 년 동안 공부하기도 하였습니다. 성경대학은 기초과정으로서 복음, 주기도문, 사도신경, 십계명, 그리스도인의 삶 등이 각기 단행본으로 출판이 되고, 성경 신학으로 구속사, 언약신학, 하나님 나라, 박해신학(1, 2권) 등이 출판이 될 것입니다. 성경 각 권이 전통적인 성경신학적 구분에 의해서 분류되고, 모아져서 성경 각 권 전체를 다루되 전부 17권으로 개발되어 출판이 됩니다. 역사신학에는 세계교회사 뿐 아니라 한국교회사도 포함하여 전부 3권의 교과목이 개발이 되고, 교의신학 과목이 전부 2권으로 개발이 됩니다. 교회의 실천과목으로 교인의 윤리적 삶, 가정생활, 자녀교육이 포함된 성경적 가정, 성경적 상담, 기독교교육 등이 개발되고, 전도와 선교, 지도력 개발, 목회학 등의 교과과정이 개발이 됩니다. 이번에 첫 출판으로서 사도신경이 소개됩니다. 내년까지 순차적으로 10여 권의 책이 출판될 것입니다. 여러분들의 기도와 헌금으로 모든 것이 진행될 것입니다. 저희는 이 모든 교과목을 영어, 중국어, 러시아어로 번역하여 해당 지역의 교회지도자와 교인들이 사용할 수 있도록 할 것입니다. 타문화권 선교훈련 교과목도 마찬가지입니다. 바벨론의 교회가 소아시아 내륙의 고난 받는 교회를 돌보고, 하나님의 말씀으로 권면하고, 위로한 것처럼(벧전 5장 13절) 고난 받는 교회가 다른 연약한 지체인 고난 받는 교회를 돌보는 일은 저희가 종종 선교현장에서 수행하는 일입니다. 이런 점에서 저희들이 개발한 교과과정을 가르치고, 배우고 싶은 분들은 저희에게 자유롭게 연락 주시기를 바랍니다. 그리스도의 몸의 공동체는 다른 지체 공동체에게 열려 있습니다.

성경대학과 타문화권 선교훈련 교과과정의 특징을 요약하면 다음과 같습니다.

1. 타문화권 특히 동아시아 지역 선교현장에서 최소한 7년 이상의 선교경험을 가진 선교사들이 참여하였습니다.
2. 동아시아 지역 교회와 교인들의 눈높이에 맞추어서 이분들을 실질적으로 돕기 위한 목적으로 모든 교과과정이 개발이 되었습니다.
3. 전 세계의 복음주의 교회에서 광범위하게 통용되는 검증된 성경연구, 특정 신학주제와 균형 있는 성경적 신학적 내용들을 심층 깊게 참고하였습니다.
4. 모든 교과과정의 내용들은 동아시아와 더 나아가서 아시아의 교회지도자와 교인들이 부담 없이 사용할 수 있도록 가장 기본적인 내용들을 다루고 있으며 이분들에 의해서 얼마든지 각자의 상황에서 창의적으로 사용할 수 있도록 하였습니다.
5. 저희들이 성경대학과 타문화권 선교훈련 교과과정을 개발한 것은 자민족을 복음화할 뿐 아니라 타민족을 복음화하는 일에 참여하도록 촉진제의 역할을 하는 것입니다.

soli Deo honor et gloria !

1과

언약과 율법

　인류 역사에 대한 하나님의 목적은 하나님이 창조한 피조세계를 자신의 거룩한 나라로 만드는 것입니다. 하나님은 이 목적을 이루기 위해 하나님의 형상을 가진 사람을 창조하시고 그들과 언약을 세우십니다. 하나님이 사람과 맺은 언약은 언약당사자로서 사람이 마땅히 지켜야 하는 하나님의 율법을 포함합니다.

　언약은 하나님께서 우리와 관계를 맺기 위해 스스로를 어떻게 낮추셨는지 알려주며 율법은 우리가 매일 어떻게 살아야 하는지 알려줍니다. 창조 이후로 하나님은 언제나 언약을 통해 인류와 교류하십니다. 언약은 순종을 요구합니다. 당연히 우리는 창조주 하나님을 섬기며 그의 말씀에 복종해야 합니다.

　우리는 피조물로서 창조주 하나님을 사랑하고 순종할 의무가 있습니다. 성경의 여러 언약은 어떤 점에서는 형태가 서로 다를 수 있습니다. 하지만 피조물이 하나님을 사랑하고 순종해야 하는 점은 변함이 없습니다. 하나님의 율법은 하나님이 우리에게 주신 경계가 무엇이며 하나님을 올바로 사랑하는 방법이 무엇인지 알려 줍니다.

1. 아담과의 언약 (행위 언약)

모든 사람은 하나님의 형상으로 창조되었으며 하나님께 순종할 의무가 있습니다. 아담 시대부터 하나님은 언약을 통해 사람들과 관계하면서 순종하면 복을 주시고 불순종하면 저주하셨습니다. 언약은 하나님께 순종함으로 충만한 생명을 얻는다고 말합니다. 아담은 이러한 언약 속에서 살았습니다. 그러나 아담과 하와는 불순종함으로 하나님의 저주를 받았습니다.

(창세기 2:4-17) [4] 이것이 천지가 창조될 때에 하늘과 땅의 내력이니 여호와 하나님이 땅과 하늘을 만드시던 날에 [5] 여호와 하나님이 땅에 비를 내리지 아니하셨고 땅을 갈 사람도 없었으므로 들에는 초목이 아직 없었고 밭에는 채소가 나지 아니하였으며 [6] 안개만 땅에서 올라와 온 지면을 적셨더라 [7] 여호와 하나님이 땅의 흙으로 사람을 지으시고 생기를 그 코에 불어넣으시니 사람이 생령이 되니라 [8] 여호와 하나님이 동방의 에덴에 동산을 창설하시고 그 지으신 사람을 거기 두시니라 [9] 여호와 하나님이 그 땅에서 보기에 아름답고 먹기에 좋은 나무가 나게 하시니 동산 가운데에는 생명 나무와 선악을 알게 하는 나무도 있더라 [10] 강이 에덴에서 흘러 나와 동산을 적시고 거기서부터 갈라져 네 근원이 되었으니 [11] 첫째의 이름은 비손이라 금이 있는 하윌라 온 땅을 둘렀으며 [12] 그 땅의 금은 순금이요 그 곳에는 베델리엄과 호마노도 있으며 [13] 둘째 강의 이름은 기혼이라 구스 온 땅을 둘렀고 [14] 셋째 강의 이름은 힛데겔이라 앗수르 동쪽으로 흘렀으며 넷째 강은 유브라데더라 [15] 여호와 하나님이 그 사람을 이끌어 에덴 동산에 두어 그것을 경작하며 지키게 하시고

¹⁶ 여호와 하나님이 그 사람에게 명하여 이르시되 동산 각종 나무의 열매는 네가 임의로 먹되 ¹⁷ 선악을 알게 하는 나무의 열매는 먹지 말라 네가 먹는 날에는 반드시 죽으리라 하시니라.

1 하나님은 사람을 어떻게 창조하셨나요? 하나님과 인간의 관계는 어떻게 되었나요?

2 하나님은 아담을 창조하시고 그를 위해 어떤 일을 하셨나요? 인간에게 하나님은 어떤 분인가요?

3 하나님이 아담에게 명령하신 일은 무엇인가요? 이것을 통해 언약과 율법의 관계를 설명해 보세요. 예수님이 우리에게 왜 필요한가요?

하나님은 아담을 창조하셨습니다. 땅의 흙으로 사람을 지으시고 그 코에 생명의 호흡을 불어넣으셨습니다. 그래서 인간은 살아서 호흡하는 생명체인 생령이 되었습니다. 하나님은 동물과 달리 인간에게만 직접 생기를 넣어 인격적으로 상호 교감하는 관계를 맺으셨습니다. 하나님의 형상을 가진 아담은 하나님을 대신하여 땅을 다스렸습니다. 하나님은 아담을 위해 에덴동산을 만드시고 그를 데려다 놓으셨습니다. 그리고 아름답고 먹기 좋은 온갖 나무들을 주셨습니다. 그러나 동산 중앙에 있는 선악을 알게 하는 나무의 과실은 먹지 말라고 명령하셨습니다. 이렇게 하나님은 인류 최초의 인간 아담과 특별한 관계를 맺으셨습니다. 성경 본문은 언약이라는 말을 쓰지는 않았지만 언약 개념이 분명히 존재합니다(호 6:7). 하나님이 아담과 맺은 언약을 '행위 언약'이라고 부릅니다.

웨스트민스터 소요리문답에서는 행위 언약을 다음과 같이 규정하고 있습니다. "하나님이 사람을 창조하셨을 때, 하나님은 완전한 순종을 조건으로 그와 생명의 언약을 맺으셨으며, 죽음의 고통을 조건으로 하여 선악과를 따먹는 것을 금하셨습니다"(소요리문답 12). 이와 더불어 웨스트민스터 신앙고백은 "인간과 맺은 첫 언약은 행위 언약이었으며 이 언약에서 완전한 개인적 순종으로 조건을 아담에게 그리고 아담 안에 그의 후손에게 생명이 약속되었다"(신앙고백 7.2)라고 선언합니다.

순종은 복을 가져오고 불순종은 저주를 초래합니다. 순종은 생명과 번영을 가져오지만 죄는 사망과 파멸을 가져옵니다. 아담은 하나님의 말씀에 불순종하여 하나님과 맺은 행위 언약을 어겼습니다. 이로 말미암아 인류에게 죄와 사망이 들어왔습니다. 그러나 언약의 하나님은 자비로우십니다. 인간을 구원하기 위해 은혜 언약을 다시 베푸십니다(창 3:15).

그렇다고 해도 죄의 문제는 반드시 처리되어야 합니다. 하나님의 공의는 죄에 대한 처벌을 요구합니다. 하나님은 죄에 대한 벌을 결코 면제하지 않으십니다. 이것 때문에 예수님은 온전히 하나님께 순종하여 화목 제물이 되셨습니다. 아담의 완전한 순종이 포함된 언약 조건은 예수님이 죽기까지 온전히 순종하신 이유를 이해하는 토대가 됩니다. 아담의 불순종은 예수님의 순종으로 해결됩니다. 예수님의 순종은 예수님 안에 있는 모든 성도에게 영생의 복을 주시는 조건이 되었습니다. "죄가 사망 안에서 왕 노릇 한 것 같이 은혜도 또한 의로 말미암아 왕 노릇하여 우리 주 예수 그리스도로 말미암아 영생에 이르게 하려 함이라"(롬 5:21).

2. 아브라함과의 언약 (은혜 언약)

　은혜 언약은 모든 신자들이 구원을 받을 수 있는 유일한 언약입니다. 은혜 언약은 창세기 3장 15절에서 구원자를 보내겠다는 하나님의 약속에서 시작되었으며, 예수 그리스도께서 재림하실 때까지 계속됩니다. 비록 이 언약이 구속 역사 속에서 시대마다 서로 다르게 등장하고 집행되어도, 언약의 본질은 모든 시기에 동일합니다. 하나님이 죄인을 구원하시는 방법은 구약이든 신약이든 항상 같습니다. 구원은 오직 하나님의 은혜로, 오직 그리스도를 통해, 오직 믿음으로 이루어집니다. 예수 그리스도는 모든 구속 역사 속에서 하나님의 백성을 연합시키는 은혜 언약의 유일한 중보자이십니다.

　하나님은 인류를 구원하기 위해 한 사람 아브라함을 택하셨습니다. 모든 인류를 축복하기 위해 아브라함에게 복을 주셨습니다. 아브라함에게 약속하신 자손과 땅을 성취하시는 과정에서 하나님은 때가 되면 이스라엘 나라를 세우실 것입니다. 이것은 시내산 언약과 율법을 공부하는 우리에게 중요한 역사적 배경이 됩니다.

(창세기 12:1-4) ¹ 여호와께서 아브람에게 이르시되 너는 너의 고향과 친척과 아버지의 집을 떠나 내가 네게 보여 줄 땅으로 가라 ² 내가 너로 큰 민족을 이루고 네게 복을 주어 네 이름을 창대하게 하리니 너는 복이 될지라 ³ 너를 축복하는 자에게는 내가 복을 내리고 너를 저주하는 자에게는 내가 저주하리니 땅의 모든 족속이 너로 말미암아 복을 얻을 것이라 하신지라 ⁴ 이에 아브람이 여호와의 말씀을 따라갔고 롯도 그와 함께 갔으며 아브람이 하란을 떠날 때에 칠십오 세였더라.

1 하나님이 아브라함에게 약속하신 말씀은 무엇인가요? 하나님은 아브람을 왜 부르셨나요?

2 하나님이 아브라함에게 약속하신 복의 개념은 무엇인가요?

3 아브라함이 하나님의 말씀 앞에서 해야 할 일이 무엇인가요? 언약과 율법의 관점에서 설명해 보세요.

본문은 인류 역사상 가장 위대한 사건 한 가지를 보여 줍니다. 하나님은 우상 숭배 지역에 살던 아브라함을 부르셨습니다. 본토 갈대아 우르와 하란을 떠나고, 그 지역에 살던 친 혈육인 아버지와 형제 일가를 떠나라고 말씀하셨습니다. 그는 하나님의 거룩한 목적을 위해 과거를 모두 청산하고 새 삶을 시작하라는 부르심을 받았습니다. 그렇게 하면 하나님은 아브라함에게 복을 주어 큰 민족을 이루고 그 이름을 창대하게 할 것이라고 약속하셨습니다. 또한 천하 만민을 위한 복의 근원이 될 것이라고 말씀하셨습니다. 복은 하나님의 구원을 받고 하나님 나라 백성이 되는 것입니다. 하나님의 생명에 새롭게 참여하여 영원한 통치를 받는 것입니다.

우리가 아브라함에게 배워야 할 믿음은 순종하는 믿음입니다. 불임 중인 아내 사라의 상황을 보면 하나님의 약속은 신기루 같아 받아들이기 어려웠지만 아브라함은 믿음으로 떠났습니다. 하나님이 아브라함에게 하신 언약은 반드시 아브라함과 그 자손의 순종을 요구했습니다. "아브라함은 강대한 나라가 되고 천한 만민은 그로 말미암아 복을 받게 될 것이 아니냐 내가 그로 그 자식과 권속에게 명하여 여호와의 도를 지켜 의와 공도를 행하게 하려고 그를 택하였나니 이는 나 여호와가 아브라함에게 대하여 말한 일을 이루려 함이니라"(창 18:18-19).

하나님이 아브라함에게 하신 약속과 순종의 중요성은 이후에 하나님이 이삭에게 하신 말씀에서도 나타납니다. "네 자손으로 말미암아 천하 만민이 복을 받으리니 이는 아브라함이 내 말을 순종하고 내 명령과 내 계명과 내 율례와 내 법도를 지켰음이라"(창 26:4b-5). 언약 백성은 하나님께 순종합니다.

아브라함은 율법을 받기 전인데도 어떻게 하나님의 율법에 따라 살 수 있었을까요? 하나님이 아브라함에게 요구하신 것은 무엇입니까? 하나님은 모세를 통해 율법을 주시기도 전에 그분이 누구신지, 그분이 인간에게 요구하는 의가 무엇인지 충분히 알려주셨습니다(롬 1:18-31;

2:14-15). 인간이 하나님의 형상으로 창조되었다는 사실은 하나님이 누구시며 하나님이 무엇을 요구하시는지 말해줍니다. 아브라함은 모든 것을 포기하고 지시하는 땅으로 가라고 할 때 그대로 순종했습니다. 우리는 하나님의 은혜 언약 속에 순종해야 할 율법적 요소가 있음을 알아야 합니다. 아브라함은 율법을 지켜서 구원을 얻은 것이 아니라 오직 믿음으로 의롭게 되었습니다. 이것은 율법과 언약의 관계를 이해하는 데 아주 중요한 열쇠입니다. 아브라함은 믿음으로 의롭다 함을 얻기도 했지만 하나님의 참 백성으로서 순종도 보였습니다. 언약의 관점에서 볼 때 순종과 복은 밀접한 관련이 있습니다. 아브라함은 믿음의 조상으로서 믿음은 반드시 순종의 열매를 맺는다는 것을 보여 줍니다.

아브라함 언약은 하나님께서 아브라함이라는 한 사람과 은혜 언약을 맺은 역사적인 사건입니다. 아브라함 언약은 옛 언약과 새 언약의 기초가 됩니다. 아브라함 언약은 두 단계에 걸쳐 성취됩니다. 첫 단계는 하나님이 시내산에서 아브라함의 자손인 이스라엘 백성들과 맺은 옛 언약입니다. 그것만이 하나님의 목적은 아니었습니다. 하나님은 아브라함을 통해 열방에 복을 주시겠다고 약속하셨기 때문입니다. 아브라함의 순종은 모든 민족과 나라에까지 확대되어야 했습니다. 그러나 이스라엘은 언약을 지키는데 실패합니다. 이것은 사람이 온전히 율법을 지켜서 의롭게 될 수 없음을 말해줍니다. 오직 믿음으로 의롭게 되는 것은 아브라함을 통해 분명하게 보여주신 하나님의 은혜이기 때문입니다. 두 번째 단계는 새 언약입니다. 아브라함에게 후손을 주겠다는 약속은 믿는 자들의 후손을 통해 이루어지며, 땅을 주시겠다는 약속은 새 하늘과 새 땅을 주심으로 성취됩니다. 아브라함 언약은 하나님이 시내산에서 이스라엘과 맺으신 민족적 언약으로 끝나지 않고 새 언약으로 계속 성취됩니다. 신약에서는 유대인이든 이방인이든 상관 없이 그리스도인을 아브라함의 후손이라고 부릅니다. "너희가 그리스도의 것이면 곧 아브라함의 자손이요 약속대로 유업을 이을 자니라"(갈 3:29).

3. 시내산 언약과 십계명 (율법)

옛 언약인 구약은 시내산 언약을 의미합니다. 우리가 구약성경을 얼마나 잘 이해하는지는 모세 언약 즉 시내산 언약을 얼마나 잘 알고 이해하는지에 달려 있습니다. 넓은 의미에서 시내산 언약은 은혜 언약을 집행하는 것입니다. 모세 언약의 궁극적인 목적은 하나님께서 자기 백성을 그리스도께 인도하여 구원하는 것입니다. 좁은 의미에서 시내산 언약은 율법 언약입니다. 하나님은 이스라엘이 언약 조건에 순종하도록 요구하십니다. 하나님의 거룩한 백성이 되려면 언약의 말씀인 율법을 지켜야 합니다. 그러나 이스라엘은 율법을 온전히 지키는 일에 실패합니다. 이스라엘 백성은 시내산 언약의 조건이라고 할 수 있는 율법을 지키지 못함으로 구원자를 필요로 하게 되었습니다. 하나님은 어떻게 하실까요?

(출애굽기 19:1-8) [1] 이스라엘 자손이 애굽 땅을 떠난 지 삼 개월이 되던 날 그들이 시내 광야에 이르니라 [2] 그들이 르비딤을 떠나 시내 광야에 이르러 그 광야에 장막을 치되 이스라엘이 거기 산 앞에 장막을 치니라 [3] 모세가 하나님 앞에 올라가니 여호와께서 산에서 그를 불러 말씀하시되 너는 이같이 야곱의 집에 말하고 이스라엘 자손들에게 말하라 [4] 내가 애굽 사람에게 어떻게 행하였음과 내가 어떻게 독수리 날개로 너희를 업어 내게로 인도하였음을 너희가 보았느니라 [5] 세계가 다 내게 속하였나니 너희가 내 말을 잘 듣고 내 언약을 지키면 너희는 모든 민족 중에서 내 소유가 되겠고 [6] 너희가 내게 대하여 제사장 나라가 되며 거룩한 백성이 되리라 너는 이 말을 이스라엘 자손에게 전할지니라 [7] 모세가 내려와서 백성의 장로들을 불러

여호와께서 자기에게 명령하신 그 모든 말씀을 그들 앞에 진술하니 8 백성이 일제히 응답하여 이르되 여호와께서 명령하신 대로 우리가 다 행하리이다 모세가 백성의 말을 여호와께 전하매.

1 하나님이 이스라엘 백성과 언약을 맺은 이유와 배경은 무엇인가요?

2 하나님의 언약을 듣고 지키면 이스라엘은 어떻게 되나요? 이것은 무엇을 의미하나요?

3 모세는 여호와께서 자기에게 명령하신 말씀을 백성에게 전합니다. 백성들은 어떻게 반응하나요? 백성들은 어떤 마음으로 이러한 반응을 보이는 것일까요?

이스라엘 백성들이 시내산에 도착하자 하나님이 모세를 부르십니다. "내가 애굽 사람에게 어떻게 행하였음과 내가 어떻게 독수리 날개로 너희를 업어 내게로 인도하였음을 너희가 보았느니라"고 말씀하면서 시내산 언약을 체결하려는 배경을 설명하십니다. 하나님은 너희를 구원한 이유가 언약을 세우기 위한 것이라고 말씀하십니다. 하나님은 이스라엘 백성에게 애굽인에게 내린 무서운 심판, 홍해에서 보여주신 권능의 구원, 광야에서 물과 양식의 공급, 시내산까지 인도하신 하나님의 역사를 기억해 보라고 말씀하십니다.

(출애굽기 19:5-6) 세계가 다 내게 속하였나니 너희가 내 말을 잘 듣고 내 언약을 지키면 너희는 모든 민족 중에서 내 소유가 되겠고 너희가 내게 대하여 제사장 나라가 되며 거룩한 백성이 되리라.

율법을 지킬 때 주시는 하나님의 약속은 이스라엘을 특별한 하나님의 보배로운 소유로 삼겠다는 것입니다. 하나님을 섬기고 봉사하는 거룩한 백성, 열방의 제사장 나라로 삼는 것입니다. 드디어 하나님의 계획이 드러났습니다. 하나님은 거룩한 백성들을 세워 그들을 통해 열방을 하나님께 돌아오게 하실 것입니다. 이 언약에는 아담과 맺은 언약의 조건적 특성이 다시 나타납니다. 그러나 아담 언약과는 다릅니다. 하나님께서 이미 이들을 구원하셨기 때문입니다.

이에 대해서 백성들은 하나님의 구원에 감격하였고, 기쁨으로 순종하는 하나님의 백성이 되겠다고 결단했습니다. "여호와께서 명하신 대로 우리가 다 행하리이다"(출 19:8). 그들은 자신들이 받을 축복과 후손에게 미칠 영광을 생각하며 기대에 부풀어 응답했습니다. 그러나 이스라엘의 역사는 이스라엘 백성들이 그들의 초기 열정과는 다르게 하나님께 불순종하여 아담과 같은 상황에 처하게 되었음을 증거합니다.

출애굽에 나타나는 구속의 방식은 우리에게 중요한 의미가 있습니다. 구원(직설법)이 먼저이며, 경배로 이어지는 율법(명령법)이 그 다음입니다. 이것은 언약과 율법의 구조를 잘 설명해 주고 있습니다. 하나님은 이스라엘 백성과 특별한 관계를 맺기 위해 언약을 세우십니다. 하나님의 정체성은 하나님께 순종하는데 있습니다. 이스라엘의 삶의 기준은 구속주 하나님을 올바르게 섬기고 예배할 수 있도록 주어진 율법에 있습니다. 하나님과의 언약 관계는 율법을 준수함으로 유지됩니다.

모세의 율법은 이스라엘 백성을 향한 하나님의 은혜와 섭리를 강조하면서 하나님 앞에서 어떻게 하나님 백성답게 살아야 하는지 가르쳐줍니다. 모세를 통해 주신 율법은 하나님이 우리에게 무엇을 요구하시는지 가장 자세하게 알려줍니다. 인간이 하나님과 영원한 평화와 생명을 누리는 유일한 방법은 하나님의 율법을 지킴으로 의롭고 거룩하게 되는 것입니다. 그런데 이런 완벽한 의로움을 인간 스스로 이루는 것이 과연 가능할까요? 결국 우리는 율법을 온전히 지켜 백성들의 죄를 해결해 줄 메시아가 필요합니다.

모세를 통해 주신 율법은 율법의 최종 결론이 아닙니다. 율법은 그리스도를 가리키는데, 그리스도는 율법을 성취하셨을 뿐만 아니라 율법이 진정으로 요구하는 바가 무엇인지 가르쳐 주셨습니다. 모세가 받은 언약과 율법을 이해하려면, 그것이 본질적으로 여자의 후손인 그리스도를 가리킨다는 사실을 항상 기억해야 합니다. 천하 만민이 복을 받는 하나님의 구원을 이루기 위해 예수님은 아브라함의 자손으로 이 땅에 오셨습니다. 예수님은 시내산 언약의 핵심인 율법을 온전히 이루시고 십자가의 죽음과 부활로 새 언약을 성취하셨습니다. 즉 옛 언약과 새 언약을 다 성취하셨습니다. 그러므로 옛 언약인 시내산 언약은 신약의 새 언약을 바라봅니다.

묵상과 적용

1. 하나님의 언약과 율법은 아담에게 어떻게 나타났나요? 아담은 무엇 때문에 율법을 온전하게 순종해야 했나요? 우리는 아담처럼 온전하게 하나님의 말씀을 지켜 순종할 수 있나요? 만약에 지키지 못한다면 어떤 이유 때문인가요? 이것을 극복하는 방법은 무엇인가요?

2. 아브라함 언약 안에는 율법의 요소가 없다고 생각한 학자들은 아브라함 언약을 무조건적 언약이라고 합니다. 이 말씀에 동의하나요? 나의 순종은 하나님과의 언약적 관계에서 어떤 위치에 있어야 한다고 생각하나요? 내가 자주 순종하지 못하는 부분은 무엇인가요?

3. 하나님이 이스라엘 백성과 시내산 언약을 맺은 이유가 무엇이었을까요? 아브라함 언약으로 충분하지 않았을까요? 언약에 대한 자신의 생각을 나누어 봅시다. 언약과 율법의 관점에서 이스라엘은 어떤 의미가 있는 존재인가요?

2과

십계명 서론

　십계명하면 율법, 계명, 명령과 같은 말이 떠오르고 이를 지켜야 한다는 부담도 마음에 생깁니다. 그래서 우리는 십계명을 상당히 어려워하고 멀리하게 됩니다. 그러나 십계명은 우리를 향한 하나님의 놀라운 '사랑의 선언'입니다. 하나님께서 대언자를 통하지 않고 친히 이스라엘 백성에게 선포하신 말씀은 십계명이 유일합니다.

　비록 십계명은 하나님이 이스라엘과 맺은 언약의 일부로 선포되었으나, 모든 인류를 위한 하나님의 뜻이 어떠한지 보여 줍니다. 모든 시대의 인류를 위한 청사진이 나타나 있습니다. 그러므로 십계명은 인간의 윤리와 영적 양육이 시작되는 출발점 역할을 합니다. 교회는 항상 십계명을 그리스도인들을 위한 하나님의 말씀으로 해석하여 적용해 왔습니다. 십계명은 여호와의 인격을 드러내는 '자기 선언'입니다. 아버지이신 하나님께서 자녀 된 이스라엘에게 그분이 좋아하시는 것과 싫어하시는 것을 밝히셨습니다.

　그러나 믿음이 없고 부도덕한 시대에 사는 우리에게 십계명에 대한 무지는 영적 취약점이 됩니다. 이러한 영적 무지가 보편화되어 있기 때문에 도덕적 문제에 대처하는 우리의 모습도 어설프기만 합니다. 십계명은 사실상 기독교 윤리의 근간입니다.

1. 십계명의 중요성

성경의 모든 법이 다 중요하지만 특별히 십계명이 우리의 신앙생활 표준으로 선택된 이유를 아는 것이 중요합니다. 십계명은 우리에게 왜 중요할까요?

1) 십계명은 언약의 증거물

(출애굽기 34:28) 모세가 여호와와 함께 사십 일 사십 야를 거기 있으면서 떡도 먹지 아니하였고 물도 마시지 아니하였으며 여호와께서는 언약의 말씀 곧 십계명을 그 판들에 기록하셨더라.

(신명기 4:13) 여호와께서 그의 언약을 너희에게 반포하시고 너희에게 지키라 명령하셨으니 곧 십계명이며 두 돌판에 친히 쓰신 것이라.

(신명기 9:15) 내가 돌이켜 산에서 내려오는데 산에는 불이 붙었고 언약의 두 돌판은 내 두 손에 있었느니라.

> **1** 성경은 십계명을 다른 말로 어떻게 표현하나요? 이런 표현을 사용한 이유는 무엇일까요?

십계명은 하나님과 이스라엘 사이에 맺은 언약의 증거물입니다(출 19:1-20:17). 그러므로 십계명을 언약(신 4:13) 혹은 언약의 말씀(출 34:28)이라고 부릅니다. 그것을 기록해 놓은 것이 언약의 두 돌판(신 9:15)이며, 그것을 담아 놓는 상자가 여호와의 언약궤(민 10:33)입니다. 하나님께서 약속하신 땅에 들어가려고 제사장들이 언약궤를 어깨에 메고 앞서 갈 때에 넘쳐흐르던 요단강 물이 뚝 그쳤고 이스라엘 백성은 통과할 수 있었습니다(수 3:14-17). 언약의 땅 가나안에 입국하여 첫 번째 성 여리고를 점령할 때도 언약궤를 앞세우고 여리고를 돌자 성이 무너졌습니다(수 6:12-21). 십계명은 하나님의 언약이요, 말씀이요, 증거요, 성취입니다. 그러므로 이스라엘 백성은 여호와의 언약궤 앞에서 행한 것을 여호와 앞에서 행한 것으로 여깁니다(삼하 6:4,5,13,14). 여호와의 언약궤를 모시는 것을 여호와를 모시는 것으로 생각했기 때문입니다.

2) 십계명은 하나님이 친히 써주신 것

(출애굽기 31:18) 여호와께서 시내산 위에서 모세에게 이르시기를 마치신 때에 증거판 둘을 모세에게 주시니 이는 돌판이요 하나님이 친히 쓰신 것이더라.

(출애굽기 32:15-16) [15] 모세가 돌이켜 산에서 내려오는데 두 증거판이 그의 손에 있고 그 판의 양면 이쪽 저쪽에 글자가 있으니 [16] 그 판은 하나님이 만드신 것이요 글자는 하나님이 쓰셔서 판에 새기신 것이더라.

1 성경은 하나님께서 십계명 판에 글자를 어떻게 쓰셨다고 묘사하나요?

십계명은 두 석판 양면에 글이 새겨진 것입니다. 그 석판은 하나님이 만드셨고 글자도 하나님이 친히 손가락으로 새기셨습니다(출 31:18; 32:15, 16). 모세가 그것을 깨뜨렸을 때(출 32:19), 하나님은 그에게 처음과 똑같이 돌판 둘을 깎아 만들어 시내산에 올라오라고 하셨습니다. 그리고 거기에 언약의 말씀 십계명을 다시 친히 기록해 주셨습니다(출 34:1, 28). 구약성경의 모든 율법이 하나님이 주신 것이지만 십계명처럼 하나님께서 친히 돌판을 만들어 기록해 주신 것은 없습니다.

3) 십계명은 소중히 보관케 하신 것

(출애굽기 25:10-22) [10] 그들은 조각목으로 궤를 짜되 길이는 두 규빗 반, 너비는 한 규빗 반, 높이는 한 규빗 반이 되게 하고 [11] 너는 순금으로 그것을 싸되 그 안팎을 싸고 위쪽 가장자리로 돌아가며 금 테를 두르고 [12] 금 고리 넷을 부어 만들어 그 네 발에 달되 이쪽에 두 고리 저쪽에 두 고리를 달며 [13] 조각목으로 채를 만들어 금으로 싸고 [14] 그 채를 궤 양쪽 고리에 꿰어서 궤를 메게 하며 [15] 채를 궤의 고리에 꿴 대로 두고 빼내지 말지며 [16] 내가 네게 줄 증거판을 궤 속에 둘지며 [17] 순금으로 속죄소를 만들되 길이는 두 규빗 반, 너비는 한 규빗 반이 되게 하고 [18] 금으로 그룹 둘을 속죄소 두 끝에 쳐서 만들되 [19] 한 그

룹은 이 끝에, 또 한 그룹은 저 끝에 곧 속죄소 두 끝에 속죄소와 한 덩이로 연결할지며 [20] 그룹들은 그 날개를 높이 펴서 그 날개로 속죄소를 덮으며 그 얼굴을 서로 대하여 속죄소를 향하게 하고 [21] 속죄소를 궤 위에 얹고 내가 네게 줄 증거판을 궤 속에 넣으라 [22] 거기서 내가 너와 만나고 속죄소 위 곧 증거궤 위에 있는 두 그룹 사이에서 내가 이스라엘 자손을 위하여 네게 명령할 모든 일을 네게 이르리라.

1 본문에서 묘사하는 언약궤에 대해 설명해 보세요. 하나님은 증거판을 왜 언약궤에 넣게 하셨을까요? 그리고 언약궤 위를 왜 속죄소로 만들었을까요?

하나님께서 십계명을 돌판에다가 기록해 주신 것만 봐도 얼마나 영구적인지 알 수 있습니다. 그런데 하나님은 그것을 보관할 때도 세밀하게 지시하셨습니다. 출애굽기 25장 10~22절을 보면 우선 십계명을 넣어 두는 궤는 조각목으로 만들고 정금으로 안팎을 싸고 금테를 두르도록 했습니다. 그리고 궤 뚜껑에 맞게 정금 판자를 만들어 얹게 했는데, 이것을 속죄소 혹은 시은좌라고 부릅니다. 시은좌 위에는 금으로 만든 두 그룹이 날개를 맞대고 지키도록 했습니다. 그리고 출애굽기 26장 33~34절을 보면 십계명을 언약궤에 넣어서 가장 거룩한 지성소에 보관하도록 했습니다. 언약궤는 양쪽 고리에 꿰어서 제사장 어깨에 메고 운반하였습니다(신 31:9; 수 3:3). 그러나 다윗은 하나님의 지시대로 행하지 않고 언약궤를 수레에 싣고 가다가 웃사가 죽는 참상을 겪었습니다(대상 13:6-10). 다윗은 잘못을 깨닫고 제사장들에게 언약궤를 어깨에 메어 운반하게 했습니다(대상 15:13-15).

4) 십계명은 그 내용이 중요함

(마태복음 22:34-40) [34] 예수께서 사두개인들로 대답할 수 없게 하셨다 함을 바리새인들이 듣고 모였는데 [35] 그 중의 한 율법사가 예수를 시험하여 묻되 [36] 선생님 율법 중에서 어느 계명이 크니이까 [37] 예수께서 이르시되 네 마음을 다하고 목숨을 다하고 뜻을 다하여 주 너의 하나님을 사랑하라 하셨으니 [38] 이것이 크고 첫째 되는 계명이요 [39] 둘째도 그와 같으니 네 이웃을 네 자신 같이 사랑하라 하셨으니 [40] 이 두 계명이 온 율법과 선지자의 강령이니라.

> **1** 한 율법사가 예수님을 시험하여 질문한 내용과 이에 대한 예수님의 대답은 무엇인가요? 예수님의 대답을 통해 배울 수 있는 것은 무엇인가요?

소요리문답 제 39~42문에 보면, 하나님께서 자기에게 복종케 할 규칙으로 사람에게 보이신 것은 도덕법으로서 십계명에 간략히 포함되어 있습니다. 십계명의 대강령은 하나님과 이웃을 사랑하는 것이라고 설명합니다.

> **소요리문답 39**
> **하나님께서 사람에게 요구하시는 의무는 무엇입니까?**
> 하나님께서 사람에게 요구하시는 의무는 그분의 계시된 뜻에 순종하는 것입니다.

> **소요리문답 40**
>
> ### 하나님께서 처음에 사람에게 순종의 법칙으로 무엇을 계시하셨습니까?
>
> 하나님께서 사람에게 순종하라고 처음에 계시하신 법칙은 도덕법이었습니다.

> **소요리문답 41**
>
> ### 이 도덕법은 어디에 요약적으로 들어있습니까?
>
> 이 도덕법은 십계명에 요약적으로 들어있습니다.

> **소요리문답 42**
>
> ### 십계명의 강령은 무엇입니까?
>
> 십계명의 강령은 "네 마음을 다하고 목숨을 다하고 힘을 다하고 뜻을 다하여 주 너의 하나님을 사랑하고, 네 이웃을 네 자신과 같이 사랑하라."입니다.

그러면 십계명의 강령은 주님께서 말씀하신 바 곧 구약성경의 강령(마 22:37-40)이 아니겠습니까? 그러므로 십계명은 모든 도덕법의 10대 구분으로써 하나님과 이웃 사이에 지킬 모든 도덕적 의무와 내용을 포함합니다. 따라서 십계명을 해석할 때는 거기에 해당되는 내용을 확대해서 해석해야 합니다.

5) 십계명은 주님께서 지키라고 하신 것

(마태복음 19:16-22) [16] 어떤 사람이 주께 와서 이르되 선생님이여 내가 무슨 선한 일을 하여야 영생을 얻으리이까 [17] 예수께서 이르시되 어찌하여 선한 일을 내게 묻느냐 선한 이는 오직 한 분이시니라 네가 생명에 들어 가려면 계명들을 지키라 [18] 이르되 어느 계명이오니이까 예수께서 이르시되 살인하지 말라, 간음하지 말라, 도둑질하지 말라, 거짓 증언 하지 말라, [19] 네 부모를 공경하라, 네 이웃을 네 자신과 같이 사랑하라 하신 것이니라 [20] 그 청년이 이르되 이 모든 것을 내가 지키었사온대 아직도 무엇이 부족하니이까 [21] 예수께서 이르시되 네가 온전하고자 할진대 가서 네 소유를 팔아 가난한 자들에게 주라 그리하면 하늘에서 보화가 네게 있으리라 그리고 와서 나를 따르라 하시니 [22] 그 청년이 재물이 많으므로 이 말씀을 듣고 근심하며 가니라.

1 주님은 영생을 얻기 원하는 청년에게 무엇을 지키라고 하셨나요? 이 말씀의 진정한 의도는 무엇인가요?

주님은 영생을 얻기 원하는 한 유대인에게 계명을 지키라고 말씀하셨습니다. 그 계명이란 십계명 중의 몇 가지였습니다(마 19:16-19). 주님이 산상에서 강론하신 내용은 십계명을 재해석한 것이었습니다(마 5:21-48). 주님은 십계명을 두 가지 사랑의 계명으로 요약하시고 그 것이 율법과 선지자의 글, 곧 구약성경의 강령이라고 말씀하셨습니다(마 22:34-40). 그리고 이를 행하면 살리라고 하셨습니다(눅 10:25-

28). 구약성경의 의식법은 폐지되고 시민법은 바뀌었으나 십계명은 폐지되지 않고 도리어 예수님의 해석에 의해 더욱 완전케 되었습니다(마 5:17). 구약성경의 십계명 중에는 어느 하나도 폐기된 것이 없습니다. 오히려 그 계명은 모두 신약성경의 지지를 받고 있으므로 우리 성도들은 완성된 '그리스도의 율법'(고전 9:21)을 지키는 사람들입니다.

2. 십계명을 지켜야 하는 이유

우리는 하나님의 말씀을 복음과 율법으로 나누는 경향이 있습니다. 율법으로는 구원을 얻지 못한다고 생각하여 무시하는 성도들이 많습니다. 오직 예수님을 믿음으로 구원을 받기에 율법은 지켜도 그만 안 지켜도 그만이라고 생각합니다. 이렇게 율법을 잘못 이해하는 성도들로 인해 하나님의 영광이 가려집니다. 하나님은 우리가 십계명을 지키기 원하십니다. 그래서 우리는 십계명을 왜 지켜야 하는지 이유를 알아야 합니다. 아브라함의 자손인 우리 신자들은 하나님께서 아브라함에게 하셨던 말씀을 기억해야 합니다. "내가 그로 그 자식과 권속에게 명하여 여호와의 도를 지켜 의와 공도를 행하게 하려고 그를 택하였나니 이는 나 여호와가 아브라함에게 대하여 말한 일을 이루려 함이니라"(창 18:19).

1) 우리의 정체성

(출애굽기 19:5-6) [5] 세계가 다 내게 속하였나니 너희가 내 말을 잘 듣고 내 언약을 지키면 너희는 모든 민족 중에서 내 소유가 되겠고 [6] 너희가 내게 대하여 제사장 나라가 되며 거룩한 백성이 되리라.

1 하나님의 말씀을 잘 듣고 언약의 말씀인 율법을 지키면 이스라엘 백성들은 어떻게 된다고 했나요? 이 말의 뜻은 무엇인가요?

우리가 율법을 잘 지키면 하나님의 특별한 소유이자 제사장 나라이며 거룩한 백성이 됩니다. 하나님의 택하신 백성이라면 하나님의 마음과 뜻이 담긴 십계명을 잘 지키게 됩니다. 우리의 정체성 때문에 우리는 율법의 대표인 십계명을 지킵니다. 우리는 하나님의 뜻에 따라 살도록 구별된 하나님의 백성입니다.

2) 여호와 하나님과 율법

(출애굽기 20:2) 나는 너를 애굽 땅, 종 되었던 집에서 인도하여 낸 네 하나님 여호와니라.

1 하나님은 어떤 분이신가요? 이 말씀이 십계명의 앞부분에 나오는 이유가 무엇인가요?

'하나님 여호와라.' 이 말은 언약을 지키는 하나님이라는 뜻입니다. 불 붙은 떨기나무에서 모세에게 나타나신 하나님은 자신의 이름을 여호와로 계시하셨습니다. 여호와 하나님은 조상들과 맺은 언약을 지키기 위해 이 땅 백성들의 고통을 들으시고 그들을 기억하고 돌보셨습니다. 하나님은 스스로 존재하시며, 스스로 충만하며, 전능하신 창조주요, 주권자이신 여호와입니다. 그분은 애굽에 재앙을 내리셨고 홍해를 가르셨으며 광야에서 만나를 주셨습니다. 율법은 하나님이 무엇을 원하시는지 보여 줄 뿐 아니라 그분이 어떤 분인지도 알려줍니다. 계명은 하나님의 명예와 가치와 위엄을 드러냅니다. 율법을 무시하는 것은 율법을 주신 여호와 하나님을 무시하는 것입니다.

3) 하나님과 우리의 관계

(출애굽기 20:3) 너는 나 외에는 다른 신을 네게 두지 말라.

십계명을 주신 하나님은 스스로를 '네 하나님 여호와'라고 하셨습니다. 우리는 그분의 소유입니다. 창조주 하나님과 그리스도인의 관계는 처음부터 끝까지 나와 너의 인격적 관계입니다. 십계명은 창조주가 의도하신 인간의 삶을 구체화한 열 가지 명령으로서, 하나님의 은혜로 형성된 구속적 관계를 유지하는 수단으로 제시된 것입니다. 우리가 율법을 지키는 것은 하나님의 사랑에 감사하여 개인적으로 반응하는 것입니다. 하나님과 사랑의 관계를 맺는 것이 십계명에서 제시한 하나님을 섬기는 일입니다.

4) 우리가 가진 진정한 자유

(갈라디아서 5:13-14) 형제들아 너희가 자유를 위하여 부르심을 입었으나 그러나 그 자유로 육체의 기회를 삼지 말고 오직 사랑으로 서

로 종 노릇하라 온 율법은 네 이웃 사랑하기를 네 자신 같이 하라 하신 한 말씀에서 이루어졌나니.

1 예수님 말씀에 의하면 우리는 언제 자유케 되나요?

2 자유를 위한 부르심에 방해가 되는 것은 무엇인가요? 그 대신 우리는 이웃을 어떻게 섬겨야 하나요?

　성경이 말하는 자유란 우리 마음대로 행하는 것을 뜻하지 않습니다. 자유란 마땅히 해야 할 일을 함으로써 생기는 유익을 누리는 것을 의미합니다. 하나님의 율법은 무거운 것이 아닙니다(요일 5:3). 하나님은 우리에게 풍성한 생명과 참된 자유를 주기 원하십니다. 십계명은 애굽에서 탈출하는 방법을 알려 주는 지침서가 아니라 이미 탈출한 사람들이 자유를 누리며 살도록 돕는 규칙입니다. 우리가 주님의 은혜로 자유케 되었을 때 지속적으로 자유를 누리는 방법은 하나님과 이웃을 사랑하며 사는 것입니다.

3. 십계명의 유익

십계명은 중생한 사람이나 중생하지 못한 사람에게 다음과 같은 유익을 줍니다.

1) 십계명은 하나님의 요구를 알게 합니다

십계명은 도덕법으로 하나님이 주셨습니다. 이로 인해 우리 인간은 하나님이 요구하시는 법, 생활 규범이 무엇인지 알게 됩니다. 십계명은 하나님과 인간 사이에 해야할 것과 하지 말아야할 것이 무엇인지 가르쳐줍니다.

> **웨스트민스터 대요리문답 98문**
> **어디에 도덕법이 요약되어 포함되어 있는가?**
>
> 도덕법은 십계명에 요약되어 포함되어 있다. 이는 시내산에서 하나님의 음성으로 이르시고 두 돌판에 친히 써 주신 것으로 출애굽기 20장에 기록되어 있다. 첫 네 계명에는 하나님께 대한 우리의 의무가 포함되어 있으며 나머지 여섯 계명에는 사람에 대한 우리의 의무가 포함되어 있다(신 10:4; 출 34:1-4; 마 22:37-40).

2) 십계명은 사람들에게 죄인됨을 알게 합니다

이 세상에 의인은 하나도 없으며(롬 3:10), 하나님의 법을 다 지켜서 구원 받을 만한 사람도 없습니다. 율법으로는 죄를 깨달을 뿐입니다(롬 3:20). 그러므로 도덕적 율법인 십계명을 깊이 연구하면 연구할수록 우리는 하나님의 요구에 순종하지 못한 죄인임을 깨닫습니다. 그래서 십계명은 우리가 죄인임을 깨닫고 그 비참함에서 구원받고자 주님께 돌아오게 하는 유익이 있습니다.

3) 십계명은 중생 여부와 상관 없이 유익합니다

십계명은 중생되지 못한 사람들에게 죄인임을 깨닫게 하여 주님께 돌아오게 하거나, 혹은 심판 날에 핑계할 수 없게 하는 유익이 있습니다.

웨스트민스터 대요리문답 96문

도덕법이 중생하지 못한 자들에게 무슨 소용이 있는가?

도덕법은 중생하지 못한 자들에게 소용이 있다. 그들의 양심을 그것으로 일깨워 장차 일할 진노를 피하게 하며 그리스도께로 그들을 나아가게 하거나 혹은 죄의 상태와 죄의 길에 계속 머물러 있을 경우 그들로 하여금 핑계할 수 없게 하여 그 저주 아래 있게 하는 것이다(딤전 1:9, 10; 갈 3:24, 10; 롬 1:20; 2;15).

그리고 십계명이 중생자들에게는 그들이 그 법을 다 지켜 구원받지 못하여 사망 권세 아래 있을 수밖에 없었는데 주님께서 율법을 완성하시고 구원해 주신 것을 감사하게 하며, 그 표시로 십계명을 더욱 잘 지키도록 하는 유익을 주는 것이다.

웨스트민스터 대요리문답 97문

도덕법이 중생한 자들에게는 무슨 특별한 소용이 있는가?

중생하여 그리스도를 믿는 자는 행위의 계약인 도덕법에서 해방되었으므로 이로써 의롭다 하심을 받거나 정죄를 받는 일은 없다. 그러나 모든 사람에게 공통된 도덕법의 일반적 용도 외에 특수한 소용이 되는 것은 이 법을 친히 완성하시고 그들을 대신하여 저주를 받으신 그리스도와 그들이 얼마나 밀접한 관계가 있음을 보여줌으로써 그들로 하여금 더욱더 감사하게 하며 이 감사를 표시하려고 그들의 생활 법칙으로서 도덕법을 더욱 더 조심하여 따르게 한다(롬 6:14; 3:20; 7:4, 6, 22, 24, 25; 8:1, 3, 4; 12:2; 갈 3:13, 14; 4:4, 5; 5:23; 눅 1:68, 69, 74, 75; 골 1:12-14). 그래서 십계명은 구원받은 성도의 생활규범을 가르쳐 주는 것이다.

묵상과 적용

1. 십계명의 중요성에 대하여 이 과에서 기록한 것을 다시 정리해 보세요. 그 외에 개인적으로 십계명이 중요하다고 생각하는 이유를 기록해 보시기 바랍니다.

2. 십계명을 지켜야 하는 이유를 개인적으로 생각하여 기록해 보세요. 여러분은 십계명을 잘 지키나요? 어느 항목을 잘 지키지 못하나요?

3. 십계명이 주는 유익을 정리해 보세요. 그 유익을 누리고 있나요?

3과

제 1 계명
나 외에는 다른 신들을
네게 두지 말라

   우리에게 도덕법이 존재하는 이유는 도덕적 율법을 주시는 분이 계시기 때문입니다. 십계명이 권위나 구속력을 갖는 이유는 우리를 창조하고, 사랑하고, 다스리시는 하나님이 계시기 때문입니다. 십계명의 제1계명은 인간의 첫 번째 의무를 명시할 뿐 아니라 모든 도덕적 의무의 기초를 제공합니다.
   웨스트민스터 소요리문답 46에서는 제1계명이 요구하는 것이 무엇인가라는 질문에 이렇게 답합니다. "제1계명이 우리에게 요구하는 것은 유일하신 참 하나님을 인정하고 합당하게 그를 경배하고 영화롭게 하는 것입니다."
   제1계명에서 중요한 개념은 바로 '나 외에는'입니다. 이 말은 '내 앞에'라는 뜻으로 '너와 나 사이에, 내 얼굴 앞에 어떤 것도 개입하거나 끼어들어서는 안 된다'는 의미입니다. 우상이 가득한 애굽에 살았던 이스라엘 백성이 다시 우상이 가득한 가나안 땅으로 들어가려는 상황에서 십계명이 주어집니다. 광야에서 하나님을 체험한 그들에게 '너와 나 사이에 다른 것들이 개입되어서는 안 된다. 다른 것들을 사랑해서는 안 된다'는 전제를 둔 것입니다.

1. 여호와를 사랑하라

십계명의 나머지 아홉 계명은 해야 할 일과 해서는 안 될 일을 명령하지만 제1계명은 특정한 유형의 관계를 요구합니다. 이 계명은 유일하신 하나님과 어떻게 관계를 맺어야 하는지를 알려줍니다. 그 관계의 핵심은 사랑입니다. 하나님을 진정으로 사랑한다면 사람이나 사물을 하나님보다 더 사랑해서는 안 됩니다. 하나님과 우리의 관계는 결혼 비유로 설명됩니다. 배우자를 두고 다른 여인을 사랑하면 간음입니다. 간음은 배우자에게 배신감과 실의를 안겨주며, 지금까지 이어 온 좋은 결혼 관계는 깨지고 가정은 파탄납니다. 이처럼 제1계명을 지킨다는 것은 하나님을 깊이 사랑한다는 의미입니다.

(신명기 6:4-9) [4] 이스라엘아 들으라 우리 하나님 여호와는 오직 유일한 여호와이시니 [5] 너는 마음을 다하고 뜻을 다하고 힘을 다하여 네 하나님 여호와를 사랑하라 [6] 오늘 내가 네게 명하는 이 말씀을 너는 마음에 새기고 [7] 네 자녀에게 부지런히 가르치며 집에 앉았을 때에든지 길을 갈 때에든지 누워 있을 때에든지 일어날 때에든지 이 말씀을 강론할 것이며 [8] 너는 또 그것을 네 손목에 매어 기호를 삼으며 네 미간에 붙여 표로 삼고 [9] 또 네 집 문설주와 바깥 문에 기록할지니라.

1 우리는 하나님을 어떻게 대해야 하나요? 왜 그래야하나요?

2 우리는 하나님이 주시는 말씀을 어떻게 해야 하나요? 유대인들은 손목에 삼아 기호를 삼고 미간에 붙여 표로 삼는 일을 지금도 하고 있습니다. 이 말씀은 문자 그대로 그렇게 하라는 뜻일까요? 아니면 다른 의미를 가지고 있나요?

3 하나님을 사랑하는 것과 하나님의 말씀을 지키는 것은 어떤 관계인가요? 예수님이 말씀하신 내용을 기억하며 답해 보세요.

　　예수님은 하나님을 사랑하되 "네 마음을 다하고 목숨을 다하고 뜻을 다해 주 너의 하나님을 사랑하라"(마 22:37)고 가르치셨습니다. 모세도 이스라엘 백성들에게 '마음을 다하고 뜻을 다하고 힘을 다하여 네 하나님 여호와를 사랑하라'고 권면합니다. 우리 하나님만이 유일하신 여호와이시기 때문입니다. 아브라함, 이삭, 야곱과 언약을 맺었던 여호와 하나님은 약속대로 이스라엘 백성들을 구원하셨고 약속의 땅 가나안으로 인도하셨습니다. 창조주요 구원주이신 하나님은 마땅히 우리가 사랑하고 섬겨야 할 하나님이십니다. 그러므로 그분의 말씀을 마음에 새겨야 합니다. 우리를 사랑으로 창조하시고 구원하신 하나님은 우리가 그분의 말씀을 따라 삶으로써 복받기 원하십니다. 마음에 새긴다는 것은 모든 관심을 하나님께 두고 그분의 말씀에 따라 순종하며 살겠다는 의지의 표현입니다. 또한 이 말씀을 자녀에게 부지런히 가르쳐야 합니다. 하나님을 전혀 경험하지 못한 자녀 세대에게 하나님을 알리는 일은 매우 중요합니다. 모세는 말씀을 손목에 매어 기호를 삼고 미간에 붙여 표를 삼고 집 문설주와 바깥문에 기록하라고 말합니다. 이는 온 마음을 다해 생각하고 행위의 모든 기준을 하나님의 말씀으로 삼아 지키라는 뜻입니다.

예수님은 "너희가 나를 사랑하면 내 계명을 지킬 것"(요 14:23)이라고 말씀하셨습니다. 우리가 마음을 다하고 뜻을 다하고 성품을 다하여 여호와 하나님을 사랑하면, 하나님의 말씀 또한 사모하며 지키려고 노력할 것입니다. 예수님은 자신보다 더 사랑하는 것이 있다면 예수님께 합당하지 않다고 말씀하셨습니다. "아버지나 어머니를 나보다 더 사랑하는 자는 내게 합당하지 아니하고 아들이나 딸을 나보다 더 사랑하는 자도 내게 합당하지 아니하며 또 자기 십자가를 지고 나를 따르지 않는 자도 내게 합당하지 아니하니라 자기 목숨을 얻는 자는 잃을 것이요 나를 위하여 자기 목숨을 잃은 자는 얻으리라"(마 10:37-39). 우리가 목숨을 다하여 예수님을 사랑하고 마음과 몸을 다하여 여호와 하나님을 사랑해야 하는 이유는 우리의 관심과 삶의 목적과 초점이 우리 자신에게 있지 않고 하나님에게 있기 때문입니다.

오직 마음에 두어야 할 참 신에 대한 개념이나 인식이 부족하게 되면 그릇된 사상이 들어옵니다. 우상을 섬기려고 해서 섬기는 것이 아니라 참 하나님에 대한 인식이 부족해서 섬기게 되는 것입니다. 오늘날의 성도들의 문제는 너무 많은 것을 사랑하는 것이 아니라, 하나님의 사랑을 충분히 알지 못하기 때문에 일어납니다. 많은 사람이 십계명을 대수롭지 않게 여기는 이유는 율법을 주신 하나님이 얼마나 거룩하시고 엄위로우신지 모르기 때문입니다. 제1계명의 배경이 되는 말씀은 "나는 너를 애굽 땅, 종 되었던 집에서 인도하여 낸 네 하나님 여호와니라"(출 20:2)입니다. 하나님은 구원의 하나님이요 언약의 하나님이십니다. 우리를 사랑하여서 당신의 약속을 따라 우리를 위해 능하신 일을 행하셨습니다. 우리가 정말로 하나님의 사랑을 알고 그분이 어떤 분인지 정확히 인식한다면 다른 데로 눈을 돌릴 겨를이 없습니다. 하나님이 나를 어떻게 사랑하셨는지, 얼마나 사랑하고 계시는지 확고히 안다면 제1계명을 지킬 수 있습니다.

거룩한 하나님을 믿는 사람은 하나님의 자녀로 거듭난 후부터는 일반 세상 이치나 자신의 경험에 의해 살지 않습니다. 하나님이 이전부터 나를 위해 철저하게 예비해 두신 길이 있기 때문에 우리는 스스로 일생을 결정하고 나아가지 않습니다. 준비된 거룩한 길로 나아갈 때 비록 눈앞에 훤하지 않아도 우리는 매일 매일 하나님을 의지하고 한 걸음씩 인도를 받아 나아갑니다.

2. 여호와를 잊지 말라

우리는 일관되게 하나님을 섬기며 그분을 사랑하는 일을 잘하지 못합니다. 배고플 때, 힘들 때, 고통스러울 때는 하나님을 찾다가도 배부르고, 생활이 안정되며, 즐거울 때는 보이는 것에 얽매어 하나님을 찾지 않는 경향이 많습니다. 경건 생활을 열심히 한다는 사람들도 경건의 습관이 고착화되어 오히려 자신 뿐 아니라 다른 사람을 판단하며 살기도 합니다. 스스로 율법자가 되어 판단하며 삽니다. 그 이유는 하나님과 사랑의 관계가 식었거나 하나님을 잊어버렸기 때문입니다.

(신명기 6:10-15) [10] 네 하나님 여호와께서 네 조상 아브라함과 이삭과 야곱을 향하여 네게 주리라 맹세하신 땅으로 너를 들어가게 하시고 네가 건축하지 아니한 크고 아름다운 성읍을 얻게 하시며 [11] 네가 채우지 아니한 아름다운 물건이 가득한 집을 얻게 하시며 네가 파지 아니한 우물을 차지하게 하시며 네가 심지 아니한 포도원과 감람나무를 차지하게 하사 네게 배불리 먹게 하실 때에 [12] 너는 조심하여

너를 애굽 땅 종 되었던 집에서 인도하여 내신 여호와를 잊지 말고 [13] 네 하나님 여호와를 경외하며 그를 섬기며 그의 이름으로 맹세할 것이니라 [14] 너희는 다른 신들 곧 네 사면에 있는 백성의 신들을 따르지 말라 [15] 너희 중에 계신 너희의 하나님 여호와는 질투하시는 하나님이신즉 너희의 하나님 여호와께서 네게 진노하사 너를 지면에서 멸절시키실까 두려워하노라.

1 본문에서는 여호와 하나님을 질투하시는 하나님이라고 표현합니다. 이 말씀이 뜻하는 바가 무엇인가요?

2 애굽 땅 종 되었던 집에서 인도하여 내신 여호와를 왜 잊지 말라고 하나요?

3 우리가 하나님을 잊어버리는 때가 종종 언제인지 나누어 봅시다.

하나님은 끝 없는 사랑으로 이스라엘 백성들이 살아갈 모든 기반을 마련해 주십니다. 그런데 마치 그것을 자신이 차지한 것처럼, 성읍과 아름다운 물건, 우물, 포도원과 감람나무 등 살아가는데 필요한 모든 것을 자기 공로로 취득한 것처럼 생각하는 교만한 자세를 하나님은 경고합니다. 철저하게 하나님을 의지하지 않고 자신을 드러내기 시작하면 놀라운 구원과 사랑을 베풀어주신 하나님을 잊어버리게 됩니다. 하나님을 외면하면 하나님이 행하신 놀라운 구원과 기적과 인도하심에 대한 희미한 기억만 남게 되고 사랑의 관계는 바로 식어버립니다. 이스라엘 백성들은 자동적으로 주위에 관심을 가지고 눈을 돌립니다. 가나안의 풍요를 준 신들에게 마음을 빼앗기게 됩니다. 지속적으로 하나님을 사랑하고 말씀을 실천하지 않으면 왜곡된 지식이 생기면서 우상 숭배라는 배신 행위를 하게 됩니다. 그래서 모세는 하나님의 말씀을 마음에 새기고 손목에 매고 미간에 붙여 다니며 온 집에 말씀을 기록하라고 명령했습니다.

하나님은 질투하시는 하나님이십니다. 우리는 하나님을 경외해야 합니다. 하나님을 두려워하지 않으면 진정한 믿음도 사랑도 순종도 있을 수 없습니다. 하나님이 질투하신다는 모세의 표현은 집착, 시기, 증오하는 부정적인 감정으로 상대방에게 상처를 주는 인간적인 행위를 말하는 것이 아닙니다. 오직 백성들의 사랑을 받기 원하시는 하나님의 열망이 얼마나 큰지 우리가 이해하는 언어로 표현한 것입니다. 하나님의 질투는 순전한 질투로써 사람의 유익을 위한 것입니다. 야고보 사도는 '세상과 벗된 것이 하나님과 원수된 것임을 알지 못하느냐'고 반문하면서 하나님이 우리를 얼마나 사랑하시는지 이렇게 표현합니다. "너희는 하나님이 우리 속에 거하게 하신 성령이 시기하기까지 사모한다 하신 말씀을 헛된 줄로 생각하느냐"(약 4:5). 하나님의 질투는 우리가 '거짓의 아비' 마귀에게 속아 타락하지 않도록 하고, 영원한 창조주이신 하나님과 교제하기를 갈망하시는 아버지 하나님의 진실한 사랑의 표현입니다. '하나님의 경건한 질투'란 본질적으로 하나님이 인간을 '자기 백성'이라 하실 때 느끼시는 의롭고 이타적인 진실한 사랑을 의미합니다. 하나님의 경건한 질투야말로 '모든 인간이 주님의 것이며 주님에게 사랑받는 존재'임을 확인시켜주는 보증수표입니다.

우리가 사랑하고 찾고 예배하고 섬기는 것, 우리를 지배하도록 허용하는 것이 있다면 그것은 곧 우리의 신이 됩니다. 이런 의미에서 집, 땅, 돈, 지위, 성공, 자녀 등을 탐내면 그것은 우리의 신이 됩니다. 하나님의 백성이 안고 있는 가장 고질적인 문제는 하나님과 다른 것을 동시에 섬기려고 하는 것입니다. 하나님과 바알, 하나님과 아세라, 하나님과 재물, 하나님과 사회적 인정 등 하나님 외에 다른 것을 하나님과 같은 자리에 올려놓고 동시에 둘을 섬기려고 합니다. 이러한 혼합주의는 이스라엘 사회 뿐만이 아니라 현대 사회에도 늘 존재하는 문제입니다. 그러나 하나님은 많은 존재 가운데 하나가 되기를 원치 않으십니다. 우상 숭배의 달콤함에서 벗어나 우리가 하나님만 섬기길 원하십니다.

구약성경학자 더그 스튜어트(Doug Stuart)는 우상 숭배의 매혹적인 힘을 매우 간결하고 명확하게 묘사했다. 그는 출애굽기 주석에서 이스라엘 민족이 우상 숭배에 그토록 강하게 이끌렸던 이유를 다음 아홉 가지로 나눠 제시했다.

1. 우상 숭배는 효과가 있는 것처럼 생각되었다. 우상 숭배는 주문을 올바로 외우기만 하면 효과가 나타나고, 술법을 부리기만 하면 신이 모습을 드러내는 것으로 간주되었다. 그런 결과를 보장하는 종교를 마다할 사람이 누가 있겠는가?

2. 우상 숭배는 이기심을 충족시켰다. 고대 세계의 신들은 강력한 힘을 가졌지만 한 가지 중요한 점에서 인간을 필요로 했다. 그것은 바로 음식이었다. 사람들이 희생 제물을 바친 이유는 신들이 배가 고팠기 때문이다. 사람들은 축복을 받기 위해 신들이 필요했고, 신들은 음식을 먹기 위해 사람들이 필요했다. 그것은 서로 주고받는 관계, 곧 서로의 등을 긁어 주는 관계였다.

3. 우상 숭배는 쉬웠다. 윤리적인 기준을 지키거나 개인적인 희생을 치르지 않고 단지 제물과 제사를 드리면 되었다. 가나안 족속은 정교한 도덕법에 복종하거나 개인적인 경건에 힘쓸 필요가 없었다. 그들은 단지 신전에 가서 술이나 제물을 바치면 되었다. 이스라엘은 '나의 행동은 중요하지 않아 신전에 가서 종교의식을 거행하기만 하면 돼'라는 식의 관습에 거듭 빠져들었다.

4. 우상 숭배는 편리했다. 고대 세계의 종교는 일종의 프랜차이즈와 비슷했다. 여기저기에 신전이 많았기 때문에 사람들이 종교적인 의무를 쉽게 이행할 수 있었다. 이것이 이스라엘 백성이 끌렸던 우상 숭배의 매력 가운데 하나였다. 아마도 그들은 '왜 여러 곳에 신전을 지으면 안 되지? 왜 예배를 좀 더 편리하게 드리면 안 되지?'라고 생각했을 것이다. 그러나 여호와 하나님은 성막, 나중에는 성전에서만 예배를 드리라고 명령하셨다.

5. 우상 숭배는 보편적이었다. 다른 민족의 경우 신의 명칭과 그들이 하는 역할만 달랐을 뿐 종교적 특성은 모두 비슷했다. 고대 근동의 민족 가운데서 이스라엘 민족만 독특했다. 하나님의 백성은 단지 몇 가지 특별한 규칙을 지키는 것에 그치지 않았다. 신에 대한 개념과 예배를 드리는 방법이 근본적으로 달랐다. 종교적인 소수로 머무는 것은 어려운 일이다.

6. 우상 숭배는 논리적이었다. 많은 남신과 여신이 존재하고, 우주를 다스리며, 복을 주관하는 영역이 제각기 다른 것은 매우 합리적이다. 어떤 신은 바람을 일으키고, 어떤 신은 비를 내리고, 어떤 신은 짐승들의 번식을 돕는다. 고대 세계의 종교는 주변 세상을 이해하는 것처럼 보였다.

7. 우상 숭배는 사람들의 감각을 즐겁게 했다. 항상 볼거리가 많았다. 고대 예배 의식은 심미적인 요소가 많았고, 아름답고, 예술적이었다. 우상 숭배는 사람들 눈에 옳게 보였다. 눈으로 보면 믿기 마련이다.

8. 우상 숭배는 마음껏 즐길 수 있는 기회를 제공했다. 고대에는 육류가 귀한 편이었다. 대다수 사람은 잡아먹을 가축이 없었다. 그들 대부분은 종교의식을 거행할 때만 육류를 섭취할 수 있었다. 그들은 동물을 제물로 바치고 헌주(獻酒, 술을 바치는 예식)를 한 뒤 가족이나 친지들과 함께 모여 만찬을 즐겼다. 우상 숭배는 최상의 음식과 술을 즐길 수 있는 기회였다.

9. 우상 숭배는 관능적이었다. 고대인들은 대부분 신들이 하늘에서 서로 교합해야만 축복을 받을 수 있다고 믿었다. 그들은 바알과 아세라가 교합하면 하늘에서 그들의 생식이 이루어져 땅에서 풍성한 수확과 다산의 축복을 누리게 된다고 생각했다. 그렇다면 그들은 어떻게 신들의 교합을 부추겼을까? 그 방법은 인간이 서로 성관계를 맺는 것이었다. 이것이 구약성경에서 이따금 신전 창기들에 관한 내용이 발견되는 이유다. 고대인들은 자신들이 종교의식의 하나로 성관계를 맺으면 남신과 여신의 성적 교합이 이루어진다고 믿었다.

3. 여호와만을 따르라

이스라엘 백성에게 가장 위협적인 우상은 바알이었습니다. 바알 숭배는 북이스라엘의 강력한 왕 아합 왕 때 왕비 이세벨을 통해 전격적으로 도입되었습니다. 이때 활동한 선지자 엘리야는 참 하나님이 누구인지 백성들을 깨우치려고 갈멜산에서 바알 선지자들과 대결을 벌입니다. 그는 지난 3년 동안의 무서운 가뭄 재앙이 누구에게서 온 것인지 백성들에게 알리고자 했습니다. 엘리야 자신을 비롯해 여호와를 믿는 자들이 농경 신인 바알 신을 격노케 해서 생긴 재앙인지, 바알 숭배에 빠진 아합 왕과 이스라엘 백성들이 여호와를 진노케 해서 생긴 재앙인지 판가름하려 합니다. 그리하여 엘리야 선지자는 바알을 숭배한 이스라엘의 범죄와 바알 종교의 허구성을 백성 앞에 드러내고 여호와만이 참 신임을 밝히려고 합니다.

(열왕기상 8:20-39) 20 아합이 이에 이스라엘의 모든 자손에게로 사람을 보내 선지자들을 갈멜산으로 모으니라 21 엘리야가 모든 백성에게 가까이 나아가 이르되 너희가 어느 때까지 둘 사이에서 머뭇머뭇 하려느냐 여호와가 만일 하나님이면 그를 따르고 바알이 만일 하나님이면 그를 따를지니라 하니 백성이 말 한마디도 대답하지 아니하는지라 22 엘리야가 백성에게 이르되 여호와의 선지자는 나만 홀로 남았으나 바알의 선지자는 사백오십 명이로다 23 그런즉 송아지 둘을 우리에게 가져오게 하고 그들은 송아지 한 마리를 택하여 각을 떠서 나무 위에 놓고 불은 붙이지 말며 나도 송아지 한 마리를 잡아 나무 위에 놓고 불은 붙이지 않고 24 너희는 너희 신의 이름을 부르라 나는 여호와의 이름을 부르리니 이에 불로 응답하는 신 그가 하나님이니라 백성이 다 대답하되 그 말이 옳도다 하니라 25 엘리야가 바알의 선지자들에게 이르되 너희는 많으니 먼저 송아지 한 마리를 택하여 잡고 너희 신의 이름을 부르라 그러나 불을 붙이지 말라 26 그들이 받은 송아지를 가져다가 잡고 아침부터 낮까지 바알의 이름을 불러 이르되 바알이여 우리에게 응답하소서 하나 아무 소리도 없고 아무 응답하는 자도 없으므로 그들이 그 쌓은 제단 주위에서 뛰놀더라 27 정오에 이르러는 엘리야가 그들을 조롱하여 이르되 큰 소리로 부르라 그는 신인즉 묵상하고 있는지 혹은 그가 잠깐 나갔는지 혹은 그가 길을 행하는지 혹은 그가 잠이 들어서 깨워야 할 것인지 하매 28 이에 그들이 큰 소리로 부르고 그들의 규례를 따라 피가 흐르기까지 칼과 창으로 그들의 몸을 상하게 하더라 29 이같이 하여 정오가 지났고 그들이 미친 듯이 떠들어 저녁 소제 드릴 때까지 이르렀으나 아무 소리도 없고 응답하는 자나 돌아보는 자가 아무도 없더라 30 엘리야가 모든 백성을 향하여 이르되 내게로 가까이 오라 백성이 다 그에게 가까이 가매 그가 무너진 여호와의 제단을 수축하되 31 야곱의 아들들의 지파의

수효를 따라 엘리야가 돌 열두 개를 취하니 이 야곱은 옛적에 여호와의 말씀이 임하여 이르시기를 네 이름을 이스라엘이라 하리라 하신 자더라 32 그가 여호와의 이름을 의지하여 그 돌로 제단을 쌓고 제단을 돌아가며 곡식 종자 두 세아를 둘 만한 도랑을 만들고 33 또 나무를 벌이고 송아지의 각을 떠서 나무 위에 놓고 이르되 통 넷에 물을 채워다가 번제물과 나무 위에 부으라 하고 34 또 이르되 다시 그리하라 하여 다시 그리하니 또 이르되 세 번째로 그리하라 하여 세 번째로 그리하니 35 물이 제단으로 두루 흐르고 도랑에도 물이 가득 찼더라 36 저녁 소제 드릴 때에 이르러 선지자 엘리야가 나아가서 말하되 아브라함과 이삭과 이스라엘의 하나님 여호와여 주께서 이스라엘 중에서 하나님이신 것과 내가 주의 종인 것과 내가 주의 말씀대로 이 모든 일을 행하는 것을 오늘 알게 하옵소서 37 여호와여 내게 응답하옵소서 내게 응답하옵소서 이 백성에게 주 여호와는 하나님이신 것과 주는 그들의 마음을 되돌이키심을 알게 하옵소서 하매 38 이에 여호와의 불이 내려서 번제물과 나무와 돌과 흙을 태우고 또 도랑의 물을 핥은지라 39 모든 백성이 보고 엎드려 말하되 여호와 그는 하나님이시로다 여호와 그는 하나님이시로다.

1 아합 왕이 바알과 아세라 선지자를 소환합니다. 그리고 엘리야 선지자 혼자 갈멜산에 올라갑니다. 엘리야 선지자가 백성에게 경고한 내용은 무엇이었나요? 그의 경고에 백성의 반응은 어떠했나요? 왜 그들은 아무 말도 하지 않았을까요?

2 엘리야는 각 진영마다 송아지 한 마리를 잡아 제물로 바칠 때 하늘에서 불이 내려 제물을 불태우는 신이 참 신이라고 제안합니다. 바알 선지자들은 송아지 한 마리를 잡아 제물로 제단에 드리고 어떤 일을 하였나요? 결과는 어떠했나요?

3 엘리야는 무너진 여호와의 제단을 수축하고 그 위에 송아지를 잡아 각을 뜨고 하나님 앞에 기도합니다. 그가 기도한 내용과 결과는 어떠했나요? 백성들의 반응은 어떠했나요?

본문은 그 유명한 갈멜산 대결을 보여 줍니다. 여호와의 선지자 엘리야와 450명의 바알 선지자들이 모여 자신들의 신이 참 신이라는 것을 증명하기 위해 제물을 잡고 하늘에서 불이 떨어지기를 기도하며 벌인 대결입니다. 여기서 하나님은 신실한 주의 종을 통해 당신이 참 신임을 입증하셨습니다.

먼저 엘리야는 백성들에게 가까이 가서 경고하며 각성을 시킵니다. "너희가 언제까지 둘 사이에서 머뭇머뭇 하려느냐?" 둘 사이는 두 마음으로 나뉜 것을 말합니다. 이스라엘 백성들은 권력자의 강요에 의해 바알 숭배에 동조하면서도 전통적인 여호와 신앙도 가졌습니다. 엘리야는 이런 악한 혼합주의에서 벗어나 순수한 여호와 신앙만을 갖기를 바라는 마음에서 백성들에게 권면합니다. 백성들은 한 마디도 하지 못했습니다. 아합 왕의 권력과 선지자 엘리야의 능력을 생각하며 양자택일하지 못하고 그저 눈치만 보고 있었기 때문입니다. 그러나 중간지대는 없습니다. 여호와를 따를 것인가 아니면 바알 숭배를 계속할 것인가 둘 중의 하나입니다.

송아지를 번제물로 잡아 불을 붙이지 않고 오직 초월적인 신의 능력으로 불이 붙는지 보고 누가 참 신인지 분별하자는 엘리야의 제안에 따라 먼저 바알 선지자들이 송아지를 잡습니다. 아침부터 낮까지 바알을 부르며 기도하나 응답이 없자 엘리야가 그들을 조롱합니다. 그러자 그들은 큰 소리로 더욱 기도하고 광란의 춤을 추며 원을 그립니다. 그러다 결국은 칼과 창으로 자신들의 몸을 자해하기까지 합니다. 저녁 소제 때까지 아무리 부르짖어도 응답이 없었습니다. 반면 엘리야는 번제물을 준비하고 오히려 물을 붓습니다. 기도하는 시간도 저녁 소제 시간에 맞추어 합니다. 이 모든 것은 철저하게 인간의 능력이나 자연적인 힘에 의해 이루어지는 것이 아니라 하나님의 능력으로 말미암은 것임을 알리려는 의도적인 행위였습니다.

엘리야의 기도는 참으로 이스라엘 백성들의 마음과 귀에 쩡쩡 울렸을 것입니다. "아브라함과 이삭과 이스라엘의 하나님 여호와여 주께서 이스라엘 중에서 하나님이신 것과 내가 주의 종인 것과 내가 주의 말씀대로 이 모든 일을 행하는 것을 오늘 알게 하옵소서 이 백성에게 주 여호와는 하나님이신 것과 주는 그들의 마음을 돌이키심을 알게 하옵소서"라고 기도합니다. 하나님은 즉각 불로 응답하십니다. 번제물만 탄 것이 아니라 돌과 흙을 다 태우고 도랑의 물까지도 없앱니다. 그러자 백성들이 모두 엎드려 "여호와만이 하나님이시다"라고 고백합니다.

바알 숭배는 이스라엘을 무너뜨린 가장 무서운 우상 숭배였습니다. 이스라엘 백성들이 가나안에 정착하여 목축업에서 농업으로 전환하는 과정에서 필연적으로 관여하게 된 신이 바알입니다. 하나님과 바알을 동시에 섬긴 이스라엘에게 하나님은 당신만이 참 신임을 스스로 증명하셨습니다. 이스라엘 백성들은 여호와만을 섬기고 따르기로 결심합니다. 우리는 이 갈멜산 대결에서 배워야 합니다. 참 신은 오직 여호와 하나님밖에 없습니다. 다른 모든 것은 우상일 뿐입니다. 우상 숭배에 빠지면 눈이 있어도 보지 못하고 귀가 있어도 듣지 못하고 입이 있어도 말을 하지 못하는 백성과 같이 됩니다. 이사야는 오직 하나님만을 따를 것을 권면하면서 이렇게 말합니다. "이스라엘의 왕인 여호와, 이스라엘의 구원자인 만군의 여호와가 이같이 말하노라 나는 처음이요 나는 마지막이라 나 외에 다른 신이 없느니라"(사 44:6).

칼빈은 십계명의 제1계명을 해설하면서 우리가 하나님께 드려야 할 네 가지를 말했습니다.

첫째, 누구를 찬양(경배)합니까? 우리는 주위에 있는 많은 존경할 만한 사람들의 위대한 업적을 찬양하고 칭찬할 수 있습니다. 그러나 가장 큰 찬양을 누구에게 돌리고 있습니까?

둘째, 누구를 의지(신뢰)합니까? 우리에게는 위로와 의지가 되는 가족들과 친구들이 있습니다. 그러나 진정으로 어려울 때 누가 항상 문제를 해결해 줄 것이라고 믿습니까?

셋째, 누구에게 도움을 요청(기도)합니까? 어디에서 해답을 찾습니까? 어디에서 삶의 목적과 기쁨을 찾습니까? 가족입니까? 세상 즐거움입니까? 재산입니까? 아니면 하나님입니까?

넷째, 누구에게 감사합니까? 축복이 어디에서 옵니까? 누가 나무와 별과 귀엽게 옹알거리는 갓난아이를 만들었습니까?

이런 질문들을 생각하며 답을 찾아가면 삶 속에서 실제로 어떤 신을 믿고 있는지 알 수 있습니다. 왜냐하면 우리가 찬양하고, 의지하고, 기도하고, 감사하는 것이 곧 우리가 예배하는 신이기 때문입니다. 오직 그리스도 안에서만 이 모든 질문에 대해 만족스러운 대답을 찾을 수 있습니다. 그분 안에서만 십계명의 제1계명에 진정으로 복종할 수 있습니다.

묵상과 적용

1. 우리가 목숨을 다하고 마음을 다하고 힘을 다하여 하나님을 사랑하지 못하는 이유는 무엇인가요? 주님의 말씀처럼 자기를 부인하고 자기 십자가를 지고 주님을 따르지 못할 때가 많습니다. 어떤 경우가 그러했는지를 나누어 봅시다.

2. 언제 우리가 하나님을 잊어버리고 배신하게 되나요? 이런 일은 양극단적인 경우에 발생하게 됩니다. 가장 좋을 때나 가장 힘들 때 모두가 해당이 됩니다. 우리 각자가 경험한 것을 나누어 봅시다.

3. 엘리야의 심정처럼 "너희가 하나님을 따를 것인가? 바알(우리가 섬기는 우상)을 따를 것인가? 마음에 결정을 하라"고 외치고 싶을 때가 있을 것입니다. 언제 그러한가요? 우리가 여호와만을 따르기로 결심을 할 때 내 안에서 사라져야 할 우상은 무엇인가요?

4과

제 2 계명
너를 위하여 새긴
우상을 만들지 말라

    십계명의 제1계명이 거짓 신을 예배하는 것을 금지한다면, 제2계명은 하나님을 그릇된 방식으로 예배하는 것을 금합니다. 제2계명은 자의적인 예배, 곧 하나님께서 요구하시는 방식이 아니라 우리 마음대로 예배하는 것을 금지합니다. 금지하는 것은 두 가지입니다. 첫째는 어떤 형태로든지 하나님을 나타내는 형상을 만들어서는 안 됩니다. 둘째는 어떤 형상도 예배해서는 안 됩니다.

    사람은 하나님의 참된 형상을 잃어버렸기 때문에 하나님을 거짓된 형상으로 만들기 시작했습니다. 하나님의 형상으로 지음 받은 사람은 이제 자신과 피조물의 형상으로 신을 만들어서 침되신 하나님을 대신합니다. 가나안 족속의 이방 종교는 사람이 자신들을 위하여 어떤 신을 만들어내는지 보여 줍니다. 이런 신들은 그것을 만든 사람의 부패한 마음과 더러운 욕망을 그대로 보여 줍니다(시 115:8). 우상은 항상 나를 위하여 만들어집니다. 우상이 좋아서, 우상이라는 존재를 위해 우상을 만드는 법은 없습니다. 인간은 종교라는 이름으로 우상을 만들어 내는데 사실은 결국 자기를 위해서 욕망을 감추고 우상을 만듭니다.

1. 금송아지 사건

하나님은 우뢰, 번개와 큰 나팔소리가 난 후 시내산에 구름과 불 가운데 강림하셨습니다. 그리고 직접 말씀하심으로 이스라엘 백성들에게 십계명을 주셨습니다. 그들은 하나님을 경외함으로 말씀을 받았습니다. 이후에 하나님은 모세를 통해 여러 율법을 주셨고 시내산 언약식도 체결했습니다. 하나님은 모세를 산 위로 직접 불러 성막 건축에 대한 지시도 하셨습니다. 그러나 모세가 빨리 내려오지 않자, 기다리다 지친 이스라엘 백성들은 두려움에 사로잡혀 모세라는 중보자보다 더 직접적인 여호와 신을 만들려고 합니다. 그들을 인도할 하나님을 송아지 형상으로 직접 만든 것입니다. 이것이 시내산의 '금송아지 사건'입니다. 우리는 이 사건을 통해 인간이 얼마나 쉽게 하나님을 인간의 상상과 개념에 맞춰 우상화할 수 있는지를 보게 됩니다.

(출애굽기 32:1-14) [1] 백성이 모세가 산에서 내려옴이 더딤을 보고 모여 백성이 아론에게 이르러 말하되 일어나라 우리를 위하여 우리를 인도할 신을 만들라 이 모세 곧 우리를 애굽 땅에서 인도하여 낸 사람은 어찌 되었는지 알지 못함이니라 [2] 아론이 그들에게 이르되 너희의 아내와 자녀의 귀에서 금 고리를 빼어 내게로 가져오라 [3] 모든 백성이 그 귀에서 금 고리를 빼어 아론에게로 가져가매 [4] 아론이 그들의 손에서 금 고리를 받아 부어서 조각칼로 새겨 송아지 형상을 만드니 그들이 말하되 이스라엘아 이는 너희를 애굽 땅에서 인도하여 낸 너희의 신이로다 하는지라 [5] 아론이 보고 그 앞에 제단을 쌓고 이에 아론이 공포하여 이르되 내일은 여호와의 절일이니라 하니 [6] 이튿날에 그들이 일찍이 일어나 번제를 드리며 화목제를 드리고 백성이 앉아서 먹고 마시며 일어나서 뛰놀더라 [7] 여호와께서 모세에게 이르시

되 너는 내려가라 네가 애굽 땅에서 인도하여 낸 네 백성이 부패하였도다 [8] 그들이 내가 그들에게 명령한 길을 속히 떠나 자기를 위하여 송아지를 부어 만들고 그것을 예배하며 그것에게 제물을 드리며 말하기를 이스라엘아 이는 너희를 애굽 땅에서 인도하여 낸 너희 신이라 하였도다 [9] 여호와께서 또 모세에게 이르시되 내가 이 백성을 보니 목이 뻣뻣한 백성이로다 [10] 그런즉 내가 하는 대로 두라 내가 그들에게 진노하여 그들을 진멸하고 너를 큰 나라가 되게 하리라 [11] 모세가 그의 하나님 여호와께 구하여 이르되 여호와여 어찌하여 그 큰 권능과 강한 손으로 애굽 땅에서 인도하여 내신 주의 백성에게 진노하시나이까 [12] 어찌하여 애굽 사람들이 이르기를 여호와가 자기의 백성을 산에서 죽이고 지면에서 진멸하려는 악한 의도로 인도해 내었다고 말하게 하시려 하나이까 주의 맹렬한 노를 그치시고 뜻을 돌이키사 주의 백성에게 이 화를 내리지 마옵소서 [13] 주의 종 아브라함과 이삭과 이스라엘을 기억하소서 주께서 그들을 위하여 주를 가리켜 맹세하여 이르시기를 내가 너희의 자손을 하늘의 별처럼 많게 하고 내가 허락한 이 온 땅을 너희의 자손에게 주어 영원한 기업이 되게 하리라 하셨나이다 [14] 여호와께서 뜻을 돌이키사 말씀하신 화를 그 백성에게 내리지 아니하시니라.

1 모세가 시내 산에서 늦게 내려오는 것을 보고 이스라엘 백성들은 아론에게 무엇을 제안하나요? 그에 따라 아론은 무엇을 하나요? 또한 이스라엘 백성들은 금송아지가 만들어진 이후에 무엇을 하나요? 이들의 죄악이 무엇인가요?

2 이스라엘의 우상숭배에 대해 하나님이 모세에게 맨 처음 하신 말씀은 무엇인가요? 이것을 통해 무엇을 알 수 있나요?

3 하나님의 진노에 모세는 어떻게 중보기도 했나요?

　모세가 40일 밤낮 보이지 않고 시내산에서 내려오지 않자 그를 지도자로 믿고 따랐던 이스라엘 백성들의 마음속에 근심과 두려움이 들어왔습니다. 그래서 아론에게 요구해 금송아지를 만들었습니다. 이 우상은 애굽의 신상 중의 하나인 '아피스'의 형상입니다. 고대 근동 지방에서 소는 다산과 풍년의 상징이었습니다. 이스라엘 백성들은 금송아지를 하나님의 임재의 상징으로 만들었습니다. 이스라엘 백성들이 이 금송아지를 만드는 순간 하나님의 존재는 금송아지 이미지와 개념으로 바뀌어 버렸습니다. 천지를 창조하신 하나님이 피조물의 형상으로 바뀌고 애굽 사람들이 생각한 신이 되었습니다. 이 사건을 이해할 때 사건의 발생 시점도 매우 중요합니다. 금송아지를 만든 때는 십계명을 비롯하여 율법을 받아 하나님과 언약식을 체결한 직후였습니다. 하나님의 임재도 체험했고 엄위하신 하나님의 말씀도 들어서 하나님을 깊이 알게 된 이스라엘 백성은 고작 자신이 경험한 신의 모습 중 가장 풍요로워 보인 신을 하나님과 동일시했습니다. 자신들이 바라고 기대하는 신의 모습으로 여호와 하나님을 격하시켰습니다. 이것이 우상을 만들어 경배한 이스라엘 백성의 죄의 실상입니다. 이스라엘 백성들은 금송아지만 만든 것이 아닙니다. 그 앞에 제단을 쌓고 다음날 여호와의 축제일이라고 공포하며 번제와 화목제를 드립니다. 백성이 먹고 일어나서 축제를 즐깁니다. 이런 우상 숭배의 경험은 이스라엘의 뇌리에 깊게 새겨진 것 같습니다. 이스라엘이 남북으로 분열되었을 때 북이스라엘 여로보암 왕이 단과 벧엘에 금송아지 상을 똑같이 세워 백성들로 경배하게 하였습니다. 하나님의 무서운 심판을 받은 우상 숭배 사건임에도 불구하고, 다시 금송아지를 사용하였다는 것은 경악할 일입니다. 이 사건은 내내 북이스라엘의 올무가 되었습니다.

하나님은 이런 백성들의 모습을 보시고 격앙하셨습니다. 모세를 불러 말씀하십니다. "네가 애굽 땅에서 인도하여 낸 네 백성이 부패하였도다 그들이 내가 그들에게 명령한 길을 속히 떠나 자기를 위하여 송아지를 부어 만들고 그것을 예배하며 그것에게 제물을 드리며 말하기를 '이스라엘아! 이는 너희를 애굽 땅에서 인도하여 낸 너희 신이라' 하였도다"(출 32:7-8). 하나님은 이 백성이 타락했다고 말씀하십니다. 타락하다는 '망치다, 폐허로 만들다'는 뜻인데 이는 이스라엘의 타락으로 하나님의 구속 계획이 수포로 돌아갈 지경이 되었다는 말입니다. 하나님은 이제 '내 백성'이 아니라고 말씀하지 않고 '네(모세의) 백성'이라고 말씀하십니다. 하나님의 불쾌하고 불편하신 심기가 담긴 표현입니다. 더 이상 내 백성이 아니라고 말씀하시는 듯합니다. 모세를 책망하는 의도도 보입니다. 하나님은 이스라엘 백성들의 행태와 의도를 다 아셨습니다. 이것은 분명히 하나님에 대한 반역이므로 그 백성을 진멸하시겠다고 말씀하십니다. 그런데 이것이 과연 하나님의 진심일까요? 하나님의 구원 역사가 인간의 범죄와 타락으로 파기되거나 변경될 수 있을까요?

모세는 바로 하나님 앞에 중보기도합니다. '어찌하여 큰 권능과 강한 손으로 애굽 땅에서 인도하여 내신 주의 백성에게 진노하시리이까?' (출 32:11) '네 백성'에서 '주의 백성'으로 모세는 정확하게 언급합니다. 하나님은 모세의 백성이라 하셨지만 "주님이 큰 권능과 팔로 인도하여 내신 주님의 백성이다"라는 것입니다. 그리고 두 가지 이유를 들어 이스라엘 백성들의 죄를 용서해 주실 것을 기도합니다. 먼저는 하나님이 이들을 시내산에서 진멸시키려고 애굽에서 인도해낸 것으로 애굽 사람들이 알고 말하게 되면 하나님의 영광이 가려질 것이라는 점입니다. 즉 하나님의 영광을 위해 기도합니다. 또 하나는 중요한 이유를 댑니다. 아브라함과 이삭과 야곱과 맺은 하나님의 언약을 거론합니다. 하늘의 별처럼 그 수가 많아지고 약속한 모든 땅을 주시겠다는 하나님의 약속을 상기시킵니다. 하나님의 마음을 정확히 아는 중보자의 기도임을 알 수 있습니다. 하나님은 모세의 기도를 들으시고 말씀하신 화를 백성들에게 내리지 않으셨습니다. 그러나 하나님은 이스라엘이 범한 죄에 대해 처벌하십니다. 진노를 멈추신 은혜의 하나님이시지만 죄를 벌하시는 공의의 하나님이시기도 합니다. 결국 하나님의 지시를 받은 모세가 명령하자, 레위 자손이 우상 숭배에 가장 앞장섰던 사람들 삼천 명을 죽입니다. 우상 숭배의 죄는 반드시 심판을 받습니다.

금송아지 사건을 통해 우리가 배워야 할 사실이 있습니다. 하나님의 참된 형상을 잃어버린 사람은 하나님을 썩어질 피조물의 형상으로 만들기 시작한다는 것입니다(롬 1:23). 하나님의 형상으로 지음 받은 인간이 하나님의 질서를 뒤집습니다. 우리가 어떻게 창조주 하나님을 있는 그대로 나타낼 수 있습니까? 우리가 형상을 만들어 예배하는 순간 하나님은 그 모양과 생각대로 축소되어 버립니다. 하나님의 자유가 제한되어 버리고 하나님의 속성이 피조된 세계의 영역으로 떨어지고 맙니다.

2. 놋뱀 사건

처음에는 구원을 이루도록 하나님이 지시하여 만든 형상이었지만 시간이 지나고 역사가 흐르면서 본래의 의미와 가치는 사라지고 형태만 남아 그것을 숭배하는 일이 벌어지기도 합니다. 이것은 새로운 유형의 우상 숭배입니다. 그 대표적인 예가 놋뱀 사건입니다.

(민수기 21:4-9) 4 백성이 호르 산에서 출발하여 홍해 길을 따라 에돔 땅을 우회하려 하였다가 길로 말미암아 백성의 마음이 상하니라 5 백성이 하나님과 모세를 향하여 원망하되 어찌하여 우리를 애굽에서 인도해 내어 이 광야에서 죽게 하는가 이 곳에는 먹을 것도 없고 물도 없도다 우리 마음이 이 하찮은 음식을 싫어하노라 하매 6 여호와께서 불뱀들을 백성 중에 보내어 백성을 물게 하시므로 이스라엘 백성 중에 죽은 자가 많은지라 7 백성이 모세에게 이르러 말하되 우리가 여호와와 당신을 향하여 원망함으로 범죄하였사오니 여호와께 기도하여 이 뱀들을 우리에게서 떠나게 하소서 모세가 백성을 위하여 기도하매 8 여호와께서 모세에게 이르시되 불뱀을 만들어 장대 위에 매달아라 물린 자마다 그것을 보면 살리라 9 모세가 놋뱀을 만들어 장대 위에 다니 뱀에게 물린 자가 놋뱀을 쳐다본즉 모두 살더라.

(열왕기하 18:1-4) 1 이스라엘의 왕 엘라의 아들 호세아 제 삼 년에 유다 왕 아하스의 아들 히스기야가 왕이 되니 2 그가 왕이 될 때에 나이가 이십오 세라 예루살렘에서 이십구 년간 다스리니라 그의 어머니의 이름은 아비요 스가랴의 딸이더라 3 히스기야가 그의 조상 다윗의 모든 행위와 같이 여호와께서 보시기에 정직하게 행하여 4 그가 여러 산당들을 제거하며 주상을 깨뜨리며 아세라 목상을 찍으며

모세가 만들었던 놋뱀을 이스라엘 자손이 이때까지 향하여 분향하므로 그것을 부수고 느후스단이라 일컬었더라.

1 이스라엘 백성들이 모세에게 원망한 내용은 무엇인가요? 그들은 왜 하나님과 모세에게 원망했나요?

2 이스라엘의 원망에 대한 하나님의 심판과 구원은 어떻게 나타났나요? 구원에 있어 중보자의 중요성을 묵상해 보고 나누어 보기 바랍니다.

3 히스기야 왕이 놋뱀을 '느후스단(놋조각)'이라고 부른 이유가 무엇이라고 생각하나요?

38년간 광야에서 방황했던 이스라엘 백성들이 지름길을 제쳐 놓고 또다시 고역스런 광야 길로 나서야 했기에, 이스라엘 백성들은 더 이상 참지 못하고 극한 분노를 일으키고 말았습니다. 그들은 하나님이 왜 애굽 땅에서 끌어내서 광야에서 죽게 하는지 모르겠다고 불평합니다.

심지어 하나님이 매일 공급해 주신 만나를 '하찮은 식물'이라고 폄하하기까지 합니다. 이러한 백성들의 원망은 어려운 상황에 부딪힐 때마다 거의 어김없이 터져 나오는 습관적인 불평이었습니다. 언약의 말씀을 온전히 마음에 새기지 못하고 힘든 상황에 처하기만 하면 하나님을 무시하는 악한 마음이 이스라엘에게 있었습니다. 불평과 원망은 하나님이 아닌 환경만 보고 인내하지 못할 때 우리에게도 발생하는 악습이기도 합니다.

이스라엘 백성들은 가나안 정탐꾼 중 10명이 불신앙으로 보고하는 바람에 백성 전체가 깊은 절망에 빠진 적이 있습니다. 출애굽 1세대가 하나님의 징계로 광야에서 죽을 때까지 38년을 광야에서 방황했습니다. 이스라엘 백성들의 마음과 태도가 바뀌지 않으면 큰 실의에 빠져 가나안 정복을 앞두고 또 다시 모든 백성이 불신앙의 위험에 처했습니다. 하나님은 다시 징계하십니다. 사막에 사는 불뱀을 보내어 백성들을 물게 하십니다. 많은 이스라엘 백성들이 독이 퍼져 죽게 됩니다. 우리는 하나님의 징계가 하나님의 사랑에서 오는 것임을 인정해야 합니다. "징계가 당시에는 슬퍼 보여도 후에 그로 말미암아 연단 받은 자들은 의와 평강의 열매를 맺습니다"(히 12:11).

불뱀에 물린 백성들은 죄를 깨닫고 회개하기 시작합니다. 그리고 중보자 모세를 통해 불뱀을 없애달라고 하나님께 기도합니다. 모세의 기도는 백성들의 중재 요청으로 이루어졌는데, 이것은 광야에서 유일하게 있었던 일이었습니다. 이는 그만큼 상황이 심각했음을 암시하며, 이제 그들이 모세를 하나님이 세우신 지도자로 인정했음을 보여 줍니다. 우리는 언제나 죄를 고백하면 용서받게 해 주시는 대제사장이신 중보자 예수 그리스도가 계신 것을 감사해야 합니다.

모세의 기도에 응답하신 하나님은 불뱀을 만들어 장대 위에 매달아 놓으라고 하시고 그것을 보는 자마다 살게 될 것이라고 말씀하셨습니다. 정말로 불뱀을 보는 백성마다 다 살게 되었습니다. 이러한 행위는 하나님이 뱀(사탄)의 파괴성을 앗아가시고, 대신 은혜로우신 생명의 메시지(복음)를 널리 주심을 상징합니다. 즉 죄의 권세를 무찌르고 영광을 얻으신 하나님의 승리를 상징하는 것입니다(출 17:15; 사 5:26; 11:10, 12). 그러한 의미에서 이 장면은 죽음의 권세를 물리치기 위해 인류의 죄를 대신 짊어지고 하늘과 땅에서 버림받아 허공에 높이 달리신 예수 그리스도의 십자가 사건을 생생히 예표합니다(요 3:14, 15).

그런데 여기까지 하나님의 은혜로 잘 마무리되었다면 이스라엘 백성은 큰 감사와 기쁨으로 끝났을 것입니다. 그런데 히스기야 왕 때까지 놋뱀 형상이 없어지지 않고 여전히 남아 있었습니다. 백성들은 오랜 기간 놋뱀에게 분향을 드렸습니다. 이스라엘 백성들이 놋뱀을 숭배하기 시작한 것입니다. 뱀 숭배는 고대 종교에 있어서 일반적이었기에 이스라엘 백성들도 계속 숭배한 것 같습니다. 놋뱀은 광야 시절 그들을 고쳐 주신 하나님의 은혜의 상징물이었는데, 이스라엘은 여호와를 예배하면서 그 상징물을 숭배하는 종교 혼합주의에 빠졌습니다. 히스기야 왕은 아세라 상과 함께 놋뱀 상까지 파괴해 버렸습니다. 모두 같은 우상이라는 것입니다. 그리고 그 이름을 느후스단, 즉 놋으로 만든 작은 물건이라는 뜻으로, '아무런 의미도 없는 작은 놋조각'이라는 경멸조의 명칭을 덧붙입니다. 시간이 흐르면서 놋뱀을 통해 드러난 하나님의 사랑은 다 잊어버리고 놋뱀 숭배만 남은 것입니다. 이스라엘 백성들은 종교적인 상징물을 마치 진정한 종교적 능력을 가진 물건처럼 신성시했습니다. 놋뱀 사건은 하나님의 은혜로 시작했다가 본 뜻을 잃어버리고 우상 숭배로 끝난 사건입니다.

우리는 십자가를 목에 걸고 다니며, 집에 장식하는 것을 좋아합니다. 우리는 십자가를 마치 부적처럼 여길 때가 있음을 솔직히 고백해야 합니다. 십자가의 의미와 가치는 사라지고 그 틀만 고집하며 그것이 자신을 지켜 줄 것으로 착각하는 것입니다. 그렇게 되면 기독교는 주술이 되고 샤머니즘이 되고 맙니다.

3. 거짓 우상과 종교

　인간은 마음속에 두 기둥을 갖고 삽니다. 하나는 두려움입니다. 인간은 이 두려움을 평생 떨쳐 내지 못하고 삽니다. 미래, 건강, 돈, 지위, 자녀, 죽음 등 여러 가지 두려움을 만들어서 마음 한 쪽에 담고 삽니다. 다른 기둥은 욕망입니다. 참으로 다양한 욕망이 인간의 마음속에 웅크리고 있습니다. 문제는 두려움과 욕망은 반드시 대상을 만들어 낸다는 것입니다. 그 대상이 좀 더 구체화되면 우상이 됩니다. 하나님을 떠난 인간은 자기를 위해 우상을 만듭니다. 종교라는 이름으로 우상을 만들어 두려움을 극복하고 욕망을 채우려고 합니다. 거짓 종교는 하나님을 떠난 인간이 자기를 위해 우상을 만들어 숭배하는 것입니다.

(로마서 1:18-23) [18] 하나님의 진노가 불의로 진리를 막는 사람들의 모든 경건하지 않음과 불의에 대하여 하늘로부터 나타나나니 [19] 이는 하나님을 알 만한 것이 그들 속에 보임이라 하나님께서 이를 그들에게 보이셨느니라 [20] 창세로부터 그의 보이지 아니하는 것들 곧 그의 영원하신 능력과 신성이 그가 만드신 만물에 분명히 보여 알려졌나니 그러므로 그들이 핑계하지 못할지니라 [21] 하나님을 알되 하나님을 영화롭게도 아니하며 감사하지도 아니하고 오히려 그 생각이 허망하여지며 미련한 마음이 어두워졌나니 [22] 스스로 지혜 있다 하나 어리석게 되어 [23] 썩어지지 아니하는 하나님의 영광을 썩어질 사람과 새와 짐승과 기어다니는 동물 모양의 우상으로 바꾸었느니라.

1 하나님의 진노가 하늘로부터 내려오는 이유가 무엇인가요?

2 하나님은 그의 영원하신 능력과 신성을 자연을 통해 계시하셨습니다. 그럼에도 불구하고 사람들은 하나님을 어떻게 대했나요?

3 생각이 허망해지고 총명이 어두워져 어리석게 된 인간이 결국에 한 일이 무엇인가요?

하나님의 의가 하나님의 진리에 믿음으로 응답하는 사람에게 나타나는 것과 마찬가지로, 하나님의 진노는 하나님의 진리에 불신앙으로 응답하는 사람에게 임합니다. 우리는 하나님의 진노가 죄에 대해 하나님이 보이시는 인격적인 반응이라는 사실을 깨달아야 합니다. 하나님은 거룩하시므로 죄와 악한 일에 진노하시는 것은 당연합니다. 선하시고 공평하신 하나님은 사람들의 행위에 따라 보응하십니다. 하나님의 진노를 맛볼 죄인들의 죄악상은 '경건치 않음과 불의'로 표현되고 있습니다. 경건치 않음은 하나님께 저지르는 범죄를 말하고 불의는 인간 상호

간에 발생하는 도덕적 범죄를 말합니다.

하나님을 아는 지식의 두 가지 근원인 양심과 자연은 모두 인간에게 주어졌습니다. 우리 내면의 양심에 말씀하시는 하나님의 음성을 통해 우리는 보이지 않는 하나님의 것들이 만물에 분명히 나타나 보이는 것을 알게 됩니다. 하나님의 것들은 자연계에 있는 하나님의 창조의 경이로움을 통해서도 우리의 이성에 계시됩니다. 모든 사람에게 주어진 하나님을 아는 지식을 하나님의 일반계시라고 부릅니다. 그러므로 우리는 하나님을 찾으려고 노력해야 합니다. 그러나 사람들은 이러한 일반계시를 거부했습니다. 우리 속에 진리를 밀어내는 내적 충동의 증거가 있습니다. 그 충동은 인간의 마음속에 있는 죄입니다.

진리를 거부한 결과가 무엇입니까? 진리가 아닌 것을 믿는 것입니다. 거짓 종교를 만들어 경배하고 우상 숭배의 죄를 짓는 것입니다. 거짓 종교는 하나님의 자연계시를 왜곡하는 데서 나옵니다. 그들은 창조주를 거부하고 피조물을 숭배합니다. 하나님을 거부하고 하나님을 대신할 다른 대상을 찾아내어 그것을 숭배합니다. 성경은 이렇게 말합니다. "하나님을 알되 하나님을 영화롭게도 아니하며 감사하지도 아니하고"(롬 1:21). 인간은 절대자에 대한 의식과 초월자에 대한 경외심 등과 같은 신에 대한 관념을 본능적으로 갖고 있습니다. 그렇다고 하나님을 아는 것은 아닙니다. 하나님을 온전히 모르니 하나님께 합당한 영광을 돌리지도 감사하지도 못합니다. 오히려 마음과 생각이 타락하고 어두워져 미련한 짓을 합니다. 썩어지지 않는 하나님의 영광을 썩어질 사람의 모양과 새와 짐승과 기어 다니는 동물(뱀, 악어) 모양의 우상으로 바꾸어 버리고 그것들을 숭배합니다. 바울은 당시 헬라 세계의 우상을 나열하여 설명하면서 청중의 공감을 이끌어 냅니다. 세상에 왜 이렇게 우상이 많은지 성경을 통해 확인해 줍니다. 성경은 인간 실존의 추악함을 그대로 고발합니다. 타락한 인간이 만드는 거짓 종교와 우상 숭배, 그것이 현실입니다.

우리는 하나님의 형상이 존재하지 않는 곳에서 그분의 형상을 찾고 (우상 숭배), 그분의 형상이 존재하는 곳에서는 그분의 형상을 무시합니다(이웃에 대한 죄). 우리는 아무 우상도 새겨서는 안 됩니다. 하나님은 그려서도 안 되고 그릴 수도 없기 때문입니다. 하나님은 자신을 보일지 보이지 않으실지 스스로 결정할 권리를 갖고 계십니다. 하나님은 우리가 할 수 없고 해서도 안 되는 일을 그리스도 안에서 행하셨습니다. 하나님은 그분의 형상이신 예수 그리스도, 곧 하나님의 성육신 하신 아들의 인격과 삶을 통해 자신이 어떤 분이신지 보여주셨습니다. 우리는 둘째 아담이신 그리스도를 참되게 믿음으로 다시 하나님을 알고, 사랑하고, 섬기는 법을 배울 수 있습니다. 하나님은 그 아들의 형상을 본받게 하기 위해 우리를 구원하셨습니다. 그래서 우리는 그분의 형상이 되어 온 세상이 하나님의 것임을 드러냅니다. 따라서 하나님은 우리가 형상을 더 만들기 원하지 않으십니다. 그럴 때 거짓 종교에서 벗어나 우상 숭배의 죄를 짓지 않고 참되고 거룩한 믿음 생활을 하게 됩니다.

묵상과 적용

1. 이스라엘 백성들이 모세가 없을 때 쉽게 금송아지를 만들고 그 것에 경배한 것을 보면서 우리는 언제 우상을 만들어 죄를 짓는 다고 생각하나요?

2. 천주교의 마리아 숭배나 성인 숭배에 대한 여러분의 생각은 어떤가요? 성경적이라고 보십니까? 아니라면 왜 그런지 이유를 말씀해 보세요.

3. 헛된 우상을 만들어 절하고 경배하지 않으려면 우리 가운데 계신 참 하나님의 형상인 예수 그리스도를 마음을 다해 섬겨야 합니다. 예수님이 우리 안에 없을 때 벌어질 수 있는 우상숭배에 대하여 논의해 봅시다.

5과

제 3 계명
너는 네 하나님
여호와의 이름을
망령되게 부르지 말라

여호와라는 이름은 이스라엘의 하나님을 다른 신과 구별짓습니다. 하나님의 이름은 하나님의 성품을 드러냅니다. 스스로 자기 이름을 가지신 여호와께서는 그 이름을 이스라엘에게 알려 주셨습니다. 이런 이름으로 자신을 계시하시는 하나님이 얼마나 은혜롭고 겸손하십니까? 우리는 이 이름으로 하나님을 알 수 있고, 하나님에 대하여 이야기하고, 하나님께 기도할 때도 이 이름을 사용할 수 있습니다.

"여호와의 이름을 망령되게 일컫지 말라"는 말씀은 여호와의 이름을 공연히 무익하고 쓸데없이 거짓되게 입에 담지 말라는 뜻입니다. 하나님의 거룩하신 이름을 두려움과 공경함 없이 마구 쓰는 것은 하나님의 이름을 생각 없이 쓰는 것입니다. 대표적으로 '할렐루야'를 진심으로 하나님을 찬양할 때 사용하지 않고, 인사말이나 기분 좋을 때 감정을 표현하는 말로 사용하는 경우 하나님의 이름을 망령되게 말하는 것입니다. 제3계명은 우리에게 진리를 말하도록 요구합니다. 우리가 하나님의 이름으로 맹세한다는 것은 하나님을 우리가 말하는 것에 대한 증인으로 모시는 것입니다. 그러므로 우리는 진실되게, 하나님의 이름에 합당하게 말하고 맹세해야 합니다.

> **웨스트민스터 소요리문답 54문**
>
> **제3계명에서 요구하는 것은 무엇인가요?**
>
> 제3계명이 요구하는 것은 하나님의 이름과 칭호와 속성과 규례와 말씀과 행사를 거룩하고 존경스럽게 사용하라는 것입니다.

> **웨스트민스터 소요리문답 55문**
>
> **제3계명이 금하는 것은 무엇인가요?**
>
> 제3계명이 금하는 것은 하나님께서 자기를 나타내는 것은 무엇이든지 속되게 하거나 잘못 사용하지 말라는 것입니다.

1. 하나님의 이름을 욕되게 하지 말라

여호와라는 하나님의 이름은 압제와 고통에서 이스라엘을 구원해 주신 아브라함과 이삭과 야곱의 하나님, 즉 언약의 하나님을 일컫는 이름입니다. 하나님은 여호와의 이름을 망령되이 부르지 말라고 이스라엘 백성들에게 십계명의 제3계명을 주셨습니다. 하나님의 이름은 하나님의 인격, 하나님 자신을 나타냅니다. 그러므로 하나님의 이름을 더럽히는 것은 하나님을 욕되게 하는 것입니다. 하나님은 그런 경우를 용납하지 않으십니다. 이스라엘은 하나님의 이름에서 나왔습니다. 그렇기 때문에 이스라엘 백성들의 생각과 말과 행동은 하나님의 거울과 같습니다.

레위기 24장 16절은 이렇게 말씀합니다. "여호와의 이름을 모욕하면 그를 반드시 죽일지니 온 회중이 돌로 그를 칠 것이니라 거류민이든

본토인이든지 여호와의 이름을 모독하면 그를 죽일지니라." 레위기의 율법은 이 죄의 중대성을 여실히 보여 줍니다. 심지어 거류민들도 징벌을 당했습니다. 이스라엘을 방문한 사람이든 그곳에서 태어난 사람이든 모두가 하나님의 이름은 거룩하고, 어떤 상황에서도 그 이름을 모독해서는 안 된다는 사실을 알아야 했습니다.

(출애굽기 20:7) 너는 네 하나님 여호와의 이름을 망령되게 부르지 말라 여호와는 그의 이름을 망령되게 부르는 자를 죄 없다 하지 아니하리라.

(에스겔 36:16-23) 16 여호와의 말씀이 또 내게 임하여 이르시되 17 인자야 이스라엘 족속이 그들의 고국 땅에 거주할 때에 그들의 행위로 그 땅을 더럽혔나니 나 보기에 그 행위가 월경 중에 있는 여인의 부정함과 같았느니라 18 그들이 땅 위에 피를 쏟았으며 그 우상들로 말미암아 자신들을 더럽혔으므로 내가 분노를 그들 위에 쏟아 19 그들을 그 행위대로 심판하여 각국에 흩으며 여러 나라에 헤쳤더니 20 그들이 이른바 그 여러 나라에서 내 거룩한 이름이 그들로 말미암아 더러워졌나니 곧 사람들이 그들을 가리켜 이르기를 이들은 여호와의 백성이라도 여호와의 땅에서 떠난 자라 하였음이라 21 그러나 이스라엘 족속이 들어간 그 여러 나라에서 더럽힌 내 거룩한 이름을 내가 아꼈노라 22 그러므로 너는 이스라엘 족속에게 이르기를 주 여호와께서 이같이 말씀하시기를 이스라엘 족속아 내가 이렇게 행함은 너희를 위함이 아니요 너희가 들어간 그 여러 나라에서 더럽힌 나의 거룩한 이름을 위함이라 23 여러 나라 가운데에서 더럽혀진 이름 곧 너희가 그들 가운데에서 더럽힌 나의 큰 이름을 내가 거룩하게 할지라 내가 그들의 눈 앞에서 너희로 말미암아 나의 거룩함을 나타내리니 내가 여호와인 줄을 여러 나라 사람이 알리라 주 여호와의 말씀이니라.

1 하나님께 죄가 없다고 주장할 수 없는 계명은 무엇인가요? 하나님은 왜 그렇게 말씀하셨나요?

2 고국 땅과 포로로 잡혀 간 땅에서 이스라엘 때문에 하나님의 이름이 더럽혀졌습니다. 무엇때문에 하나님의 이름이 더럽혀졌나요?

3 본문 21~23절에서 강조되는 문구와 단어는 무엇인가요? 이것을 통해 볼 때 하나님이 제일 싫어하시는 것과 제일 기뻐하시는 것을 알게 됩니다. 그것은 무엇인가요?

하나님은 당신의 이름을 망령되게(거짓되게, 공허하게, 위선적으로) 부르는 행위를 결코 죄 없다 하지 아니할 것이라고 말씀하시면서 제3계명을 주셨습니다. 십계명을 어기면 당연히 죄를 짓는 것이 아닌가요? 그런데 왜 이런 말씀을 하셨을까요? 우리가 하나님의 이름으로 무엇을 한 것이 왜 죄가 되겠는가라고 쉽게 생각할 수 있기 때문입니다. 하나님은 우리의 외모를 보시지 않고 중심을 보십니다. 우리가 어떤 배경과 동기로 하나님의 이름을 말하고 다니는지 다 아십니다. 하나님의 영광을 나타내려고 주님의 이름을 사용했는지, 아니면 자신의 이기적인 목적을 위해 하나님의 이름을 이용했는지 다 아십니다. 과도한 위선과 거짓으로 하나님의 이름을 사용하는 것이 문제가 된다고 하여 오히려 하나님의 이름을 전혀 입 밖으로 말하지 않으려는 사람도 있습니다. 이것도 죄가 됩니다. 하나님의 이름을 부르며 주님에게 나가는 것이 예배이기 때문입니다. 그러므로 제3계명은 절대로 쉬운 계명이 아닙니다.

이스라엘 백성들은 우상 숭배의 죄와 피를 땅에 흘린 부정한 죄로 하나님의 이름을 더럽혔습니다. 그 때문에 나라가 멸망했습니다. 그런데 잡혀간 타국에서도 하나님의 이름을 더럽혔습니다. 이방인들은 '이들은 여호와의 백성이라도 그들의 땅에서 떠난 자다'라고 말하였습니다. 여호와 하나님의 언약과 권능을 조롱했던 것입니다. 그의 백성의 불순종과 악한 우상 숭배 때문에 하나님의 이름이 땅에 떨어져 더럽혀진 것입니다. 하나님이 에스겔을 통해 이스라엘 백성들에게 말씀하신 내용이 바로 그것입니다. 하나님은 자신의 거룩한 이름을 되찾기 위해 직접 나설 것입니다. 인용한 성경 본문의 후반부에 보면 아주 많이 사용되는 문구가 "너희가 더럽힌 내 거룩한 이름"인데, 거기서 중요한 단어가 '거룩'입니다. '거룩한 것이 더럽혀졌다. 이제 거룩함을 회복시키겠다. 내 거룩한 이름을 다시 거룩하게 하겠다.' 이것이 주님의 의도입니다.

이런 주님의 선포가 없었다면 우리는 참으로 불쌍한 인생이 되었을 것입니다. 우리만 더럽혀지는 것이 아니라 우리의 악한 행위 때문에 하나님의 거룩한 이름까지도 더럽혀지기 때문입니다. 그러나 하나님은 당신을 위해 우리의 죄를 씻어 주시고 당신의 이름의 영광을 높이실 것입니다. "나 곧 나는 나를 위하여 네 허물을 도말하는 자니 네 죄를 기억하지 아니하리라"(사 43:25). 하나님은 당신의 영광을 누구에게도 빼앗기지 않으십니다. "나는 여호와니 이는 내 이름이라 나는 내 영광을 다른 자에게 내 찬송을 우상에게 주지 아니하리라"(사 42:8). 여호와 하나님은 더럽혀진 당신의 이름, 그 거룩한 이름을 아끼셨습니다. 주님이 스스로 더럽혀진 그 이름을 거룩하게 하십니다.

우리가 바리새인이나 서기관 같은 이스라엘의 종교지도자라고 상상해 봅시다. 예수님이야말로 당대 최고의 신성 모독죄를 지은 죄인입니다. 그가 누구이길래 하나님만 하실 수 있는 죄 사함을 선포하고, 자신을 하나님과 동등하게 여길까요? 자신이 하나님이라고 선포하고 다니는 사람이야 말로 입술로 하나님의 이름을 망령되게 부르며 다니는 신성 모독자입니다. 그러나 우리는 주님이 어떤 분이신지 알고 하나님이 성령과 성경을 통해 증거하시기에 종교지도자들의 생각이 틀렸다는 것을 잘 압니다.

여기서 하나 생각할 점이 있습니다. 우리는 누구인가? 즉 우리 이름과 정체성의 문제입니다. 우리는 예수님을 따르는 그리스도의 제자, 즉 그리스도인입니다. 그리스도 예수의 이름의 권세를 가진 자입니다. 그런데 말로만 예수 이름, 여호와 이름을 외치고 속으로는 온갖 이기적인 목적과 사람들에게 잘 보이려는 위선적인 태도와 거짓된 마음을 품고 있다면 우리야말로 신성 모독자가 아닐까요? 우리가 하나님의 거룩한 이름을 가진 백성이라면 하나님의 이름을 함부로 여기고 하나님의 영광과 아무 관계가 없는 것처럼 살면서 그분의 이름을 더럽히는 행동을 할 수는 없을 것입니다. 오직 바울의 권면처럼 살아야 합니다. "무엇을 하든지 말에나 일에나 다 주 예수의 이름으로 하고, 그를 힘입어 하나님 아버지께 감사하라"(골 3:17). 우리는 그리스도인이라는 거룩한 이름을 더럽히는 행위를 해서는 안 됩니다. 하나님의 거룩한 이름으로 불리는 사람에 걸맞게 행동하고, 생각하고, 느끼고, 말해야 합니다. 그리스도인답게 살고, 그 이름에 합당하게 모든 것을 말하고 행하는 것만이 제3계명을 지키고 하나님의 이름을 더럽히지 않는 길입니다.

2. 거짓 예언을 하지 말라

  십계명의 제3계명을 어기는 대표적인 행동은 자기 속에 품은 마음이나 생각을 하나님의 이름으로 거짓 예언하는 경우입니다. 자기도 모르게, 심지어는 자신을 속여가면서까지 예언하는 사람들이 있습니다. 하나님을 대변해 말씀을 전하는 척하거나 거짓 환상을 보았다고 주장하는 행위를 합니다. 주님도 이런 거짓 선지자들을 조심하라고 경고하셨습니다. 양의 옷을 입고 나아오지만 속은 노략질하는 이리라고 말씀합니다. 그들의 열매로 그들을 안다고 제자들에게 경고하셨습니다. 모든 것이 하나님이 아니라 자기 마음에서 나온 것인데 하나님으로부터 받은 것처럼 거짓말하고 하나님의 이름으로 선포합니다. 거짓된 입술로 하나님의 이름을 부르는 것은 제3계명을 어기는 죄를 범하는 것입니다.

(예레미야 23:13-32) [13] 내가 사마리아 선지자들 가운데 우매함을 보았나니 그들은 바알을 의지하고 예언하여 내 백성 이스라엘을 그릇되게 하였고 [14] 내가 예루살렘 선지자들 가운데도 가증한 일을 보았나니 그들은 간음을 행하며 거짓을 말하며 악을 행하는 자의 손을 강하게 하여 사람으로 그 악에서 돌이킴이 없게 하였은즉 그들은 다 내 앞에서 소돔과 다름이 없고 그 주민은 고모라와 다름이 없느니라 [15] 그러므로 만군의 여호와께서 선지자에 대하여 이와 같이 말씀하시니라 보라 내가 그들에게 쑥을 먹이며 독한 물을 마시게 하리니 이는 사악이 예루살렘 선지자들로부터 나와서 온 땅에 퍼짐이라 하시니라 [16] 만군의 여호와께서 이와 같이 말씀하시되 너희에게 예언하는 선지자들의 말을 듣지 말라 그들은 너희에게 헛된 것을 가르치나니 그들이 말한 묵시는 자기 마음으로 말미암은 것이요 여호와의 입에서 나온 것이 아니니라 [17] 항상 그들이 나를 멸시하는 자에게

이르기를 너희가 평안하리라 여호와의 말씀이니라 하며 또 자기 마음이 완악한 대로 행하는 모든 사람에게 이르기를 재앙이 너희에게 임하지 아니하리라 하였느니라 18 누가 여호와의 회의에 참여하여 그 말을 알아들었으며 누가 귀를 기울여 그 말을 들었느냐 19 보라 여호와의 노여움이 일어나 폭풍과 회오리바람처럼 악인의 머리를 칠 것이라 20 여호와의 진노가 내 마음의 뜻하는 바를 행하여 이루기까지는 그치지 아니하나니 너희가 끝날에 그것을 완전히 깨달으리라 21 이 선지자들은 내가 보내지 아니하였어도 달음질하며 내가 그들에게 이르지 아니하였어도 예언하였은즉 22 그들이 만일 나의 회의에 참여하였더라면 내 백성에게 내 말을 들려서 그들을 악한 길과 악한 행위에서 돌이키게 하였으리라 23 여호와의 말씀이니라 나는 가까운 데에 있는 하나님이요 먼 데에 있는 하나님은 아니냐 24 여호와의 말씀이니라 사람이 내게 보이지 아니하려고 누가 자신을 은밀한 곳에 숨길 수 있겠느냐 여호와가 말하노라 나는 천지에 충만하지 아니하냐 25 내 이름으로 거짓을 예언하는 선지자들의 말에 내가 꿈을 꾸었다 꿈을 꾸었다고 말하는 것을 내가 들었노라 26 거짓을 예언하는 선지자들이 언제까지 이 마음을 품겠느냐 그들은 그 마음의 간교한 것을 예언하느니라 27 그들이 서로 꿈 꾼 것을 말하니 그 생각인즉 그들의 조상들이 바알로 말미암아 내 이름을 잊어버린 것 같이 내 백성으로 내 이름을 잊게 하려 함이로다 28 여호와의 말씀이니라 꿈을 꾼 선지자는 꿈을 말할 것이요 내 말을 받은 자는 성실함으로 내 말을 말할 것이라 겨가 어찌 알곡과 같겠느냐 29 여호와의 말씀이니라 내 말이 불 같지 아니하냐 바위를 쳐서 부스러뜨리는 방망이 같지 아니하냐 30 여호와의 말씀이라 그러므로 보라 서로 내 말을 도둑질하는 선지자들을 내가 치리라 31 여호와의 말씀이니라 보라 그들이 혀를 놀려 여호와가 말씀하셨다 하는 선지자들을 내가 치리라 32 여호와의 말씀이니라 보라 거짓 꿈을 예언하여 이르며 거짓과 헛된 자만으로 내 백성을 미혹하게 하는 자를 내가 치리라 내가 그들을 보내지 아니하였으며 명령하지 아니하였나니 그들은 이 백성에게 아무 유익이 없느니라 여호와의 말씀이니라.

1 거짓 선지자들의 잘못은 무엇인가요? 그들은 왜 그런 행위를 하나요?

2 거짓 선지자들의 예언을 들은 백성들은 어떤 삶을 살게 되었나요? 하나님 보시기에 그들은 누구와 같나요?

3 29~32절에서 하나님은 거짓 선지자들을 어떻게 하시겠다고 표현하나요?

4 하나님의 거짓 선지자에 대해 결론적으로 하시는 말씀은 무엇인 가요? 그러므로 거짓 선지자들은 누구인가요?

　하나님은 거짓 선지자들의 가증스러운 모습을 고발합니다. 그들은 간음을 행하고 거짓을 말하면서 결국 악을 행하는 자를 돌이키지 못하게 만들었습니다. 하나님은 그들을 소돔과 고모라와 같다고 하십니다. 이들의 사악함이 예루살렘에서 나와 온 땅에 퍼진다고 하시면서 그들의 악한 영향력에 대해 말씀하십니다. 거짓 선지자의 특징은 여호와의 입이 아니라 자기 마음의 간교한 것으로 예언한다는 것입니다. 그렇기 때문에 항상 여호와를 멸시하는 자에게 '여호와의 말씀에 평안하리라'고 말하고, 마음이 완악한대로 행하는 자에게 '재앙이 너희에게 임하지 않으리라'고 말합니다. 이들은 하나님이 보내지도 않았는데도 달려가고, 하나님이 말씀을 주지 않으셨는데도 자기 마음대로 예언하는 사람들입니다.

　하나님의 이름으로 하나님의 입에서 나온 말씀을 전하는 선지자야말로 제3계명을 가장 조심해야 하는 사람들입니다. 오늘날 같으면 한 교회와 그룹의 지도자로 말씀 증거하는 사람들이 선지자 사역을 하는 사람이라 볼 수 있습니다. 이들은 하나님의 말씀을 대언합니다. 하나님의 이름으로 말씀을 증거합니다. 그러므로 거짓되게 예언(대언)하면 안 됩니다. 세상 풍조를 따라 자기가 하고 싶은 말을 하면서 하나님의 말씀을 증거한다고 하면 안 됩니다. 말씀을 전하는 목사(선지자)는 철저하게 기도하면서 성경을 부지런히 연구하여 말씀을 통해 전하시고자 하는 하나님의 뜻이 무엇인지 잘 분별해야 합니다. 참 선지자는 성실함으로 하나님의 말씀을 전해야 합니다.

거짓 선지자들에게 내려지는 하나님의 심판을 뜻하는 단어가 30~32절에 세 번이나 계속 나옵니다. "내가 치리라." 하나님은 거짓 선지자들을 반드시 심판하시겠다고 말씀하십니다. 예레미야 28장에서는 거짓 선지자 하나냐 이야기가 소개되고 있습니다. "만군의 여호와 이스라엘의 하나님이 이같이 일러 말씀하시되 내가 바벨론의 멍에를 꺾고 바벨론으로 빼앗아간 성전 모든 기구를 2년 안에 다시 되돌려 오리라"고 말하는 거짓 선지자 하나냐를 치십니다. "여호와께서 이같이 말씀하시되 내가 너를 지면에서 제하리니 네가 여호와께 패역한 말을 하였음이라 네가 금년에 죽으리라 하셨느니라 하더니 선지자가 하나냐가 그 해 일곱째 달에 죽었더라"(렘 28:16-17).

예레미야 29장에서는 거짓 선지자 스마야에게 하나님이 말씀하십니다. "너는 모든 포로에게 전언하여 이르기를 내가 스마야를 보내지 아니하였거늘 스마야가 너희에게 예언하고 너희에게 거짓을 믿게 하였도다 그러므로 여호와께서 이와 같이 말씀하시니라 보라 내가 느헬람 사람 스마야와 그의 자손을 벌하리니 그가 나 여호와께 패역한 말을 하였기 때문에 이 백성 중에 살아남을 그의 자손이 하나도 없을 것이라 내가 내 백성에게 행하려 하는 복된 일을 그가 보지 못하리라 하셨느니라 이것은 여호와의 말씀이니라"(렘 29:31-32).

본래 선지자는 하나님의 말씀의 대언자로서 계시의 말씀을 통해 백성들을 바른 길로 인도하는 사명이 있습니다. 예레미야 시대에는 선지자로 자처하는 사람들이 많았으나 참 선지자는 적었습니다. 거짓 선지자가 백성들에게 끼친 영향은 참으로 지대했습니다. 활개를 치며 백성들의 인기를 얻고 권력자들의 비호를 받으며 융성했습니다. 듣기 좋은 말만 듣고자 하는 유대 백성들의 강퍅한 마음 때문이었습니다. 그러나 거짓 선지자들의 듣기 좋은 달콤한 말은 마치 곪아 터진 상처를 방치한 채

잠시 고통만 잊게 하는 진통제와 다를 바 없었습니다. 당장은 백성들의 문제를 해결해 주는 것 같으나 실제로는 더 부패하게 만들어 멸망으로 인도합니다. 이들을 향해 하나님은 '겨가 어찌 알곡과 같겠느냐?'고 말씀하십니다. '내 백성으로 내 이름을 잊게 하려 하는 자들'이라고 하십니다. 하나님은 이들을 '내 말을 도둑질하는 자들'이라고 하십니다. 이들은 거짓과 헛된 자만으로 하나님의 백성들을 미혹하고 아무 유익도 주지 못합니다. 거짓 선지자들은 하나님의 말씀을 망령되이 사용한 사람들입니다. 그러므로 거짓 예언은 하나님의 이름을 도용하여 거짓되게 사용하는 자들이 청중의 인기에 영합해서 하는 말에 불과합니다.

3. 거짓 맹세를 하지 말라

제3계명은 무엇보다도 거짓 맹세를 금지합니다. 맹세는 유대인들이 주로 재판석에서 피고인이나 증인에게 요구하는 것이었습니다. 이때 맹세는 하나님의 이름과 권위로 하는 것이었기 때문에 큰 영향력을 발휘했습니다. 따라서 맹세하는 사람의 진실성이 전제되어야 했습니다. 만약 그가 거짓 맹세를 한다면 공의를 실현해야 할 재판이 혼란케 되고 하나님의 이름을 망령되게 하는 죄를 범하게 됩니다. "너희는 내 이름으로 거짓 맹세함으로 네 하나님의 이름을 욕되게 하지 말라 나는 여호와니라"(레 19:12). 그러므로 하나님의 이름을 맹세의 수단으로 사용하면서 지킬 의도가 없는 헛된 약속을 남발해서는 안 됩니다. 일단 여호와의 이름이 언급되면 그 이름을 걸고 맹세한 것은 사람이 하나님께 갚아야 할 채무가 되기 때문입니다.

(마태복음 5:33-37) [33] 또 옛 사람에게 말한 바 헛 맹세를 하지 말고 네 맹세한 것을 주께 지키라 하였다는 것을 너희가 들었으나 [34] 나는 너희에게 이르노니 도무지 맹세하지 말지니 하늘로도 하지 말라 이는 하나님의 보좌임이요 [35] 땅으로도 하지 말라 이는 하나님의 발등상임이요 예루살렘으로도 하지 말라 이는 큰 임금의 성임이요 [36] 네 머리로도 하지 말라 이는 네가 한 터럭도 희고 검게 할 수 없음이라 [37] 오직 너희 말은 옳다 옳다, 아니라 아니라 하라 이에서 지나는 것은 악으로부터 나느니라.

(마태복음 23:16-22) [16] 화 있을진저 눈 먼 인도자여 너희가 말하되 누구든지 성전으로 맹세하면 아무 일 없거니와 성전의 금으로 맹세하면 지킬지라 하는도다 [17] 어리석은 맹인들이여 어느 것이 크냐 그 금이냐 그 금을 거룩하게 하는 성전이냐 [18] 너희가 또 이르되 누구든지 제단으로 맹세하면 아무 일 없거니와 그 위에 있는 예물로 맹세하면 지킬지라 하는도다 [19] 맹인들이여 어느 것이 크냐 그 예물이냐 그 예물을 거룩하게 하는 제단이냐 [20] 그러므로 제단으로 맹세하는 자는 제단과 그 위에 있는 모든 것으로 맹세함이요 [21] 또 성전으로 맹세하는 자는 성전과 그 안에 계신 이로 맹세함이요 [22] 또 하늘로 맹세하는 자는 하나님의 보좌와 그 위에 앉으신 이로 맹세함이니라.

1 맹세에 대하여 옛 계명에서는 뭐라고 말하나요? 맹세에 관해 예수님이 가르치시는 새 계명은 무엇인가요? 왜 그렇게 하라고 말씀하신다고 생각하나요?

2 주님이 말씀하시는 눈 먼 인도자는 누구인가요? 그들은 왜 예수님에게 이런 평가를 받고 있나요? 이들이 범하기 쉬운 십계명의 죄가 무엇인가요?

3 종교 지도자들은 성전과 성전의 금으로 각각 맹세할 때 차이가 있다고 말합니다. 종교 지도자들의 평가와 예수님의 평가의 차이점을 기록해 보세요. 왜 서로 반대가 된다고 생각하나요?

4 제단과 제단 위의 예물로 맹세할 때 종교 지도자들의 견해와 예수님의 견해의 차이를 말해보세요. 왜 그런가요?

예수님은 맹세하지 말라고 말씀하십니다. 사실 모든 맹세를 금지한 것은 아닙니다. 예수님도 스스로 맹세하셨고(마 26:63, 64), 바울도 맹세를 했기 때문입니다(고후 1:23; 11:31). 예수께서 지적한 맹세는 유대인들이 그동안 습관적으로 행한, 거짓되고 위선적이며 형식적인 맹세입니다. 예수님은 헛된 맹세 속에 숨겨져 있는 경솔성과 비진실성을 배격하십니다. 예수님은 아무 맹세도 하지 말고 '오직 옳은 것은 옳다,

아닌 것은 아니다'라고 말하라고 말씀하십니다. 만일 우리가 맹세하지 않는다면 그릇된 맹세를 할 기회조차 갖지 않으므로 하나님께 범죄하지 않게 되기 때문입니다.

마태복음 23장 16~22절은 당시 종교지도자인 바리새인과 서기관에게 선언하신 7가지 화 중의 세 번째 화로 잘못된 맹세에 관한 내용입니다. 그들의 가르침은 천국 문을 닫아 버리고 사망으로 인도합니다. 예수님은 이런 그들을 저주하십니다. 그들은 맹세에 관해 백성들을 호도하고 있었습니다. 성전과 성전의 금 둘 중 무엇으로 맹세하는 것이 유효한지 물었을 때, 그들은 거룩한 성전보다 성전에 바쳐진 금을 더 중요하게 여겨 오직 성전의 금으로 맹세한 것만 유효하다고 가르쳤습니다. 세상의 피조물들이 하나님께 봉사하기 위해 드려지므로 그분과 더불어 특별한 관계에 있으면 피조물에 맹세해도 좋다고 가르쳤습니다. 하나님을 피조물 수준으로 격하시킨 것입니다. 그래서 성전과 제단으로 한 맹세는 지키지 않아도 아무런 제재 조치가 없었습니다. 이것은 성전으로 상징되는 하나님의 권위를 무시하고 모독하는 행위입니다. 제단과 그 위에 바쳐진 금 중에서 어떤 것이 맹세에 유효한가 했을 때에도 제단에 바쳐진 금을 더 중요하게 여겨 바쳐진 금으로 맹세해야 맹세의 효력이 발생한다고 가르쳤습니다. 앞의 예와 같이 돈을 좋아하는 바리새인의 특징이 그대로 반영되었습니다. 율법의 근본적인 가르침은 하나님과 맹세했을 경우에 반드시 지켜야 하는 것입니다(민 30장). 그러나 바리새인들은 돈을 두고 맹세한 것만 효력이 있다고 말했습니다. 따라서 거짓 지도자들은 하나님을 황금보다 낮추어 보는 결과를 초래하고 말았습니다. 예수님은 실천 의지가 전혀 없이 탐욕과 공명심으로 한 맹세는 철저히 거부해야 한다고 말씀하십니다.

맹세에 관한 예수님의 가르침은 진실을 촉진하기 위해 마련된 맹세 제도가 교활한 거짓말과 궤변적인 속임수를 위한 수단이 되어 버렸으므로 폐기해야 한다는 것입니다. 유대인들은 하늘과 땅과 예루살렘 성,

성전과 제단, 그 위에 바쳐진 금을 맹세의 도구로 삼습니다. 이를 통해 자신의 맹세에 대한 책임은 면하면서, 듣는 다른 사람들에게는 맹세의 효과를 거둘 수 있기 때문입니다. 그러나 하늘과 땅은 하나님의 보좌와 발등상과 같이 하나님이 창조하신 세계이기에 하나님과 관계됩니다. 그러므로 하늘과 땅의 이름으로 맹세하는 것은 하나님의 이름으로 하는 것과 같습니다. 모든 맹세는 본질적으로 하나님과 관계됩니다. 성전과 제단도 마찬가지입니다. 성전은 하나님이 임재하시는 곳이기에 하나님에게 맹세하는 것과 같은 효력이 발생됩니다. 제단도 결국 하나님께 예배하고 하나님께 제물을 드리기에 하나님과 관계되어 중요합니다. 따라서 하나님의 이름으로 한 모든 맹세는 다 지켜야 합니다. 바리새인들의 맹세는 모두 거짓이고 헛된 것들이었습니다. 하나님의 이름을 모독하는 큰 죄였습니다.

맹세는 불완전합니다. 불완전한 인간의 맹세는 맹세 그 자체가 갖고 있는 언어 유희, 자기 합리화, 자기 변호를 위한 추악한 도구로 전락할 위험성을 갖고 있습니다. 바리새인과 서기관은 하나님과 관계되었지만 하나님이 아닌 것을 맹세에 사용했습니다. 우리는 거짓 맹세를 해서는 안 됩니다. 하나님의 이름으로 맹세한 것은 하나님 앞에서 다 행해야 합니다. 은밀하게 숨겨진 이기적인 목적을 위해 거짓 맹세한다면 그것은 하나님의 이름을 모독하며 하나님의 영광을 떨어뜨리는 것입니다.

그렇다면 우리는 하나님의 이름을 망령되게 모독하는 죄에서 어떻게 벗어날 수 있을까요? 예수님께서는 이 땅에 계시는 동안 생각이나 말, 행동으로 한 번도 하나님의 이름을 망령되게 부르신 적이 없으십니다. 그렇기 때문에 "아버지 내가 이 세상에서 아버지 이름을 나타내었나이다"(요 17:6)라고 말씀하셨습니다. 그러므로 우리는 예수님의 이름을 의지하여 진실하게 말해야 합니다. 하나님의 이름을 욕되게 하는 것보다 하나님을 진노하게 하는 죄는 없습니다. 이스라엘이 끔찍한 죄를 저질러서 하나님이 그들을 진멸시키려고 했을 때 모세는 여호와의 이름에 호소했습니다. 그 이름이 뜻하는 언약의 신실하심과 자기 백성을 원수로부터 건지시는 능력에 호소했습니다. 우리에게는 예수 이름이 있습니다. 그 이름 앞에 모든 무릎이 꿇게 됩니다. 모든 입이 예수 그리스도를 주라 시인하게 됩니다. 그리하여 하나님 아버지께 영광 돌리게 됩니다. 한 분이신 주께서 모든 사람의 주가 되어 그분을 부르는 모든 사람은 부요하게 됩니다. 누구든지 주의 이름을 부르는 자는 악한 죄에서 구원을 얻습니다.

묵상과 적용

1. 우리는 언제 하나님의 이름을 욕되게 한다고 생각하나요? 로마서 2장 24절은 "하나님의 이름이 너희 때문에 이방인 중에서 모독을 받는도다"라고 말씀합니다. 나는 어떤가요?

2. 꿈으로 영적, 육적 상태를 확인해 주거나, 기도로 상황을 해석해 주고 앞일을 인도하는 사람들이 종종 있습니다. 이들을 참 예언자로 확신하나요? 어떻게 확신할 수 있나요? 진정한 참 선지자는 어떤 사람일까요?

3. 우리가 예수님의 이름으로 맹세해야 할 때는 언제일까요?

4. 법정이나 공공장소에서 공적으로 증언할 때 손을 얹고 맹세합니다. 그리스도인으로서 어떤 자세를 가져야 할까요?

6과

제 4 계명
안식일을 기억하여
거룩하게 지키라

　안식일은 여호와와 그의 백성 사이에 대대로 맺은 영원한 언약의 표징입니다(출 31:13, 17). 하나님이 무지개를 보실 때 노아와 맺은 언약을 '기억하시고' 그 언약을 지키시듯, 이스라엘 백성들은 안식일에 창조주 하나님 여호와를 '기억합니다.' 이스라엘은 그날의 '쉼'(안식)을 통해 하나님을 예배합니다. 우리는 일을 멈춤으로써 그분을 주님으로 인정하고 세상에서 우리가 사용하는 권위가 하나님으로부터 위임받은 권위임을 공식적으로 시인하게 됩니다. 안식일은 삶의 소음을 멈추게 합니다. 이 고요함은 우리의 귀를 하나님의 말씀에 기울이게 하고 하나님을 기억하게 합니다.

　안식일은 매주 인간의 한계와 하나님의 관대함을 고백하게 합니다. 안식일은 피조물인 우리 존재의 본질이며 정체성입니다. 안식일은 하나님의 창조와 연관되어 십계명이 제정되기 전부터 지켜온 것입니다. 하나님은 하늘의 양식인 만나를 매일 주셨지만 안식일에는 주지 않으셨습니다. 안식일 전날에는 안식일까지 포함하여 두 배의 만나를 믿음으로 거두었습니다. 하나님은 미리 안식일을 지키는 습관을 만들어 주셨던 것 같습니다. 그리고 시내산에서 안식일을 지킬 것을 명령하셨습니다.

1. 안식일을 기억하라

안식일은 하나님의 인격과 사역의 정신이 담긴 날입니다. 그러므로 하나님은 그 날을 반드시 기억하여 믿음의 표준으로 삼기를 바라십니다. 우리가 지키는 주일을 신약 시대의 안식일로 믿는 그리스도인에게는 두 가지의 안식일 개념이 있습니다. 그것은 하나님의 창조와 구속입니다. 우리는 이것을 깊이 기억하고 매주 돌아오는 주일에 하나님을 감사와 찬양으로 섬겨야 합니다. 우리는 하나님이 창조주 되시고 구원주 되신 은혜를 묵상하며 예배를 드려야 합니다. 그렇게 할 때 재창조와 구원의 완성을 이루실 주님의 재림을 기대하고 기억하며 주일을 지킬 수 있습니다.

(출애굽기 20:8-11) [8] 안식일을 기억하여 거룩하게 지키라 [9] 엿새 동안은 힘써 네 모든 일을 행할 것이나 [10] 일곱째 날은 네 하나님 여호와의 안식일인즉 너나 네 아들이나 네 딸이나 네 남종이나 네 여종이나 네 가축이나 네 문안에 머무는 객이라도 아무 일도 하지 말라 [11] 이는 엿새 동안에 나 여호와가 하늘과 땅과 바다와 그 가운데 모든 것을 만들고 일곱째 날에 쉬었음이라 그러므로 나 여호와가 안식일을 복되게 하여 그 날을 거룩하게 하였느니라.

(신명기 5:12-15) [12] 네 하나님 여호와가 네게 명령한 대로 안식일을 지켜 거룩하게 하라 [13] 엿새 동안은 힘써 네 모든 일을 행할 것이나 [14] 일곱째 날은 네 하나님 여호와의 안식일인즉 너나 네 아들이나 네 딸이나 네 남종이나 네 여종이나 네 소나 네 나귀나 네 모든 가축이나 네 문 안에 유하는 객이라도 아무 일도 하지 못하게 하고 네 남종이나 네 여종에게 너 같이 안식하게 할지니라 [15] 너는 기억하라 네가

애굽 땅에서 종이 되었더니 네 하나님 여호와가 강한 손과 편 팔로 거기서 너를 인도하여 내었나니 그러므로 네 하나님 여호와가 네게 명령하여 안식일을 지키라 하느니라.

(창세기 2:1-3) [1] 천지와 만물이 다 이루어지니라 [2] 하나님이 그가 하시던 일을 일곱째 날에 마치시니 그가 하시던 모든 일을 그치고 일곱째 날에 안식하시니라 [3] 하나님이 그 일곱째 날을 복되게 하사 거룩하게 하셨으니 이는 하나님이 그 창조하시며 만드시던 모든 일을 마치시고 그 날에 안식하셨음이니라.

1 안식일을 기억하여 거룩하게 지켜야 할 이유를 성경은 증거합니다. 출애굽기에서 모세와 백성들이 들은 하나님의 십계명 선포에서는 그 이유를 무엇이라고 말씀하나요?

2 모압 평지에서 모세는 광야에서 새롭게 태어난 출애굽 2세대에게 하나님과 맺은 언약을 재천명합니다. 그 자리에서 자신이 들었던 십계명의 제4계명을 새롭게 정리하여 백성들에게 소개합니다. 그 내용은 무엇인가요? 출애굽기에서 말씀하신 제4계명과의 차이점을 정리해 보세요.

3 안식일의 근원은 어디에 있나요? 이것은 무엇을 의미하나요?

여호와 하나님은 안식일을 기억하여 거룩하게 지키라고 명령하시면서 그 이유를 이렇게 말씀하고 계십니다. "이는 엿새 동안에 나 여호와가 하늘과 땅과 바다와 그 가운데 모든 것을 만들고 일곱째 날에 쉬었음이라 그러므로 나 여호와가 안식일을 복되게 하여 그 날을 거룩하게 하였느니라"(출 20:11). 안식일을 기억하라는 말씀은 안식일이 시내산에서 제정되지 않았음을 암시합니다. 이 말씀은 창세기 2장 1~3절 말씀에 근거하고 있습니다. 안식일을 기억한다는 것은 하나님이 세상을 창조하시고 안식하셨다는 사실을 기억하는 것입니다. 하나님이 안식하셨다는 말은 하나님께서 아무 일도 하지 않고 쉬신다는 개념이 아니라, 6일 동안 천지 창조를 마치신 것을 기뻐하시고 피조 세계의 아름다움과 조화로움에 만족하시고 복을 주셨다는 의미입니다. 즉 6일 창조의 완성을 기념하는 날이 안식일입니다. 그러므로 기억하라는 말은 세상을 완전히 창조하시고 안식과 평안을 주신 하나님과 그의 사역을 묵상하며 감사하고 늘 유념하는 것을 말합니다. 우리는 하나님이 우리를 만드시고 피조 세계를 창조하심으로 완전한 하나님의 나라를 세우신 것을 기뻐해야 합니다. 모든 창조계가 진정한 안식(쉼)을 누리게 됨을 감사해야 합니다. 그래서 우리는 이 날을 기념하고 하나님을 예배합니다.

그러나 인간은 타락했습니다. 아담과 하와는 하나님의 언약의 말씀을 어기고 선악과 열매를 따 먹었습니다. 인간은 안식을 잃어버렸습니다. 그렇다면 창조 완성을 기념하는 안식일은 어떻게 되었을까요? 타락한 인간들이 안식일을 지킬 수 있었을까요? 죄인들이 하나님의 안식에 들어갈 수 있었을까요? 사람들은 안식과는 정반대의 상태인 죄책과 불안의 상태로 떨어졌습니다. 사람의 힘으로는 도저히 약속된 안식에 이를 수 없습니다. 그래서 장차 메시야가 가져 올 안식을 기다리게 되었습니다. 그래서 하나님은 이스라엘에게 율법을 주실 때 제4계명을 포함시키신 것입니다. 제4계명은 새로운 것이 아닙니다. 다만 옛 창조의 안식일이 되풀이 된 것입니다. 제4계명은 우리에게 참 안식이 다가오고 있음을 매주 떠올려 줍니다.

애굽이 죄의 종노릇을 상징하는 것처럼, 가나안 땅은 약속된 안식의 모형이었습니다. 하나님은 강한 손으로 이스라엘을 애굽에서 건져내서 가나안 땅의 안식으로 인도하고 계십니다. 그래서 모세는 출애굽 2세대에게 안식의 영적 의미를 설명해 주고 있습니다. "너는 기억하라 네가 애굽 땅에서 종이 되었더니 네 하나님 여호와가 강한 손과 편 팔로 거기서 너를 인도하여 내었나니 그러므로 네 하나님 여호와가 네게 명령하여 안식일을 지키라 하느니라"(신 5:15). 모세는 이스라엘의 역사를 통해 안식일의 개념에 창조뿐 아니라 구속의 의미까지 덧붙였습니다. 이 두 가지는 사실 같은 개념입니다. 왜냐하면 구속은 재창조이기 때문입니다. 타락한 인류를 다시 창조하시고자 하나님은 구원의 역사를 이루시는 과정에서 이스라엘을 하나님의 백성으로 택하시고 그들이 지켜야 할 언약의 말씀으로 제4계명을 주셨습니다. 이스라엘 백성들에게 안식일은 기념이자 약속입니다. 신명기 5장에 보면, 이스라엘이 안식일에 해야 했던 일은 하나님이 애굽에서 크게 건져 주신 구원의 역사를 기억하는 일이었습니다.

안식일은 창조 목적과 구원 은혜의 증표입니다. 그래서 창조와 구속의 하나님을 기억하고 그분을 기뻐하고 영광을 돌리는 것, 그것이 안식일에 해야 할 일입니다. 구약 백성들은 참 안식을 주시며 자신들을 구속하실 메시아를 믿음으로 구원을 받았습니다. 제2의 아담으로 이 땅에 오신 예수님은 하나님의 어린 양이 되어 우리의 죄를 속량해 주셨습니다. 하나님은 예수 그리스도 안에서 사람들의 오랜 소원을 이루어 주셨습니다. 새 인류인 교회를 대표하는 둘째 아담으로서 예수님은 수고하고 애쓰셨고, 어둠의 권세와 맞서 싸우셨습니다. 겟세마네에서 깊은 고통 가운데서 심히 놀라시고 슬퍼하셨고(막 14:33) 골고다에서 십자가 고난을 당하시고 생명의 피를 흘리셨습니다. 하나님은 그리스도를 죽은 자 가운데서 다시 살리셨을 때 그리스도로 말미암아 일을 마치시고 안식을 얻으셨습니다.

우리는 여기서 안식을 기억하고 거룩하게 지키는 것이 신약 시대에 폐지된 의식법이 아니라 모든 인류가 항상 지켜야 하는 도덕법으로 하나님이 주신 이유를 발견하게 됩니다. 그러므로 신약의 신자들은 모세 오경에서 나타난 의식으로서 안식일을 더는 지킬 의무가 없습니다. 그리스도의 죽음과 부활로 안식일을 지키는 새로운 길이 열렸기 때문입니다.

2. 안식일을 거룩하게 지키라

이 말씀은 하나님이 창조 사역을 마치신 뒤 제7일을 특별한 날로 택하여 안식하셨듯이, 그 날을 성별하여 거룩하신 하나님께 드리며 천지 만물의 창조주요 주권자이신 하나님께 영광을 돌리라는 뜻입니다. 이스라엘은 예배로 안식일을 거룩하게 구별합니다. 이스라엘은 여호와의 선물인 안식을 모방해서 노예들에게 휴식을 주었습니다. 이후 이스라엘의 역사에서 안식일은 그들의 율법을 지키는 삶에 있어 가장 우선적인 것 중의 하나였습니다.

(출애굽기 16:21-30) ²¹ 무리가 아침마다 각 사람은 먹을 만큼만 거두었고 햇볕이 뜨겁게 쬐면 그것이 스러졌더라 ²² 여섯째 날에는 각 사람이 갑절의 식물 곧 하나에 두 오멜씩 거둔지라 회중의 모든 지도자가 와서 모세에게 알리매 ²³ 모세가 그들에게 이르되 여호와께서 이같이 말씀하셨느니라 내일은 휴일이니 여호와께 거룩한 안식일이라 너희가 구울 것은 굽고 삶을 것은 삶고 그 나머지는 다 너희를 위하여 아침까지 간수하라 ²⁴ 그들이 모세의 명령대로 아침까지 간수하였으나 냄새도 나지 아니하고 벌레도 생기지 아니한지라 ²⁵ 모세가 이르되 오늘은 그것을 먹으라 오늘은 여호와의 안식일인즉 오늘은 너희가 들에서 그것을 얻지 못하리라 ²⁶ 엿새 동안은 너희가 그것을 거두되 일곱째 날은 안식일인즉 그 날에는 없으리라 하였으나 ²⁷ 일곱째 날에 백성 중 어떤 사람들이 거두러 나갔다가 얻지 못하니라 ²⁸ 여호와께서 모세에게 이르시되 어느 때까지 너희가 내 계명과 내 율법을 지키지 아니하려느냐 ²⁹ 볼지어다 여호와가 너희에게 안식일을 줌으로 여섯째 날에는 이틀 양식을 너희에게 주는 것이니 너희는 각기 처소에 있고 일곱째 날에는 아무도 그의 처소에서 나오지 말지니라 ³⁰ 그러므로 백성이 일곱째 날에 안식하니라.

(민수기 15:27-36) ²⁷ 만일 한 사람이 부지중에 범죄하면 일 년 된 암염소로 속죄제를 드릴 것이요 ²⁸ 제사장은 그 부지중에 범죄한 사람이 부지중에 여호와 앞에 범한 죄를 위하여 속죄하여 그 죄를 속할지니 그리하면 사함을 얻으리라 ²⁹ 이스라엘 자손 중 본토 소생이든지 그들 중에 거류하는 타국인이든지 누구든 부지중에 범죄한 자에 대한 법이 동일하거니와 ³⁰ 본토인이든지 타국인이든지 고의로 무엇을 범하면 누구나 여호와를 비방하는 자니 그의 백성 중에서 끊어질 것이라 ³¹ 그런 사람은 여호와의 말씀을 멸시하고 그의 명령을 파괴

하였은즉 그의 죄악이 자기에게로 돌아가서 온전히 끊어지리라 [32] 이스라엘 자손이 광야에 거류할 때에 안식일에 어떤 사람이 나무하는 것을 발견한지라 [33] 그 나무하는 자를 발견한 자들이 그를 모세와 아론과 온 회중 앞으로 끌어왔으나 [34] 어떻게 처치할는지 지시하심을 받지 못한 고로 가두었더니 [35] 여호와께서 모세에게 이르시되 그 사람을 반드시 죽일지니 온 회중이 진영 밖에서 돌로 그를 칠지니라 [36] 온 회중이 곧 그를 진영 밖으로 끌어내고 돌로 그를 쳐죽여서 여호와께서 모세에게 명령하신 대로 하니라.

(느헤미야 13:15-22) [15] 그 때에 내가 본즉 유다에서 어떤 사람이 안식일에 술틀을 밟고 곡식단을 나귀에 실어 운반하며 포도주와 포도와 무화과와 여러 가지 짐을 지고 안식일에 예루살렘에 들어와서 음식물을 팔기로 그 날에 내가 경계하였고 [16] 또 두로 사람이 예루살렘에 살며 물고기와 각양 물건을 가져다가 안식일에 예루살렘에서도 유다 자손에게 팔기로 [17] 내가 유다의 모든 귀인들을 꾸짖어 그들에게 이르기를 너희가 어찌 이 악을 행하여 안식일을 범하느냐 [18] 너희 조상들이 이같이 행하지 아니하였느냐 그래서 우리 하나님이 이 모든 재앙을 우리와 이 성읍에 내리신 것이 아니냐 그럼에도 불구하고 너희가 안식일을 범하여 진노가 이스라엘에게 더욱 심하게 임하도록 하는도다 하고 [19] 안식일 전 예루살렘 성문이 어두워갈 때에 내가 성문을 닫고 안식일이 지나기 전에는 열지 말라 하고 나를 따르는 종자 몇을 성문마다 세워 안식일에는 아무 짐도 들어오지 못하게 하였으므로 [20] 장사꾼들과 각양 물건 파는 자들이 한두 번 예루살렘 성 밖에서 자므로 [21] 내가 그들에게 경계하여 이르기를 너희가 어찌하여 성 밑에서 자느냐 다시 이같이 하면 내가 잡으리라 하였더니 그 후부터는 안식일에 그들이 다시 오지 아니하였느니라 [22] 내가 또 레

위 사람들에게 몸을 정결하게 하고 와서 성문을 지켜서 안식일을 거룩하게 하라 하였느니라 내 하나님이여 나를 위하여 이 일도 기억하시옵고 주의 크신 은혜대로 나를 아끼시옵소서.

1. 광야의 이스라엘 백성들이 일용할 양식인 만나를 거둘 때 안식일을 지키기 위해 해야 할 일은 무엇인가요? 어떤 사람들은 6일째에 이틀치를 거두었음에도 불구하고 안식일에 만나를 거두러 나간 이유는 무엇이었나요?

2. 이스라엘 백성 한 사람이 안식일에 광야에 나무하러 갔습니다. 이 사람이 받은 형벌은 무엇인가요? 왜 앞의 만나 사건과 다르게 엄벌을 받았나요?

3. 느헤미야 시대는 하나님의 징벌을 받고 바벨론 포로로 70년 넘게 살다가 고국 땅으로 돌아와 새롭게 형성된 하나님의 백성 공동체들이 율법을 지키며 살던 때였습니다. 그런데 오늘 본문은 안식일을 또 다시 범한 사건입니다. 그들이 이런 죄를 왜 다시 범하게 되었는지 범죄 내용과 이유를 적어 보세요.

안식일은 일에서 해방되어 쉬는 날이며(이는 일에서 쉼으로 모든 생계를 하나님께 의지한다는 믿음의 표현), 하나님을 거룩하게 예배하는 날입니다(하나님이 행하신 창조와 구원을 기념하고 예배하는 것). 그런데 일부 이스라엘 백성들은 하나님의 계명을 어기고 안식일에 일을 했습니다. 양식을 구하러 나가고, 땔감을 찾으며, 음식을 사고팔며, 각종 물건을 거래하는 일이 벌어졌습니다. 그 결과 공동체에는 경고와 처벌, 금지와 경계를 통해 재발을 방지하는 모습이 등장합니다.

그렇다면 이들은 왜 안식일을 범하게 되었을까요?

첫째, 일부 사람들이 안식일에 만나를 구하러 나간 사건에서 중요한 관점은 그들이 양식이 부족해서 나간 것이 아니라 그들의 탐욕 때문이라는 점입니다. 6일 째 되는 날, 하나님은 안식일을 위한 만나도 미리 공급해 주셨기 때문에 사람들은 안식일에 먹을 만나를 이미 충분히 갖고 있었습니다. 그럼에도 혹시 만나를 또 주실까 하여 진 밖으로 나간 것입니다. 탐욕과 탐심은 우리로 하여금 멈추지 못하게 만듭니다. 바울의 가르침처럼 탐심은 우상 숭배(골 3:5)입니다. 하나님 말씀보다 자신의 마음의 계획과 의지를 더 중요하게 여기게 만듭니다. 이것은 탐욕이라는 우상을 섬기는 것입니다. 그러나 하나님께서는 아직 십계명 제정도 하지 않은 상태이며 공동체가 광야에 들어온 지 얼마 안되는 상황이었기에 경고에 그칩니다. 하나님이 다시 기회를 주십니다. 그분의 사랑과 긍휼을 보게 됩니다.

둘째로 안식일에 나무 하러 간 사람의 예입니다. 이 사건의 중요성은 그가 나무가 얼마나 부족했는지가 아닙니다. 하나님의 율법을 고의적으로 어기는 범죄, 즉 고의성이 사건의 중요한 실마리입니다. 이 사람은 안식일에 일을 해서는 안 된다는 십계명을 모를 리 없습니다. 이미 "엿새 동안은 일하고 일곱째 날은 너희를 위한 거룩한 날이니 여호와께 엄숙한 안식일이라. 누구든지 이날에 일하는 자는 죽일지니 안식일에는 너희의 모든 처소에서 불도 피우지 말지니라"(출 35:2-3)는 하나님의 규례가 있었습니다. 안식일에 나무를 한다는 것은 의도적으로 그 규례를 무시하는 것을 의미합니다. 민수기 본문을 보면 안식일 사건 이전에 부지중의 범죄에 대하여 "본토인이든지 타국인이든지 고의로 무엇을 범하면 누구나 여호와를 비방하는 자니 그의 백성 중에서 끊어질 것이라 그런 사람은 여호와의 말씀을 멸시하고 그의 명령을 파괴하였은즉 그의 죄악이 자기에게로 돌아가서 온전히 끊어지리라"고 엄중하게 말씀하셨습니다. 그래서 우리가 보기에 '나무하는 것'이 하찮아 보여도 하나님에게는 중대한 범죄였습니다. 하나님을 의도적으로 비방하고 하나님의 말씀을 멸시한 죄입니다. 그래서 백성들이 진 밖에서 돌로 쳐 죽입니다. 돌로 쳐 죽이는 사형 집행은 이스라엘 공동체 내에서 가장 극악한 죄인에게 내리는 처벌이었습니다. 우상 숭배자(레 20:2-5), 신성 모독자(레 24:5-6), 부모를 대적한 자(신 21:18-21), 간음한 남녀(신 22:22-24)에게 적용되었습니다.

셋째, 느헤미야 시대에 안식일에 상거래를 한 사건입니다. 이미 바벨론 포로 생활을 70년을 넘어 100년 이상 한 세대가 예루살렘에 거주하던 때입니다. 생계유지와 식료품 판매를 위해 유대 상인과 이방인 두로 상인이 안식일에 상거래를 합니다. 포도주와 곡식 단을 나귀에 짊어지고 운반하여 음식물을 예루살렘 성에서 팝니다. 또한 이방인 두로 상인은 그 지역 특산물인 물고기와 각종 물건을 가지고 무역업을 수행합니다. 이런 상거래는 이미 예루살렘 사람들이 많이 참여하는 의도적이고 조직적인 거래였다는 것을 반증합니다. 이것을 방지하기 위해 느헤미야는 안식일 전에 성문을 잠그기도 했습니다. 그러자 이 상인들은 예루살렘 성 밖에서 자면서 오히려 그것을 구경하는 일반 백성들과 함께 혼란스런 상황을 만들기도 했습니다. 그러자 느헤미야는 파수꾼을 세우고 결국은 레위인을 세워 성문을 지켜 안식일을 거룩하게 합니다. 지금 느헤미야 공동체는 포로기 이후의 사람들로 오랜 동안 이방인의 풍습에 젖어 하나님의 율법에 대한 관념과 의식이 결여된 상태입니다. 그래서 안식일 전에 성문을 잠그고 안식일 이후에 문을 여는 식으로 예방해법을 사용한 것 같습니다. 그리고 레위인을 동원하여 거룩한 안식일을 지키도록 훈련시킴으로 안식일 회복 운동을 했습니다.

안식을 거룩하게 지키는 일은 쉬운 일이 아니었습니다. 그렇다면 어떻게 안식을 취하고 기념(예배)하는 일이 가능할까요? 우리는 예수님 안에서 그 해답을 얻습니다.

3. 안식일의 주인이신 예수 그리스도

예수님은 '사람이 안식일을 위해 있는 것이 아니라 안식일이 사람을 위해 있는 것'(막 2:27)이라고 가르치셨습니다. 예수님은 안식일을 왜곡하는 종교지도자들의 오해와 외식을 조금도 망설이지 않고 벗겨 내셨습니다. 아래 본문은 안식일의 뜻과 정신보다 안식일의 금지 조항과 형식에만 몰두하여 제자들을 정죄하고 안식일 준수를 성경과는 다른 방향으로 이끈 종교지도자들과 예수님의 논쟁입니다. 안식일에 대한 개념과 실천 방안에 대해 많은 논쟁이 있지만, 그보다 먼저 알아야 할 핵심 사항이 있습니다. 하나님이 선포하신 안식일의 실체는 바로 예수 그리스도라는 점입니다.

(마태복음 12:1-8) [1] 그 때에 예수께서 안식일에 밀밭 사이로 가실새 제자들이 시장하여 이삭을 잘라 먹으니 [2] 바리새인들이 보고 예수께 말하되 보시오 당신의 제자들이 안식일에 하지 못할 일을 하나이다 [3] 예수께서 이르시되 다윗이 자기와 그 함께 한 자들이 시장할 때에

한 일을 읽지 못하였느냐 ⁴ 그가 하나님의 전에 들어가서 제사장 외에는 자기나 그 함께 한 자들이 먹어서는 안 되는 진설병을 먹지 아니하였느냐 ⁵ 또 안식일에 제사장들이 성전 안에서 안식을 범하여도 죄가 없음을 너희가 율법에서 읽지 못하였느냐 ⁶ 내가 너희에게 이르노니 성전보다 더 큰 이가 여기 있느니라 ⁷ 나는 자비를 원하고 제사를 원하지 아니하노라 하신 뜻을 너희가 알았더라면 무죄한 자를 정죄하지 아니하였으리라 ⁸ 인자는 안식일의 주인이니라 하시니라.

1 예수님을 감시하던 바리새인들이 왜 예수님에게 제자들이 안식일을 범했다고 말하나요?

2 안식일을 범한 두 가지 예를 예수님이 말씀하십니다. 두 사례의 내용을 기록해 보고 왜 이런 말씀을 하셨는지 생각해 보세요.

3 예수님이 이 사건에서 안식일에 대해 말씀하시는 가르침을 자신의 말로 정리해 기록해 보세요.

제자들은 예수님의 가르침을 받고 복음 전하는 일에 전심전력하다 음식도 먹지 못하고 허기진 상태로 밀밭 사이를 지나갑니다. 그날은 안식일이었습니다. 그들은 경황이 없어 당시 종교지도자들이 안식일에 금한 일을 범했습니다. 이삭을 잘라 먹은 것입니다. 율법에 의하면 이 행위는 추수하는 것과 동일한 행위로 간주되었습니다. 한편 평행구인 누가복음 6장 1절에 보면 '손으로 비비어'라는 표현이 나오는데 이는 타작에 해당되며, 이삭 껍데기를 입으로 불어 털어 버리는 것은 정미하는 행위로 인정했습니다. 그러므로 제자들의 행위는 예수님의 허점을 잡아 공격하는 빌미를 바리새인들에게 제공했습니다.

그러나 예수님은 두 가지의 성경 사례를 들어 잘못된 행위가 아님을 강조하십니다. 먼저 굶은 다윗을 위해 아히멜렉 제사장이 하나님의 전에 들어가 제사장들만 먹는 진설병을 다윗에게 가져다가 준 사건을 예로 듭니다. 이 행위는 제사장들만 먹어야 할 진설병이기에 사실 율법을 어긴 것입니다. 그러나 하나님의 말씀은 그것을 정죄하지 않았음을 알려 줌으로 예수님은 제자들의 사건도 문제가 안 된다고 지적하셨습니다. 그리고 하나님의 말씀보다 사람이 만든 규례에 집착하는 이들에게 경고하십니다.

둘째는 제사장들이 안식일에 성전 안에서 일을 하면서 안식을 어긴 것을 예로 듭니다. 성경은 이것도 정죄하지 않습니다. 제사장들이 성전 제사를 집례하기 위해 안식일에 일을 해도 율법적으로 아무 문제가 없다면, 성전과 제사의 궁극적 주인이신 예수님과 그분의 사역을 위해 안식일을 범한 제자들의 행동도 아무런 문제가 될 수 없습니다. 즉 예수님은 성전보다 더 큰 분으로, 실제 성전이신 예수님을 섬기기 위해 헌신하며, 예수님과 같이 하나님 나라 일을 도모하는 제자들이 장로들의 유전을 어겼다고 해서 무엇이 문제가 되겠느냐고 논리적으로 대답하시는 것입니다. 심지어 자비를 행하는 것이 제사보다 중요하다고 율법의 정신을 강조까지 하십니다.

예수님은 자신이 오히려 안식일의 주인이라고 선포하십니다. 주님 스스로가 신령한 안식이 되시므로 그 안에서 이루어지는 모든 일은 안식일 준수가 됩니다. 안식일의 주인이신 예수님은 안식일을 소유하고 주관하며 안식일 규례를 해석하십니다. 지금까지 가리워져 있던 안식일의 참 자유와 평안을 드러내심으로, 그것을 향유할 수 있게 하십니다. 이런 관점에서 칼빈(Calvin)은 '인자는 안식일의 주인'이라고 하신 말씀에 대해 "안식일에 얽매어 있는 의무에서 사람들을 해방시키는 권세를 예수께서 받으셨다는 것이며, 감당할 수 없이 복잡하고 까다로운 율법의 멍에에서 벗어나 오히려 멍에를 대신 져 주시는 주님께 와서 쉼을 얻으라는 의미가 내포되어 있다"고 했습니다. 실로 인간 구원을 위해 이 땅에 오신 종말론적 메시아이신 예수님은 인간을 위해 안식일을 개방하십니다.

예수님은 이 사건 이전에 바로 말씀하셨습니다. "수고하고 무거운 짐 진 자들아 다 내게로 오라 내가 너희를 쉬게 하리라 나는 마음이 온유하고 겸손하니 나의 멍에를 메고 내게 배우라 그리하면 너희 마음이 쉼을 얻으리니 이는 내 멍에는 쉽고 내 짐은 가벼움이라 하시니라"(마 11:28-30).

묵상과 적용

1. 안식일을 기억한다는 것은 무엇을 기억한다는 뜻인가요?

2. 우리가 안식일을 거룩하게 지키지 못하는 경우가 많습니다. 어떤 이유에서 우리가 죄를 범하게 되나요? 자신이 경험한 사례를 정리해 보세요.

3. 왜 예수님은 안식일의 주인인가요? 이 말의 뜻을 정리해 보세요. 우리 자신은 예수님 안에서 안식을 누리고 있나요?

7과

제 5 계명
네 부모를 공경하라

인간이 맺는 관계 중에 가장 중요한 것이 부모와의 관계입니다. 이 관계 양상에 따라 모든 인간 관계가 결정됩니다. 그러므로 제5계명은 이웃에 대한 모든 사랑의 의무를 행하는 데 가장 중요한 기본 지침입니다. 우리는 부모와의 관계를 통해 타인과 함께 살아가는 법을 알고, 세상의 권위 체계를 배워나갑니다. 하나님은 질서 있는 사회를 형성하시기 위해 특정 사람들에게 권위를 주셨습니다. 첫 번째가 부모의 권위입니다. 부모라는 지위를 받았다는 것은 부모가 하나님의 대리인이라는 뜻입니다. 하나님은 부모에게 자식을 돌보는 일을 맡기셨습니다. 자녀의 세계관, 가치관과 인생관은 부모와의 관계를 기초로 형성됩니다. 가정은 존경과 순종, 사랑과 보호, 감사를 배우는 장소입니다. 그러므로 자녀들은 마땅히 부모를 공경해야 합니다. 나를 낳아주고 양육해주신 부모의 권위가 하나님과 같으니 하나님 섬기듯 부모님을 공경하고 섬기는 것이 마땅합니다.

제5계명은 약속 있는 계명입니다. "네게 준 땅에서 네 생명이 길리라"(출애굽기), "네가 잘되고 땅에서 장수하리라"(에베소서). 하나님은 부모를 공경하는 사람은 세상에서 형통하게 되고 장수할 것이라고 약속하셨습니다. 이것은 당연한 이치입니다. 하나님이 주신 권위와 관계의 원천인 부모를 잘 섬기면 하나님이 나라가 온전해 집니다. 그러면 당연히 하나님의 축복이 임합니다.

1. 약속의 첫 계명

네 부모를 공경하라는 다섯 번째 계명은 하나님의 형상으로 창조된 이웃에 대한 첫 번째 의무입니다. 누가 우리의 이웃입니까? 무엇보다도 가족이 우리의 첫 번째 이웃입니다. 우리는 갓 태어났을 때 하나님의 형상을 가진 첫 번째 이웃이면서 하나님이 부여하신 생명의 수여자요 권위자이신 부모님을 처음 만납니다. 아이들은 부모를 통해 삶의 모든 것을 배웁니다. 생활 습관을 비롯해 모든 관계를 체득합니다. 그래서 관계의 근본이 부모님입니다. 하나님이 부여하신 권위와 더불어 우리 존재의 기초이며, 관계와 생활의 모든 가르침의 근본이 부모이기에 우리는 당연히 공경하고 순종해야 합니다.

(출애굽기 20:12) 네 부모를 공경하라 그리하면 네 하나님 여호와가 네게 준 땅에서 네 생명이 길리라.

(신명기 21:18-21) 18 사람에게 완악하고 패역한 아들이 있어 그의 아버지의 말이나 그 어머니의 말을 순종하지 아니하고 부모가 징계하여도 순종하지 아니하거든 19 그의 부모가 그를 끌고 성문에 이르러 그 성읍 장로들에게 나아가서 20 그 성읍 장로들에게 말하기를 우리의 이 자식은 완악하고 패역하여 우리 말을 듣지 아니하고 방탕하며 술에 잠긴 자라 하면 21 그 성읍의 모든 사람들이 그를 돌로 쳐 죽일지니 이같이 네가 너희 중에서 악을 제하라 그리하면 온 이스라엘이 듣고 두려워하리라.

(잠언 23:22) 너를 낳은 아비에게 청종하고 네 늙은 어미를 경히 여기지 말지니라.

1 제5계명에서 주님이 명령하시고 약속하신 것은 무엇인가요? 주님은 왜 이 계명을 인간과 관련한 계명의 첫 번째로 두셨을까요?

2 신명기 21장에 나오는 패역한 아들은 부모에게 어떤 태도를 보이며 생활하였나요? 이런 아들에게 내리는 징벌은 무엇인가요? 왜 이런 무서운 징벌을 내리실까요?

3 부모를 공경하라고 할 때의 '공경'의 뜻은 무겁다는 말입니다. 그렇다면 반대말은 무엇인가요? 부모를 공경하지 않으면 우리 가정과 사회는 어떻게 될까요?

부모를 공경하라는 하이델베르그 교리문답은 이렇게 정리됩니다.

하이델베르그 교리문답 104문
하나님께서는 5계명에서 무엇을 요구하셨나요?
내 아버지와 어머니만 아니라 나에 대한 권위를 가진 모든 사람에게 모든 공경과 사랑과 충성을 나타내고, 그들의 좋은 가르침과 징계에 마땅히 순종하며, 그들의 연약함과 부족함을 참고 견디라는 것입니다. 왜냐하면 그들의 손으로 우리를 다스리시는 것이 하나님의 뜻이기 때문입니다.

제5계명에 언급한 부모는 혈육적인 부모뿐만 아니라 연령과 은사에 있어서 모든 윗사람을 말합니다. 특히 하나님의 규례에 의해 가정, 교회, 국가를 막론하고 권위의 자리에 있는 분들을 뜻합니다. 그러므로 부모를 공경한다는 것은 설명이 필요 없는 당연한 의무입니다. 어떤 학자는 이것이 우리의 본성이라고 말합니다. 하나님이 우리를 창조하실 때 우리에게 주신 본성, 즉 하나님의 형상은 인간 관계에서 최초이자 최고의 권위자인 부모를 공경하도록 만들어져 있다는 것입니다. 그런데도 하나님은 우리에게 부모를 공경하라고 따로 명령하십니다. 왜 명령하셨을까요? 그것은 우리에게 권위를 거부하며 질서를 파괴하고 자기가 모든 것을 주관하고자 하는 악한 속성이 있기 때문입니다. 따라서 하나님은 우리의 이런 죄를 깨닫게 하시고 억제하시기 원하십니다.

지금 시대는 아픔과 고통의 시대입니다. 많은 계명을 하찮게 여기는 시대이지만 유독 제5계명을 지키지 않는 것을 볼 수 있습니다. 부모의 권위뿐 아니라 세상의 모든 권위도 땅에 떨어진 가운데 우리는 삽니다. 사람은 자유를 원합니다. 각 사람이 자신이 법이 되기를 원하여 모든 권위와 규제를 없애고 싶어합니다. 자기가 왕이 되려는 시대에 살고 있으니 얼마나 큰 가치 혼란과 세대 충돌이 일어나겠습니까? 이것은 하나님이 만드신 인간 관계와 질서가 타락하는 것을 의미하며 궁극적으로는 하나님에 대한 의무를 위반하고 불순종하는 죄를 범하는 것입니다.

제5계명은 하나님의 명령이지만 또한 하나님의 약속이기도 합니다. 형통과 장수의 축복을 주신다는 약속이 있습니다. 우리는 이 약속을 언약의 개념으로 살펴봐야 합니다. 근본적으로 십계명은 시내산 언약의 율법입니다. 언약은 하나님의 구원에 관한 약속과 성취이며, 율법은 언약 백성의 마땅한 삶의 원리이자 의무입니다. 약속 없는 다른 계명을 지켜도 백성으로서 당연히 형통한 삶을 누리겠지만, 제5계명을 지킨다면 그것을 넘어 하나님의 풍성한 축복이 임할 것입니다. 제5계명은 앞의 하나님과의 관계 계명 4가지를 잘 지킨다는 전제 하에 이어지는 첫

계명이기 때문입니다. 삶에서 인간 관계의 계명을 지키는 기초가 제5계명이기에 하나님의 축복이 임합니다. 즉 하나님을 사랑하는 백성은 부모를 공경함으로 다른 이웃들을 사랑하게 됩니다. 모든 계명을 다 잘 지키게 됩니다. 이는 마땅히 장수와 영생의 축복을 받게 됩니다.

우리는 이 계명을 잘 지키는 가정을 소망합니다. 자녀들은 부모 모습을 보고 하나님을 알아가게 되며 인간 관계를 터득합니다. 특히 가정의 권위자인 아버지, 어머니는 이스라엘의 대제사장처럼 예배 주관자로서 하나님을 경배하고 자녀들을 말씀으로 훈육하며 가정을 세우는 중요한 역할을 합니다. 자녀들이 이런 가정 예배와 더불어 부모의 거룩한 행실을 존경하고 배운다면 반드시 하나님의 축복이 넘치는 아름다운 가정이 될 것입니다.

2. 순종과 양육의 관계

자녀들이 부모와 관계를 맺고 부모에게 갖는 태도는 하나님과의 관계에도 지대한 영향을 미칩니다. 부모가 바른 부모로 역할을 다하여 사랑으로 자녀를 양육하면 자녀들은 부모의 모습을 통해 긍정적인 하나님 상(像)을 갖게 됩니다. 그러나 부모에 대한 불만과 상처는 하나님 상에 그대로 투영되어 부정적이고 소극적인 신앙을 가지게 합니다.

바울은 십계명의 제5계명을 따라 부모와 자녀와의 관계를 복음적으로 말합니다. 부모는 자녀를 주님의 교훈과 훈계로 양육해야 하고 자녀들은 주 안에서 부모에게 순종해야 합니다.

(에베소서 6:1-4) [1] 자녀들아 주 안에서 너희 부모에게 순종하라 이것이 옳으니라 [2] 네 아버지와 어머니를 공경하라 이것은 약속이 있는

첫 계명이니 3 이로써 네가 잘되고 땅에서 장수하리라 4 또 아비들아 너희 자녀를 노엽게 하지 말고 오직 주의 교훈과 훈계로 양육하라.

(골로새서 3:20-21) 20 자녀들아 모든 일에 부모에게 순종하라 이는 주 안에서 기쁘게 하는 것이 니라 21 아비들아 너희 자녀를 노엽게 하지 말지니 낙심할까 함이라.

1 자녀들이 부모에게 순종하고 공경하는 방법은 무엇인가요? '주 안에서'라는 말은 무엇을 의미할까요?

2 예수님은 '아버지나 어머니를 나보다 더 사랑하는 자는 내게 합당하지 아니하고, 아들이나 딸을 나보다 더 사랑하는 자도 내게 합당하지 아니하며'라고 말씀하셨습니다. 사람의 원수가 집안 식구라고 하셨습니다(마 10:36-37). 이 말씀이 부모에게 순종하는 것과 자녀양육 문제와 관련해 우리에게 요구하는 것은 무엇인가요?

3 골로새 교회에게 하신 말씀은 어떤 의미가 있나요? 왜 모든 일이라 말하셨나요? 왜 자녀들이 낙심하게 될까요?

칼빈은 『기독교 강요』에서 다음과 같이 주장하고 있습니다. "자녀가 부모를 공경해야 하는 이유는 입법자가 원하고 명령하는 바이며, 인간 본성이 가르쳐 주고 있는 바이기 때문에 부모의 권위를 경시하거나 해치는 자들은 괴물이지 인간이 아니다." 그는 계속해서 '공경'에는 존경, 순종, 감사의 세 부분이 포함되어야 한다'고 설명했습니다.

먼저 부모를 공경하려면 존경하는 마음이 필요합니다. '공경'이라는 히브리 단어에는 '무겁다' 또는 '존경하다'는 뜻이 있습니다. 자녀가 존경하는 마음이 없이 어떻게 부모를 공경하겠습니까? 존경은 부모 공경의 가장 기본이 되는 원리입니다. 우리는 부모에게 존경할만한 인품, 재산, 경력과 같은 조건이 있어서 존경하는 것이 아니라, 나를 낳아주신 분이고 하나님이 권위를 주신 분이시기에 순수한 마음으로 존경합니다. 그러므로 성경은 부모를 경시하여 저주하는 자는 사형에 처하라고 했습니다(출 21:15, 17).

부모 공경의 두 번째 중요한 특징은 부모님께 늘 순종하는 것입니다. 주님도 이 세상에 오셔서 부모님에게 '순종하여 받드심'으로써 효도의 모범을 보여 주셨습니다(눅 2:51). 순종은 부모님의 권위를 존중하며 내 의견과 달라도 받들어 섬기는 것입니다. 성경은 완악하고 패역하여 부모에게 불순종하는 자는 성읍 모든 사람들이 돌로 치라고 명했습니다(신 21:18-21). 이스라엘 공동체를 더럽히는 악한 죄이기 때문입니다.

세 번째 공경의 방법은 감사하는 마음입니다. '공경하다'의 헬라어는 '값을 매기다'는 뜻도 있는데 부모의 은혜를 어떻게 다 값으로 매길 수 있겠습니까? 넓고 깊은 부모님 은혜에 감격하고 감사하는 마음과 태도가 부모 공경의 기초가 되는 것입니다. 자식은 나중에 부모가 되어 보아야 낳아주고 키워주신 부모의 노고를 알 수 있다고 합니다. 그러나 부모를 존경하고 순종하는 자녀는 늘 감사를 잊지 않습니다. 상황 변화와 관계없이 감사해야 하는 것이 부모를 공경하는 방법입니다.

바울은 주 안에서 너희 부모에게 순종하라고 말했습니다. '주 안에서'라는 말을 덧붙인 이유가 무엇입니까? 부모님께 순종하는 것은 하나님의 명령이며 주님의 모범을 통해 확증되는것이기 때문입니다. 즉 예수님께서 하나님 아버지를 공경하시고 순종하신 것처럼 부모를 공경하라는 뜻입니다.

사도 바울은 골로새서 3장 20절에서 '모든 일에 부모에게 순종하라'고 말하면서 그것이 '주 안에서 기쁘게 하는 것'이라고 덧붙입니다. 이 말씀에서 '모든 일'이 강조되었습니다. 순종의 지속성과 무제한성을 말합니다. 설령 부모님의 명령이 하나님의 말씀에 위배된다 하더라도 부모님을 대적하는 모습이 아니라 순종적인 태도를 보이며 정중히 거절하는 자세를 가져야 함을 말하고 있습니다. 하나님은 믿음의 자녀들이 부모들을 통해 권위에 대해 순종을 배우기를 원하십니다. 부모에 대한 순종은 결국 하나님에 대한 순종으로 연결되기 때문입니다. 부모는 하나님의 대리자임을 명심해야 합니다. 주님은 마음과 뜻과 성품을 다하여 부모님을 존경하고 순종하며 사랑으로 섬기는 삶을 요구하십니다.

바울은 부모 공경에 그치지 않고 이어서 부모의 자녀양육에 대해 명령합니다. 먼저 자녀들을 노엽게 하지 말라고 합니다. 지나치게 엄격하고 가혹하게 대하거나 편애하여 자녀들의 감정을 상하게 하는 일을 하지 말아야 합니다. 이 말씀은 인간의 죄성이 나타나는 양육법으로 자녀들의 감정을 건드리고 그들의 마음을 아프게 해서 진정한 부모 공경을 할 수 없게 만들지 말라는 권면입니다. 그 대신 주의 교양과 훈계로 양육하라는 것입니다. 교양은 교육, 훈련, 징계의 뜻을 가집니다. 즉 자녀가 주 안에서 부모를 순종해야 하는 것처럼, 부모도 주 안에서 자녀를 양육하라는 것입니다. 주님이 우리를 가르치며 훈계하시고, 하나님이 우리를 징계하셔서 바른 길로 인도하시는 것처럼 하라는 말씀입니다.

결론적으로 부모와 자녀의 관계는 하나님과 그의 자녀인 우리의 관계를 기반으로 감당하라는 말씀입니다. 하나님이 하시는 것처럼 부모는 자녀를 대해야 합니다. 자녀는 주님이 하나님 아버지께 목숨을 다하여 순종하는 것처럼 공경해야 합니다. 부모 공경과 자녀 양육의 원리는 인간의 양심과 자연법에 따른 순리로 하는 것이 아니라, 오직 성경에 기초하여 주 안에서 해야 함을 바울은 철저하게 가르칩니다.

3. 외식적인 부모 공경

복음서에서는 하나님 말씀의 뜻을 자기 방식과 해석으로 제한하고 왜곡하여 위선적으로 행동하는 사례가 등장합니다. 그 중 하나가 예수님 당시 종교지도자들의 부모 공경 사례입니다. 소위 고르반 사건입니다. 예수님은 율법주의자인 바리새인과 서기관이 하나님의 계명을 장로들의 전통으로 바꿔버린 사건을 통해 이렇게 말씀하십니다. "너희가 전통을 지키려고 하나님의 계명을 잘 저버리는도다"(막 7:9).

> **(마가복음 7:6-13)** [6] 이르시되 이사야가 너희 외식하는 자에 대하여 잘 예언하였도다 기록하였으되 이 백성이 입술로는 나를 공경하되 마음은 내게서 멀도다 [7] 사람의 계명으로 교훈을 삼아 가르치니 나를 헛되이 경배하는도다 하였느니라 [8] 너희가 하나님의 계명은 버리고 사람의 전통을 지키느니라 [9] 또 이르시되 너희가 너희 전통을 지키려고 하나님의 계명을 잘 저버리는도다 [10] 모세는 네 부모를 공경하라 하고 또 아버지나 어머니를 모욕하는 자는 죽임을 당하리라 하였거늘 [11] 너희는 이르되 사람이 아버지에게나 어머니에게나 말하기를 내가 드려 유익하게 할 것이 고르반 곧 하나님께 드림이 되었다고 하기만 하면 그만이라 하고 [12] 자기 아버지나 어머니에게 다시 아무 것도 하여 드리기를 허락하지 아니하여 [13] 너희가 전한 전통으로 하나님의 말씀을 폐하며 또 이같은 일을 많이 행하느니라 하시고.

1 예수님은 이사야가 한 예언을 인용합니다. 그 내용은 무엇인가요? (사 29:13)

2 예수님이 하나님의 계명을 버리고 사람의 전통을 지키는 예를 설명하시기 위해 거론한 고르반 사건은 하나님의 말씀과 어떤 관련이 있나요? 두 말씀이 갖는 의미는 무엇인가요?

3 외식하는 종교지도자들이 행한 잘못된 부모 공경의 예는 무엇인가요?

예수님은 종교지도자들에게 사람의 전통이 하나님의 말씀을 폐한다고 경고합니다. 그리고 그들의 위선적인 부모 공경 사례인 고르반을 지적하십니다. 하나님은 율법의 중보자인 모세를 통해 '네 부모를 공경하라 아버지나 어머니를 모욕하는 자는 죽임을 당하리라'고 말씀하셨습니다. 이것을 지키기 위한 바리새인과 서기관들의 위선적인 노력이 장로들의 전통으로 나타납니다. 그러한 전통 중 하나가 바로 '고르반'입니다. 고르반은 '헌물'이라는 뜻입니다. 이스라엘 백성들은 원래는 부모에게 드려야 할 물질을 하나님께 헌물로 바치면 부모 부양의 의무가 면제되는 것으로 여겼습니다. 원래 이 관습은 하나님을 높이려는 좋은 동기로 시작되었습니다. 그러나 점차 이를 악용하여 부모 부양을 거부하는 핑계로 사용해 왔습니다. 주님의 말씀처럼 '사람이 아버지에게나 어머니에게 드려 유익하게 할 것이 고르반, 곧 하나님께 드림이 되었다고 하기만 하면 그만이라 하고, 자기 아버지나 어머니에게 다시 아무 것도 하여 드리기를 허락하지 아니'했던 것입니다. 그들은 상황 윤리로 하나님의 말씀을 무시합니다. 일부 학자들은 제사장들이 서약자들의 거짓 맹세를 승인해 주는 대가로 부모에게 드려야 할 재물 일부를 뇌물로 받았다고 주장합니다. 유대인들은 전통의 형식을 빌려 엄청난 범죄를 자행하고도 자책감을 느끼지 않는 영적 무감각 상태에 빠져 있었습니다. 이것은 부모에게 행해야 할 의무가 율법에 명백히 규정되어 있음에도 불구하고, 그 책임을 회피하기 위해 장로들의 전통을 무분별하게 남용한 사실을 고발하는 예시입니다.

  고르반 행동은 부모 공경을 우습게 여기며 부모를 모욕하는 일종의 사기 행각입니다. 그러나 종교지도자들은 이것을 장로들의 유전으로 합법화를 시켰으니 주님은 이에 노하시고 그들의 형식주의와 외식주의를 정죄하신 것입니다. 주님이 이사야 말씀으로 백성들의 마음 상태를 지적하신 것은 그들의 행동을 아주 잘 평가한 것입니다. "이 백성이 입술로는 나를 공경하되 마음은 내게서 멀도다." 진정한 마음이 없이 입으로만 부모 공경, 하나님 공경하는 외식자의 모습이 백성들의 모습입니다. 하나님을 이용해 부모를 무시한 행위가 우리에게 주는 교훈이 큽니다. 사랑하는 마음과 존경이 없는 부모 공경은 우리 부모들이 잘 알고 있지만 부모들은 자녀들을 위해 모든 것을 참습니다. 그러나 하나님은 낳아 길러주신 부모의 은혜를 이기적인 목적으로 배신하는 악한 행위를 정죄하십니다. 이런 사람은 하나님도 그런 식으로 섬길 것이기 때문입니다.

묵상과 적용

1. 오늘날 우리는 권위의 위기가 심각한 시대에 살고 있습니다. 그 원인이 부모 공경의 실패와 가정의 위기에서 나온다고 생각합니다. 우리 공동체는 어떠한가요? 왜 이런 일이 발생했다고 생각하나요?

2. 자녀를 주의 교양과 훈계로 가르치는 일에 우리가 배우고 개선해야 할 점은 무엇인가요? 우리가 종종 자식의 유익을 위해 가르치는데도 말을 듣지 않는 자녀들에게 화를 많이 내는 것은 왜 자녀 교육에 좋지 않을까요? 나의 자녀 양육 자세를 반성하고, 바울의 가르침에 어긋나는 내용이 무엇인지를 묵상해 보고 새롭게 적용해 보세요.

3. 오늘날의 고르반은 무엇이 있을까요? 주님을 핑계 삼아 부모 공경을 회피한 사례를 점검해 보시고 혹시 그런 일이 있었으면 회개하는 마음으로 정리해 보세요.

8과

제 6 계명
살인하지 말라

　제6계명은 인간의 생명은 하나님이 주신 것이므로 신성하다는 원칙에 기초하고 있습니다. 인간의 생명은 세상에서 가장 소중하고 신성합니다. 생명을 끝내거나 인생의 종말을 지을 수 있는 것은 오직 하나님만의 권한입니다. 그러므로 제6계명은 하나님이 허락하시지 않는 한 인간이 누려야 할 생명의 권리를 누구도 함부로 침해해서는 안 된다는 말씀입니다. 인간은 하나님의 형상을 따라 만들어졌기 때문에 생명을 보호해야 합니다. 우리는 각자에게 있는 하나님의 형상을 존중함으로 하나님을 공경합니다. 따라서 가능한 모든 방법을 사용해 생명을 보존하고 서로의 복지를 증진시켜야 한다는 것을 의미합니다.
　현대인들은 국가 명령에 따라 기꺼이 전쟁이나 폭동, 소요 사태 진압에 합법적인 살인을 허가하거나 공권력을 사용하지만, 성경은 오직 하나님의 명령 안에서만 살인이 허용된다고 단언합니다. 살인이 허용되는 시기는 전적으로 생명의 주관자이신 하나님께 달려 있습니다. 만일 우리가 누군가의 명령에 살인을 하게 된다면 그 누군가는 어느 누구도 아닌 생사를 주관하시는 하나님이심을 명심해야 합니다. 그런 의미에서 살인은 또 다른 우상 숭배입니다.

하이델베르그 교리문답에서 살인하지 말라는 계명을 어떻게 해석했는지 살펴보겠습니다.

> **하이델베르그 교리문답 105문**
>
> **하나님께서는 6계명에서 무엇을 요구십니까?**
>
> 스스로나 다른 사람을 시켜서, 행동으로는 말할 것도 없고 생각과 말과 몸짓으로도 내 이웃을 욕되게 하거나 미워하거나 상하게 하거나 죽이지 말고, 오히려 모든 복수심을 내려놓으라는 것입니다. 또 나 자신을 해치거나 일부러 위험에 빠뜨리지도 말라고 하십니다. 그렇기 때문에 국가도 살인을 막으려고 칼을 가진 것입니다.

1. 살인 행위

살인 행위는 인간이 살인자이기 때문에 일어나는 일입니다. 꼭 살인 행위를 해야 살인자가 되는 것은 아닙니다. 인간에게는 살인 본능이 있습니다. 그것은 악한 죄성 때문입니다. 범죄하고 타락한 이후 인류가 벌인 최초의 악행이 살인이었습니다. 아담과 하와는 죄를 짓고 타락해 하나님의 징계 속에 살았습니다. 그들은 부모로써 악한 일이 발생하지 않도록 자녀들을 은혜의 말씀과 율법으로 가르쳤는데도 아들 가인의 악한 본성은 드러나고야 말았습니다. 예수님은 "너희는 너희 아비 마귀에게서 났으니 너희 아비의 욕심대로 행하고자 하느니라 그는 처음부터 살인한 자요… 그는 거짓말쟁이요 거짓의 아비가 되었음이라"(요 8:44)라고 가르쳤습니다. 마귀의 욕심과 유혹에 따라 가인은 형제 아벨을 죽였습니다. 그는 자신이 뱀의 후손임을 입증했습니다.

(창세기 4:1-15) [1] 아담이 그의 아내 하와와 동침하매 하와가 임신하여 가인을 낳고 이르되 내가 여호와로 말미암아 득남하였다 하니라 [2] 그가 또 가인의 아우 아벨을 낳았는데 아벨은 양 치는 자였고 가인은 농사하는 자였더라 [3] 세월이 지난 후에 가인은 땅의 소산으로 제물을 삼아 여호와께 드렸고 [4] 아벨은 자기도 양의 첫 새끼와 그 기름으로 드렸더니 여호와께서 아벨과 그의 제물은 받으셨으나 [5] 가인과 그의 제물은 받지 아니하신지라 가인이 몹시 분하여 안색이 변하니 [6] 여호와께서 가인에게 이르시되 네가 분하여 함은 어찌 됨이며 안색이 변함은 어찌 됨이냐 [7] 네가 선을 행하면 어찌 낯을 들지 못하겠느냐 선을 행하지 아니하면 죄가 문에 엎드려 있느니라 죄가 너를 원하나 너는 죄를 다스릴지니라 [8] 가인이 그의 아우 아벨에게 말하고 그들이 들에 있을 때에 가인이 그의 아우 아벨을 쳐죽이니라 [9] 여호와께서 가인에게 이르시되 네 아우 아벨이 어디 있느냐 그가 이르되 내가 알지 못하나이다 내가 내 아우를 지키는 자니이까 [10] 이르시되 네가 무엇을 하였느냐 네 아우의 핏소리가 땅에서부터 내게 호소하느니라 [11] 땅이 그 입을 벌려 네 손에서부터 네 아우의 피를 받았은즉 네가 땅에서 저주를 받으리니 [12] 네가 밭을 갈아도 땅이 다시는 그 효력을 네게 주지 아니할 것이요 너는 땅에서 피하며 유리하는 자가 되리라 [13] 가인이 여호와께 아뢰되 내 죄벌이 지기가 너무 무거우니이다 [14] 주께서 오늘 이 지면에서 나를 쫓아내시온 즉 내가 주의 낯을 뵈옵지 못하리니 내가 땅에서 피하며 유리하는 자가 될지라 무릇 나를 만나는 자마다 나를 죽이겠나이다 [15] 여호와께서 그에게 이르시되 그렇지 아니하다 가인을 죽이는 자는 벌을 칠 배나 받으리라 하시고 가인에게 표를 주사 그를 만나는 모든 사람에게서 죽임을 면하게 하시니라.

1 가인이 아벨을 살해한 이유는 무엇인가요?

2 살인하기 전과 살인한 후에 가인에게 하나님의 은혜가 어떻게 나타났나요? 왜 가인은 살인했는데도 죽지 않았을까요?

(열왕기상 21:1-24) [1] 그 후에 이 일이 있으니라 이스르엘 사람 나봇에게 이스르엘에 포도원이 있어 사마리아의 왕 아합의 왕궁에서 가깝더니 [2] 아합이 나봇에게 말하여 이르되 네 포도원이 내 왕궁 곁에 가까이 있으니 내게 주어 채소 밭을 삼게 하라 내가 그 대신에 그보다 더 아름다운 포도원을 네게 줄 것이요 만일 네가 좋게 여기면 그 값을 돈으로 네게 주리라 [3] 나봇이 아합에게 말하되 내 조상의 유산을 왕에게 주기를 여호와께서 금하실지로다 하니 [4] 이스르엘 사람 나봇이 아합에게 대답하여 이르기를 내 조상의 유산을 왕께 줄 수 없다 하므로 아합이 근심하고 답답하여 왕궁으로 돌아와 침상에 누워 얼굴을 돌리고 식사를 아니하니 [5] 그의 아내 이세벨이 그에게 나아와 이르되 왕의 마음에 무엇을 근심하여 식사를 아니하나이까 [6] 왕이 그에게 이르되 내가 이스르엘 사람 나봇에게 말하여 이르기를 네 포도원을 내게 주되 돈으로 바꾸거나 만일 네가 좋아하면 내가 그 대신에 포도원을 네게 주리라 한즉 그가 대답하기를 내가 내 포도원을 네게 주지 아니하겠노라 하기 때문이로다 [7] 그의 아내 이세벨이 그에

게 이르되 왕이 지금 이스라엘 나라를 다스리시나이까 일어나 식사를 하시고 마음을 즐겁게 하소서 내가 이스르엘 사람 나봇의 포도원을 왕께 드리리이다 하고 8 아합의 이름으로 편지들을 쓰고 그 인을 치고 봉하여 그의 성읍에서 나봇과 함께 사는 장로와 귀족들에게 보내니 9 그 편지 사연에 이르기를 금식을 선포하고 나봇을 백성 가운데에 높이 앉힌 후에 10 불량자 두 사람을 그의 앞에 마주 앉히고 그에게 대하여 증거하기를 네가 하나님과 왕을 저주하였다 하게 하고 곧 그를 끌고 나가서 돌로 쳐죽이라 하였더라 11 그의 성읍 사람 곧 그의 성읍에 사는 장로와 귀족들이 이세벨의 지시 곧 그가 자기들에게 보낸 편지에 쓴 대로 하여 12 금식을 선포하고 나봇을 백성 가운데 높이 앉히매 13 때에 불량자 두 사람이 들어와 그의 앞에 앉고 백성 앞에서 나봇에게 대하여 증언을 하여 이르기를 나봇이 하나님과 왕을 저주하였다 하매 무리가 그를 성읍 밖으로 끌고 나가서 돌로 쳐죽이고 14 이세벨에게 통보하기를 나봇이 돌에 맞아 죽었나이다 하니 15 이세벨이 나봇이 돌에 맞아 죽었다 함을 듣고 이세벨이 아합에게 이르되 일어나 그 이스르엘 사람 나봇이 돈으로 바꾸어 주기를 싫어하던 나봇의 포도원을 차지하소서 나봇이 살아 있지 아니하고 죽었나이다 16 아합은 나봇이 죽었다 함을 듣고 곧 일어나 이스르엘 사람 나봇의 포도원을 차지하러 그리로 내려갔더라 17 여호와의 말씀이 디셉 사람 엘리야에게 임하여 이르시되 18 너는 일어나 내려가서 사마리아에 있는 이스라엘의 아합 왕을 만나라 그가 나봇의 포도원 차지하러 그리로 내려갔나니 19 너는 그에게 말하여 이르기를 여호와의 말씀이 네가 죽이고 또 빼앗았느냐고 하셨다 하고 또 그에게 이르기를 여호와의 말씀이 개들이 나봇의 피를 핥은 곳에서 개들이 네 피 곧 네 몸의 피도 핥으리라 하였다 하라 20 아합이 엘리야에게 이르되 내 대적자여 네가 나를 찾았느냐 대답하되 내가 찾았노라 네가 네 자신을 팔아 여호와 보시기에 악을 행하였으므로 21 여호와의 말씀이 내가 재앙을 네게 내려 너를 쓸어 버리되 네게 속한 남자는 이스라엘 가운데에 매인 자나 놓인 자를 다 멸할 것이요 22 또 네 집이 느밧의 아들 여로보암의 집처럼 되게 하고 아히야의 아들 바아사의 집처럼 되게 하리니 이는 네가 나를 노하게 하고 이스라엘이 범죄하게 한 까닭이니라 하셨고 23 이세벨에게 대하여도 여호와께서 말씀하여 이르시되 개들이 이스르엘 성읍 곁에서 이세벨을 먹을지라 24 아합에게 속한 자로서 성읍에서 죽은 자는 개들이 먹고 들에서 죽은 자는 공중의 새가 먹으리라고 하셨느니라 하니.

3 이세벨이 간계를 꾸민 이유가 무엇인가요?

4 왜 나봇은 억울하게 죽임을 당하게 되었나요?

5 국가권력을 개인의 탐욕으로 남용하되, 타인의 생명을 해하면서까지 악용한 아합 왕과 이세벨에게 내리신 하나님의 심판은 무엇인가요?

(신 22:8) 네가 새 집을 지을 때에 지붕에 난간을 만들어 사람이 떨어지지 않게 하라 그 피가 네 집에 돌아갈까 하노라.

6 집을 지을 때 지붕에 난간을 만들어야 하는 이유가 무엇인가요? 하나님은 무엇을 예방하기 위해 이런 명령을 하신다고 생각하나요?

성경은 아담과 하와의 자녀 세대에서 벌어진 일을 살인이라고 고발합니다. 이들은 부모로부터 하나님께 제사 드리는 법을 배웠고 어떻게 하면 하나님이 그 제사를 열납(悅納)* 하시는지 알았을 것입니다. 그런데 동생 아벨과 그의 제물은 열납하셨고, 가인과 그의 제물은 열납하시지 않으셨습니다. 시기와 분노에 휩싸인 가인은 '죄가 문 앞에 엎드려 있으니 죄를 다스리라'는 하나님의 경고에도 불구하고 들판에서 동생을 살해합니다. 여기서 죄는 마치 인간의 심성 안에 웅크리고 앉아 호시탐탐 침입의 기회를 노리는 짐승이나 뱀의 모습으로 그려집니다. 하와에게 접근해 범죄하게 했던 뱀은 이제 시기와 질투, 악의에 찬 분노에 사로잡힌 가인에게 들어오려 합니다. 결국 가인은 하나님이 회개를 촉구하고 범죄하지 않기를 경고했는데도 동생을 살해합니다.

살인에 대한 하나님의 무서운 심판은 죽음이었습니다. 그러나 하나님은 가인을 죽이지 않으시고 오히려 아버지 아담에게 내린 벌과 비슷하게 생존의 어려움을 겪도록 땅을 저주하십니다. 그리고 유리(遊離)하

열납 기쁘게 여기고 받아들임

는 자가 되게 하십니다. 거듭되는 가인의 요청에 하나님은 다시 은혜를 베푸셔서 가인에게 표를 주었고, 그를 만나는 자에게서 죽임을 면하게 하십니다. 하나님이 그를 죽이지 않으시고 내리신 벌은 아담과 하와의 경우와 비슷합니다. 하나님은 긍휼을 베푸시고 회개할 기회를 주십니다. 가인의 후손 라멕은 더 악한 살인을 저지르고도 자랑하듯이 자신의 포악성을 표현하는 모습이 성경에 나타납니다(창 4:23-24). 그런데 중요한 사실은 노아 때가 되어서야 하나님은 다른 사람의 피를 흘린 자는 자신의 피도 흘리게 될 것이라는 법을 제정하셨습니다. 살인 행위에 관한 하나님의 처벌이 계시를 통해 변화되는 과정을 볼 수 있습니다.

　성경에서 살인 행위에 대한 또 다른 대표적인 사례가 아합 왕과 이세벨이 그의 신실한 백성 나봇을 교살(矯殺)[●] 하는 행위입니다. 아합 왕은 전쟁에서 승리한 후 경건한 신자인 나봇의 포도원을 빼앗아 자신의 궁궐을 확장하려고 하였습니다. 그러나 이스라엘에서는 땅의 실재 주인은 하나님이시고 땅은 각 지파 기업에 분배된 것으로 매매를 금지했습니다. 왕이 권력을 이용해 압박했지만 나봇은 '내 조상의 유산을 왕에게 주기를 여호와께서 금하실지로다'고 말합니다. 자신의 탐욕이 채워지지 않자 불쾌한 심기에 안절부절하며 식사까지 폐한 아합 왕에게 아내 이세벨이 해결해 주겠다고 말합니다. 그 방법은 잔인한 살인 행위였습니다. 이세벨은 성읍의 장로와 귀족들에게 왕의 명의로 인봉한 편지를 보냅니다. 거짓 증인을 내세워 하나님과 왕을 저주했다고 거짓 증언하게 해서 돌로 쳐 죽입니다. 권력을 이용해 죄 없는 사람을 교살합니다. 아합 왕은 아무도 모르게 나봇을 죽였기에 자신은 무죄이고, 또한 자신의 명성에 문제가 안 될 것으로 안심했을 것입니다. 그러나 하나님은 진노하셨습니다.

교살　사람을 죽이도록 지시

하나님은 선지자 엘리야를 보내 심판을 알리십니다. 개들이 나봇의 피를 핥은 곳에서 죽은 아합 왕의 피 또한 핥게 될 것이라고 말씀하십니다. 아합 왕의 집안 남자 모두가 몰살당할 것이라고 하며 아합 왕조의 종말을 경고합니다. 이세벨에게는 이스르엘 성읍에 있는 개들이 죽은 이세벨의 시신을 먹을 것이라고 말씀하십니다. 왕과 왕비가 떠돌아다니는 개에 의해 시신이 훼손된다는 것은 그 자체만으로도 아주 불명예스러운 일입니다. 하나님은 다 보고 계셨고 자신의 탐욕을 참지 못해 악한 계획과 방법을 동원해 자신의 신실한 백성을 살해한 왕의 죄를 무섭게 심판하십니다. 남의 피를 흘린 자는 자신의 피를 흘려 갚게 하십니다.

살인 행위는 악의에 의해 고의적으로 타인을 목숨을 앗아가는 행위뿐 아니라 과실과 부주의에 의해 무고한 사람이 희생되는 경우도 포함되었습니다. 당시 사람들은 집을 지을 때 지붕을 평평하게 만들어 시원할 때 사용했습니다. 그들에게 지붕은 부가적인 생활공간이었습니다. 그런데 하나님은 지붕에 난간을 만들라고 말씀하셨습니다. 이스라엘 백성에게 이웃의 안위를 고려해 지붕에 난간을 설치하라고 하심은 이웃 사람들이 떨어지지 않도록 하려는 안전 조치입니다. 이 난간은 실질적인 안전망뿐 아니라 일종의 사회적 안전망을 뜻하기도 합니다. 소도 비슷한 경우에 해당됩니다. 소가 미쳐 날뛰다가 사람을 받아 죽이는 것은 사고였습니다. 그러나 소유주가 소에게 사람을 받는 습성이 있다는 것을 사전에 알고도 방치해 누군가 목숨을 잃게 된다면 이웃의 안전을 고려하지 않은 죄로 사형에 해당했습니다.

이처럼 십계명의 제6계명은 잔혹하고 계획적인 살인을 금지하는데 그치지 않았습니다. 직접적인 행위나 과실치사도 모두 금지했습니다.

2. 살인 금지 이유

제6계명은 인간 생명의 가치를 강조합니다. 살아 있다는 것은 하나님의 은혜를 체험하고 회개할 기회가 있다는 뜻이기도 합니다. 믿지 않는 세상 사람들에게 죽음은 더 이상의 회개할 기회가 없고 오직 영원한 죽음의 세계로 들어감을 말합니다. 그러므로 이 계명을 어기고 살인했을 경우 하나님의 엄격한 심판을 받습니다. 눈은 눈으로, 이는 이로 갚는다는 동해복수법(同害復讐法)처럼 생명은 생명으로 갚아야 했습니다(출 21:23-24). 그 이유는 하나님의 형상 때문입니다. 인간은 하나님의 형상을 따라 만들어졌기 때문에 생명을 보호해야 합니다.

(창세기 9:1-7) [1] 하나님이 노아와 그 아들들에게 복을 주시며 그들에게 이르시되 생육하고 번성하여 땅에 충만하라 [2] 땅의 모든 짐승과 공중의 모든 새와 땅에 기는 모든 것과 바다의 모든 물고기가 너희를 두려워하며 너희를 무서워하리니 이것들은 너희의 손에 붙였음이니라 [3] 모든 산 동물은 너희의 먹을 것이 될지라 채소 같이 내가 이것을 다 너희에게 주노라 [4] 그러나 고기를 그 생명 되는 피째 먹지 말 것이니라 [5] 내가 반드시 너희의 피 곧 너희의 생명의 피를 찾으리니 짐승이면 그 짐승에게서, 사람이나 사람의 형제면 그에게서 그의 생명을 찾으리라 [6] 다른 사람의 피를 흘리면 그 사람의 피도 흘릴 것이니 이는 하나님이 자기 형상대로 사람을 지으셨음이니라 [7] 너희는 생육하고 번성하며 땅에 가득하여 그 중에서 번성하라 하셨더라.

동해복수법 피해자에게 입힌 손해만큼 정확하게 그대로 가해자를 처벌하는 원칙을 말한다. 즉 '이는 이로 눈은 눈으로'의 법을 말한다.

1 하나님이 노아와 그 자손에게 복을 주신 내용이 무엇인가요? 오늘 본문에서 1절과 7절이 수미상관법(首尾雙關法)*으로 구성되어 있습니다. 이것은 무엇을 의미하나요?

2 하나님은 홍수 이후 새롭게 역사를 시작하는 인류에게 새로운 양식을 허락하십니다. 그것은 무엇인가요? 여기에 제약 사항이 있는데 그것을 살펴보십시오. 그것을 통해 알 수 있는 내용은 무엇인가요?

3 하나님은 다른 사람의 피를 흘리게 되면 어떻게 된다고 말씀하셨나요? 그렇게 말씀하신 이유는 무엇인가요?

오늘 본문은 노아 시대의 대홍수 이후 인류가 노아 가족을 통해 새롭게 계보를 시작하는 상황에서 하나님이 주신 말씀입니다. 이어지는 말씀은 노아와 맺은 무지개 언약을 설명합니다. 특별히 본문에서는 간

수미상관법 문학에서 활용되는 기법 중의 하나로 주로 시의 형태에서 두드러지게 사용되는데, 첫 연과 마지막 연이 동일한 혹은 비슷한 형태를 띄는 형식을 말한다. 작품의 주제를 강조하고 리듬을 형성하는 쉬운 방법들 중 하나이기에 자주 사용된다.

단한 문학적 기교를 사용하여 의미를 강조합니다. 처음 창조 후에 하나님이 아담에게 말씀하셨던 복의 내용을 반복합니다. "생육하고 번성하여 땅에 충만하라." 이 복을 누리기 위해 하나님이 마련해 주신 방법과 노아와 그 가족이 할 일은 무엇입니까? 그 내용이 수미상관법(首尾雙關法)으로 나열되어 있습니다. 먼저는 만물을 다스리는 인간의 권위가 이제는 영적인 것에서 힘과 지식의 권위로 전환되었습니다. 그리고 짐승에게는 인간에 대해 본능적인 두려움을 주입시켜 복종하게 만들었습니다. 인간과 짐승의 관계는 사랑과 권위의 아름다운 관계를 넘어 두려움과 공포, 힘의 관계로 형성 되었습니다. 인간이 먹을 수 있는 음식의 종류가 기존 채소에서 모든 생물로 확대되었습니다. 그러나 채식과 육식 모두 허용되었으나 금지 사항이 있었습니다. 짐승의 고기를 피 있는 채로는 먹어서는 안 됩니다. 고대로부터 피는 생명과 영혼이 머무는 장소로 여겼기 때문입니다. 이는 피를 쉽게 흘리고 먹는 악한 관습을 방지하시고 모든 생명의 가치와 존엄성을 일깨워주시기 위함입니다.

살인자에게는 반드시 피를 흘리게 한 죄의 책임을 반드시 물어 벌하시겠다고 경고하십니다. 만일 짐승이 사람을 죽이면 그 짐승을 죽이고, 사람이 이웃을 죽이면 그 사람에게 보복하시겠다는 말씀입니다. 모든 사람이 형제이고 이웃이라는 견지에서 하나님은 살인자를 심판하시고 형벌을 가하실 것입니다. 왜냐하면 만물 중에 오직 인간만이 하나님의 형상으로 창조되었고, 살인은 하나님의 형상을 파괴하는 죄로서 하나님을 모독하는 크고 무서운 죄이기 때문입니다. 그러나 실수로 사람의 피를 흘린 경우에는 도피성 제도를 통해 생명을 보존할 수 있었습니다(민 35:9-15).

하나님은 모든 생명 중에 특히 하나님의 형상대로 지음 받은 인간의 생명이 존중받고 귀중히 여김 받기를 원하십니다. 이런 하나님의 뜻을 적용하여 우리 시대에 보편화되어 있는 살인과 자살, 낙태(임신중절)

를 숙고해 보아야 합니다. 성경에 나오는 자살은 모두 다섯 번입니다 (삿 9:50-57 아비멜렉; 삼상 31:1-7 사울; 삼하 17:23 아히도벨; 왕상 16:15-19 시므리; 마 27:3-10 가룟 유다). 이 모든 경우는 실패와 수치의 상황에서 일어났습니다. 그러나 자살은 여러 정황을 고려해도 개인이 선택한 죄일 뿐입니다. 생명의 주권자는 하나님이므로 어떤 생명도 스스로 끊을 수 없습니다. 특히 요즘 시대에 생명 경시 현상 중의 하나로 일어나는 끔찍한 죄악이 낙태입니다. 성경은 모태에 있는 태아의 생명에 관해서도 말씀합니다. "주께서 내 내장을 지으시며 나의 모태에서 나를 만드셨나이다"(시 139:13). 칼빈은 출애굽기 21장 22~25절을 주석하면서 이렇게 말했습니다. "태아는 비록 모태 안에 들어 있을지라도 엄연한 인간이다. 태아에게서 미처 누리지 못한 생명을 빼앗는 것은 사악한 범죄다. 집은 인간에게 가장 안전한 피난처이기 때문에 들에서보다 집 안에서 사람을 죽이는 것이 더 끔찍한 범죄에 해당할 것이다. 그와 마찬가지로 빛을 보기도 전에 모태 안에 있는 태아를 죽이는 것도 한층 더 잔혹한 행위로 간주해야 마땅하다."

성경은 영혼과 육체가 유기적으로 깊이 연결되어 있기 때문에 생물학적 생명이 시작되는 순간부터 인격도 함께 시작된다고 전제합니다. 생물학적 생명이 시작되는 순간부터 하나님을 영화롭게 하기 위해 그분의 형상으로 창조된 인간으로서 마땅히 보호받을 가치와 권리가 있는 인격체입니다. 낙태는 산모의 죽음을 피하는 길 외에 어떤 경우도 허용되어서는 안 됩니다.

3. 살인하지 말라-예수님의 가르침

　살인하지 말라는 제6계명에 관한 가장 정확한 해석은 예수님의 가르침입니다. 예수님은 산상수훈에서 이미 "내가 율법이나 선지자를 폐하러 온 줄로 생각하지 말라 폐하러 온 것이 아니요 완전하게 하려 함이라"고 말씀하셨습니다(마 5:17). 예수님이 선포하고 가르치신 천국 복음은 구약 율법을 부정하는 것이 아니라 완성하는 것입니다. 예수님이 제시하는 천국의 법과 윤리는 구약성경에 나타난 율법과 아무 상관없는 전혀 새로운 것이 아닙니다. 오히려 율법의 근본 의미를 강조하고 그 뜻을 완성하고 있습니다. '완전케 한다'는 말은 문자적으로는 '채우다'는 말인데, 의미적으로는 '하나님의 명령이나 요구를 성취한다'는 뜻을 내포합니다. 예수님께서는 "살인하지 말라"는 모세의 가르침에 대하여 문자적 의미를 살피시는 것이 아니라 그 속에 있는 율법의 정신을 가르치십니다.

　　(마태복음 5:21-26) 21 옛 사람에게 말한 바 살인하지 말라 누구든지 살인하면 심판을 받게 되리라 하였다는 것을 너희가 들었으나 22 나는 너희에게 이르노니 형제에게 노하는 자마다 심판을 받게 되고 형제를 대하여 라가라 하는 자는 공회에 잡혀 가게 되고 미련한 놈이라 하는 자는 지옥 불에 들어가게 되리라 23 그러므로 예물을 제단에 드리려다가 거기서 네 형제에게 원망들을 만한 일이 있는 것이 생각나거든 24 예물을 제단 앞에 두고 먼저 가서 형제와 화목하고 그 후에 와서 예물을 드리라 25 너를 고발하는 자와 함께 길에 있을 때에 급히 사화하라 그 고발하는 자가 너를 재판관에게 내어 주고 재판관이 옥리에게 내어 주어 옥에 가둘까 염려하라 26 진실로 네게 이르노니 네가 한 푼이라도 남김이 없이 다 갚기 전에는 결코 거기서 나오지 못하리라.

1 살인하는 자는 어떤 자라고 예수님이 말씀하시나요? 구약의 십계명과 비교하여 설명해 보세요.

2 예수님은 마음의 살인 문제를 해결하기 위해서 두 가지 비유를 드셨습니다. 그것은 무엇인가요? 이 비유를 드신 이유가 무엇인가요?

(마태복음 5:43-48) [43] 또 네 이웃을 사랑하고 네 원수를 미워하라 하였다는 것을 너희가 들었으나 [44] 나는 너희에게 이르노니 너희 원수를 사랑하며 너희를 박해하는 자를 위하여 기도하라 [45] 이같이 한즉 하늘에 계신 너희 아버지의 아들이 되리니 이는 하나님이 그 해를 악인과 선인에게 비추시며 비를 의로운 자와 불의한 자에게 내려주심이라 [46] 너희가 너희를 사랑하는 자를 사랑하면 무슨 상이 있으리요 세리도 이같이 아니하느냐 [47] 또 너희가 너희 형제에게만 문안하면 남보다 더하는 것이 무엇이냐 이방인들도 이같이 아니하느냐 [48] 그러므로 하늘에 계신 너희 아버지의 온전하심과 같이 너희도 온전하라.

3 박해하는 자와 원수를 향해 하나님의 자녀가 가져야 할 태도가 무엇인가요?

4 서기관과 바리새인이 추구하는 의보다 더 나은 의는 무엇인가요? (48절) 아버지 하나님을 본받아 원수를 사랑하는 예가 본문에서는 어떻게 예시되어 있나요?

예수님은 십계명의 살인하지 말라는 조항을 잔혹한 행위만을 금지하는 구약의 해석 기준을 넘어서 말씀하십니다. 이 계명 안에 마음의 의도와 감정까지 포함하셨습니다. 실제로 살인을 저지르지 않았더라도 시기와 질투에 의한 분노심(이미 우리는 가인의 살인에서 보았음), 복수심, 악담이나 욕설을 자제하지 못한다면 하나님의 진노를 피하기 어렵습니다. 예수님은 살인 행위라는 결과적인 행위에 앞서 그것을 일으키는 원인이 되는 마음을 경고하십니다. 예수님은 형제에게 노하는 자, 형제에 대하여 '라가'(무가치한 놈, 골빈 놈)라 하는 자, 미련한 놈이라 하는 자에 대하여 경고하십니다. 분노는 살인의 근본 동기가 됩니다. 제6계명을 지키려면 살인 행위를 넘어서 내적 태도까지 고려해야 한다는 것이 예수님의 판단 기준입니다.

이런 교훈을 주신 이면에는 악의 뿌리가 자리 잡고 있는 마음속 증오와 타인에 대한 무관심이 사랑으로 바뀌어야 하고, 외식과 이기심이 성실로 바뀌어야 한다는 주님의 의도가 담겨 있습니다. 그래서 주님은 6가지 반대 명제(Anti-theses)를 마무리 하시면서 율법에 대한 결론적인 태도를 보여 주십니다. 그것은 하나님 아버지의 기준과 같습니다. 주님의 온전하심처럼 우리도 온전하게 행하고, 주님이 보여주신 모범을 따라 원수를 사랑하는 것입니다. 세상에서 누가 원수를 사랑할 수 있습니까? 자기 자녀를 살해한 사람을 용서할 사람이 누가 있습니까?

자기를 증오하며 적대하는 사람과 어떻게 화해할 수 있겠습니까? 그러나 하늘 아버지의 은총은 의인과 악인을 구별하지 않고 모두에게 비를 주신다고 가르칩니다. 창조주 하나님은 언약을 지키시며 완전하게 행하십니다. 인간은 자신에게 관대한 사람에게 관대하고, 자신을 사랑하는 사람을 사랑합니다. 당시 유대인들이 경멸하던 세리도 자기를 사랑하는 자는 사랑합니다. 이스라엘 백성들이 무시하는 이방인들도 형제를 문안하는 일은 합니다. 이는 인간의 보편적인 정서이며 세상의 이치입니다. 그러나 하늘 아버지의 자녀된 우리는 하나님 아버지를 닮아야 합니다. 원수를 사랑하고 나를 핍박하는 자를 위해 기도하고, 선으로 악을 이기는 자가 되어야 합니다. 이것이 주님이 가르치신 계명을 지키는 방법입니다.

 바울도 같은 맥락으로 권면합니다. "너희는 모든 악독과 노함과 분냄과 떠드는 것과 비방하는 것을 모든 악의와 함께 버리고, 서로 친절하게 하며 불쌍히 여기며 서로 용서하기를 하나님이 그리스도 안에서 너희를 용서하심과 같이 하라"(엡 4:31-32). 살인을 일으키는 마음 태도와 악독, 노함, 분냄, 비방 등을 버려야 합니다. 주님의 가르침과 동일합니다. 성전 예배 전과 재판 전에 살인 동기들을 모두 버려야 합니다. 그 대신 우리는 친절, 긍휼, 용서로 관계를 새롭게 맺어야 합니다. 주님의 모범을 따라 하나님 아버지를 닮아야 합니다.

묵상과 적용

1. 성경에서 자살하는 사람들의 예를 찾고, 그들의 자살하는 원인을 살펴 보세요. 주위에 여러 이유로 자살을 고민하는 사람들에게 어떻게 위로하고 생명의 소중함을 일깨워 자살을 방지 할 수 있나요?

2. 하나님의 형상이란 무엇인가요? 우리가 하나님의 형상을 가진 자라는 사실이 생명과 관련하여 어떤 의미가 있나요? 타인에 대한 우리의 태도에는 어떤 영향을 미칠까요? 특히 악한 독재자와 핍박자를 보면서 그들도 하나님의 형상을 가진 자임을 어떻게 인식할 수 있나요?

3. 살의를 품는 내적 태도나 실제 살인 행위를 하지 않기 위해 우리가 먼저 시급하게 해야 할 일이 무엇인가요? 살인하지 말라는 계명이 나 자신과 관계없는 계명인가요? 아니면 우리가 자주 범하는 조항일까요?

9과

제 7 계명
간음하지 말라

십계명의 두 번째 돌판은 사람이 이웃과 맺는 모든 관계를 표현합니다. 제5계명은 부모를 시작으로 사람들 사이의 권위를 지키고, 제6계명은 사람들의 생명을 보호하고 존중합니다. 제7계명은 결혼 생활을 보호하고 가정을 지키게 합니다. 제7계명은 제2계명과 유사합니다. 우상 숭배가 영적 간음인 것처럼, 간음도 우상 숭배입니다. 간음은 결혼과 가정의 파탄에서 그치지 않습니다. 간음은 배우자를 배신하는 것이며 언약을 깨뜨리는 것입니다. 그것은 하나님의 형상에 대한 공격입니다. 하나님이 인간의 유익과 복을 위해 만드신 결혼 제도를 무너뜨림으로 하나님께 불신앙을 보여 줍니다.

결혼 안에서의 성(性)적인 충실함과 결혼 밖에서의 순결함은 단순한 법적 요구 사항이 아닙니다. 성적으로 신실한 삶은 복음을 전하는 삶입니다. 남편과 아내가 서로에게 충실하는 것은 언약을 맺은 하나님과 이스라엘 간의 신실함을 상징합니다. 제7계명을 지킴으로써 우리는 신부를 위해 자신을 온전히 드리며 헌신하시고, 교회의 신랑 되신 예수님의 복음을 온 몸으로 나타내게 됩니다.

1. 결혼의 성경적 원리

하나님은 남자와 여자가 연합해서 서로를 보완하도록 창조하셨습니다. 하나님은 아담이 홀로 있는 것이 좋지 않음을 아시고 돕는 배필로 여자를 창조하셨습니다. 그녀는 남자(히브리어: 잇쉬)에게서 나왔기 때문에 여자(잇샤)로 불렸습니다. 여자는 남자를 돕기 위해 창조되었고, 남자와 관계에서 이름이 정해졌으며, 오직 여자만이 남자에게 적합한 조력자로 간주되었습니다. 그렇다고 성경은 남자가 우월하다고 말하지 않습니다. 남자와 여자는 서로를 필요로 합니다. 다만 성의 구별에 따른 역할 차이가 있을 뿐입니다. 원래 한 몸이었던 남자와 여자가 결혼으로 한 몸을 이루는 것은 단순한 결합이 아닌 재결합에 해당됩니다. 잇쉬와 잇샤인 아담과 하와는 서로를 위해 창조되었습니다.

> (창세기 2:18-25) [18] 여호와 하나님이 이르시되 사람이 혼자 사는 것이 좋지 아니하니 내가 그를 위하여 돕는 배필을 지으리라 하시니라 [19] 여호와 하나님이 흙으로 각종 들짐승과 공중의 각종 새를 지으시고 아담이 무엇이라고 부르나 보시려고 그것들을 그에게로 이끌어 가시니 아담이 각 생물을 부르는 것이 곧 그 이름이 되었더라 [20] 아담이 모든 가축과 공중의 새와 들의 모든 짐승에게 이름을 주니라 아담이 돕는 배필이 없으므로 [21] 여호와 하나님이 아담을 깊이 잠들게 하시니 잠들매 그가 그 갈빗대 하나를 취하고 살로 대신 채우시고 [22] 여호와 하나님이 아담에게서 취하신 그 갈빗대로 여자를 만드시고 그를 아담에게로 이끌어 오시니 [23] 아담이 이르되 이는 내 뼈 중의 뼈요 살 중의 살이라 이것을 남자에게서 취하였은즉 여자라 부르리라 하니라 [24] 이러므로 남자가 부모를 떠나 그의 아내와 합하여 둘이 한 몸을 이룰지로다 [25] 아담과 그의 아내 두 사람이 벌거벗었으나 부끄러워하지 아니하니라.

1 하나님이 여자를 창조하시는 과정을 말해보세요. 남자를 만드시는 것과 어떤 차이가 있나요? 이것은 무엇을 의미할까요?

2 하와를 처음 본 아담은 어떤 반응을 보였나요? 이것을 통해 우리가 알 수 있는 것은 무엇인가요?

3 아담과 하와의 결혼 생활을 묘사해 보세요. 결혼 제도를 제정하신 하나님의 목적은 무엇인가요?

(에베소서 5:22-33) ²² 아내들이여 자기 남편에게 복종하기를 주께 하듯 하라 ²³ 이는 남편이 아내의 머리 됨이 그리스도께서 교회의 머리 됨과 같음이니 그가 바로 몸의 구주시니라 ²⁴ 그러므로 교회가 그리스도에게 하듯 아내들도 범사에 자기 남편에게 복종할지니라 ²⁵ 남편들아 아내 사랑하기를 그리스도께서 교회를 사랑하시고 그 교회

를 위하여 자신을 주심 같이 하라 26 이는 곧 물로 씻어 말씀으로 깨끗하게 하사 거룩하게 하시고 27 자기 앞에 영광스러운 교회로 세우사 티나 주름 잡힌 것이나 이런 것들이 없이 거룩하고 흠이 없게 하려 하심이라 28 이와 같이 남편들도 자기 아내 사랑하기를 자기 자신과 같이 할지니 자기 아내를 사랑하는 자는 자기를 사랑하는 것이라 29 누구든지 언제나 자기 육체를 미워하지 않고 오직 양육하여 보호하기를 그리스도께서 교회에게 함과 같이 하나니 30 우리는 그 몸의 지체임이라 31 그러므로 사람이 부모를 떠나 그의 아내와 합하여 그 둘이 한 육체가 될지니 32 이 비밀이 크도다 나는 그리스도와 교회에 대하여 말하노라 33 그러나 너희도 각각 자기의 아내 사랑하기를 자신 같이 하고 아내도 자기 남편을 존경하라.

4 성경은 아내와 남편이 각자에게 해야 할 의무는 무엇이라고 가르치나요?

5 그리스도와 교회의 관계는 남편과 아내 관계의 전형입니다. 어떤 면에서 같은 성격을 가졌는지 나누어 보세요.

우리는 아담과 하와의 결혼을 통해 두 사람의 몸과 마음이 하나되는 결혼과 가정의 이상을 보게 됩니다. 성경은 인간 관계의 기본단위인 가정을 통해 인간 관계의 원형을 알려줍니다. 성경은 사람이 혼자 사는 것이 하나님 보시기에 좋지 않았다고 말합니다. 이제까지 좋았던 하나님의 창조 사역 중, 아담이 홀로 있는 것만 완전하지 않았다는 말입니다. 더 필요한 것이 남아있다는 뜻입니다. 바로 여자의 창조입니다. 여자는 처음부터 남자 혼자로서는 완성할 수 없는 하나님의 창조 계획을 완전하게 할 존재로 창조되었습니다. 하나님이 목적하시는 관계를 통해 이루시는 하나님의 창조 계획을 위해 남자와 여자는 반드시 서로 돕는 관계로 존재합니다.

하나님이 여자를 창조하시고 아담에게 이끄셨을 때 아담은 이렇게 말합니다. "내 뼈 중의 뼈요 살 중의 살이로다"(창 2:23). 이는 배필을 맞이하는 아담의 놀라운 기쁨이 반복어법으로 표현된 감사 찬양의 노래입니다. 이 표현은 구약성경에서 친밀하고 본질적인 관계, 혈연 관계나 가족 관계를 나타낼 때 쓰입니다. 뼈는 강함을, 살은 약함을 의미합니다. 남자는 그가 처음 만나는 여자에게 '강할 때나 약할 때나, 부유할 때나 부족할 때나, 항상 함께 하겠다'고 말하고 있습니다.

하나님은 남자와 여자가 서로 돕는 관계로 존재해야 함을 보이셨습니다. 둘에게 '한 몸'을 이룰 것을 명령하십니다. 성경에서 말하는 한 몸은 육체적, 정서적, 영적 연합을 표현합니다. 새롭게 만들어지는 한 몸 관계는 혈연에 의한 가족보다 더 가까운 사이입니다. '연합하다'는 뜻을 가진 히브리어 '다바크'는 하나님과 언약 관계를 유지하고 신의를 다한다는 의미로 사용됩니다. 따라서 하나님이 말씀하신 결혼 관계는 남자와 여자 사이에 맺어지는 언약이며, 하나님과 이스라엘이 맺은 언약과 같은 것으로 비유됩니다. 창세기 2장 24절은 이후 성경에서 결혼 관계에 관한 기준이 되며 예수님은 이 말씀으로 결혼 관계가 하나님이 맺어 주신 것임을 선포하셨습니다(마 19:4-5; 막 10:2-12).

바울은 이 구절을 통해 그리스도와 교회의 관계가 어떤 것인지 가르칩니다. 그 관계의 기초는 사랑입니다. 바울은 그리스도인의 가정이 하나님의 뜻을 잘 이해하는 것과(엡 5:17), 성령 충만함을 받을 것(엡 5:18), 그리고 그리스도를 경외함으로 피차 복종할 것을 요구합니다(엡 5:21). 이러한 가르침을 기반으로 하는 그리스도인의 결혼 관계는 예수 그리스도 안에서 새롭게 된 사람이 하나님을 본받는 삶으로 나타납니다. 그리스도인의 결혼 관계의 핵심 가치는 사랑과 존경입니다. 아내는 교회가 그리스도에게 나타내는 존경과 복종을 연습해야 하며, 남편은 그리스도가 교회에게 보여주는 사랑으로 아내에게 헌신해야 합니다. 이 사랑은 자기 몸을 내어주는 사랑이며 말씀으로 깨끗하게 하는 사랑이자 거룩하고 흠이 없게 하는 사랑입니다. 바울은 결혼 관계를 큰 비밀이라고 말합니다. 이 관계가 예수 그리스도 안에서 나타났기 때문입니다. 이미 창세기 2장에서 하나님이 계획하신 것입니다. 그러므로 결혼의 연합은 단순히 남녀 간의 육체적 결합이 아니라, 하나님과 그의 백성, 그리스도와 교회의 연합을 나타내기 위한 하나님의 목적과 의지를 따라 창조 때 이미 계획된 것입니다.

2. 구약성경이 금하는 간음죄들

성경이 금하는 간음죄는 우리의 상식과 일치합니다. 남의 아내와 간음하는 것은 당연히 죄입니다. 이 죄는 처벌받아야 하고 다시는 반복되어서는 안 됩니다. 그러나 현대 사회는 고대 사회와 개념이 다릅니다. 현대 사회는 성인들이 가지는 성적 자기결정권을 주장합니다. 결혼을 했든 안했든 서로의 합의 하에 성관계를 맺으면 과거의 간통죄 같은 간음죄로 형사 처벌을 받지 않습니다. 다만 피해를 본 아내나 남편이 민사상 손해배상청구를 할 수는 있습니다. 현대 사회에서 간음은 더 이상 범죄가 아닙니다. 그러나 성경은 간음을 금지합니다. 그에 대한 하나님의 심판은 가장 엄격한 처벌인 사형입니다. 그만큼 가정과 결혼을 지켜 하나님의 언약 공동체가 거룩해지길 바라는 하나님의 열정을 보여 줍니다.

(레위기 20:10-21) [10] 누구든지 남의 아내와 간음하는 자 곧 그의 이웃의 아내와 간음하는 자는 그 간부와 음부를 반드시 죽일지니라 [11] 누구든지 그의 아버지의 아내와 동침하는 자는 그의 아버지의 하체를 범하였은즉 둘 다 반드시 죽일지니 그들의 피가 자기들에게로 돌아가리라 [12] 누구든지 그의 며느리와 동침하거든 둘 다 반드시 죽일지니 그들이 가증한 일을 행하였음이라 그들의 피가 자기들에게로 돌아가리라 [13] 누구든지 여인과 동침하듯 남자와 동침하면 둘 다 가증한 일을 행함인즉 반드시 죽일지니 자기의 피가 자기에게로 돌아가리라 [14] 누구든지 아내와 자기의 장모를 함께 데리고 살면 악행인즉 그와 그들을 함께 불사를지니 이는 너희 중에 악행이 없게 하려 함이니라 [15] 남자가 짐승과 교합하면 반드시 죽이고 너희는 그 짐승도 죽일 것이며 [16] 여자가 짐승에게 가까이 하여 교합하면 너는 여자와 짐승을 죽이되 그들을 반드시 죽일지니 그들의 피가 자기들에게로

돌아가리라 17 누구든지 그의 자매 곧 그의 아버지의 딸이나 그의 어머니의 딸을 데려다가 그 여자의 하체를 보고 여자는 그 남자의 하체를 보면 부끄러운 일이라 그들의 민족 앞에서 그들이 끊어질지니 그가 자기의 자매의 하체를 범하였은즉 그가 그의 죄를 담당하리라 18 누구든지 월경 중의 여인과 동침하여 그의 하체를 범하면 남자는 그 여인의 근원을 드러냈고 여인은 자기의 피 근원을 드러내었음인즉 둘 다 백성 중에서 끊어지리라 19 네 이모나 고모의 하체를 범하지 말지니 이는 살붙이의 하체인즉 그들이 그들의 죄를 담당하리라 20 누구든지 그의 숙모와 동침하면 그의 숙부의 하체를 범함이니 그들은 그들의 죄를 담당하여 자식이 없이 죽으리라 21 누구든지 그의 형제의 아내를 데리고 살면 더러운 일이라 그가 그의 형제의 하체를 범함이니 그들에게 자식이 없으리라.

1 간음해서는 안되는 대상은 누구인가요? 그 이유는 무엇인가요?

2 간음 금지 대상으로 제일 먼저 등장하는 사람은 누구인가요? 이것은 무엇을 의미하나요?

> **3** 성경은 동성간 성행위와 수간(獸姦) 등의 죄를 엄격하게 금지하고 있습니다. 동성애에 대한 여러분의 생각은 무엇인가요?

구약성경 레위기는 다양한 종류의 간음죄를 나열합니다. 이웃 집 아내를 범함, 근친상간, 남성 동성애 성행위, 수간(獸姦) 등을 금합니다. 이런 간음죄에 대한 하나님의 심판은 사형입니다. 공동체에서 제거되는 무서운 형벌입니다. 이런 성범죄는 하나님이 '생육하고 번성하라'는 하나님의 창조 목적을 왜곡시키기 때문에 엄중하게 처벌합니다. 간음죄는 거룩한 성을 단순히 쾌락을 위한 수단으로 격하시켜 하나님을 모독할 뿐 아니라 신성한 가정을 파괴하고 하나님의 형상으로 창조된 인간을 짐승처럼 타락시키는 죄악입니다. 배우자를 저버리고 간음하는 행위는 하나님을 배반하고 쾌락이라는 우상을 섬기는 행위입니다.

특히 수간은 애굽에서 행해진 종교 의식의 일부였습니다. 그 자체만으로도 우상 숭배와 밀접한 관계가 있을 뿐 아니라 하나님의 형상으로 지음 받은 인간을 짐승으로 전락시키는 악한 행위였습니다. 동성 간의 성행위는 특히 오늘날 현대 사회에서 심각한 이슈입니다. 동성애는 하나님이 창조하신 결혼 원리와 창조 질서를 파괴하는 가증스러운 성 정체성이며 이러한 성행위는 엄격하게 다루어져야 합니다. 동성애를 찬성하는 일부 그리스도인은 하나님의 말씀보다 동성애자의 인권 측면에서 접근하여 소위 '대접받고자 하는 대로 너희도 대접하라'는 황금률을 판단 기준으로 제시합니다. 또한 동성 간 성행위를 직접 언급하는 레위기 20장의 본문은 시대와 문화가 다른 오늘날에 문자 그대로 적용하기 어려운 여러 이슈를 제공하는 본문(레위기의 거룩한 짐승과 불결한 짐승을 먹는 문제 포함)이라고 주장합니다. 그래서 '구별된 삶'이란 취지는 결코 변함이 없지만 무엇을 구별해야 하는지는 시대마다 달라진다고 말합니다. 그러면 구약에 금지된 성관계도 시대에 따라 좌우된다는 말인데, 이것은 참으로 받아들이기 어려운 주장입니다.

  일부 동성애 찬성론자는 동성애와 동성 성행위를 구분하여 성적 정체성인 동성애는 상관없고 오직 동성 성행위만 성경이 금지한다고 주장합니다. 남색 행위는 일반인이 아닌 성전 창기들이 하는 성행위라고 말합니다. 그러므로 이것은 우상 숭배의 죄이며 도덕적으로 간음죄라고 인정합니다. 그런데 이것을 오늘날 문자 그대로 적용하는 것은 별개의 문제라고 합니다. 성경을 책임 있게, 그리고 치밀한 역사적 맥락 속에서 해석되어야 한다고 주장합니다. 하지만 그들은 오히려 성경을 자의적으로 해석하고 있습니다. 하나님의 뜻을 왜곡하고 저버리는 해석은 악한 것입니다.

  동성애에 대한 의견 중 의료계의 주장은 의미가 있습니다. 동성애는 유전적인 선천성이 없으며 학습을 통한 후천적 요인으로 발생한다고 보고합니다. 이것은 동성애를 예방하고 막을 수 있다는 논리입니다. 동성애는 선천적으로 결정되는 것이 아니라 다양한 경로와 방법을 통해 학습해 체득한 것입니다. 동성애 찬성론자의 주장을 받아들일 수 없는 이유가 여기에 있습니다.

  그러나 무엇보다도 중요한 것은 성경의 증언입니다. "너는 여자와 동침함 같이 남자와 동침하지 말라. 이는 가증한 일이니라"(레 18:22). "누구든지 여인과 동침하듯 남자와 동침하면 둘 다 가증한 일을 행함인즉 반드시 죽일지니 자기의 피가 자기에게로 돌아가리라"(레 20:13). "알 것은 이것이니 율법은 옳은 사람을 위하여 세운 것이 아니요 오직 불법한 자와 ... 음행하는 자와 남색하는 자와 인신매매를 하는 자와 .... 기타 바른 교훈을 거스르는 자를 위함이니"(딤전 1:9-10). 성경은 동성애와 동성 간 성행위를 금지합니다. 그것은 분명히 죄입니다.

구약과 신약은 분명히 동성애와 동성 간 성행위를 모두 금합니다. 그것은 구약의 음식법 적용과는 다른 문제입니다. 음식법의 경우 신약에서 새 언약의 시대에 상황 윤리로 볼 수 있게 하는 구절이 많습니다. 그러나 동성행위는 구약뿐 아니라 신약에서도 분명히 죄로 규정하고 있습니다. 성경의 사랑의 정신은 분명히 동성애자에게도 적용해야 합니다. 그러나 성경이 지향하는 사랑은 이웃을 사랑하고 원수도 사랑하는 것일 뿐, 죄를 사랑하는 것은 아닙니다.

3. 간음하지 말라 - 예수님의 가르침

우리는 간음하지 말라는 제7계명에 대한 정확한 의미를 알기 위해 예수님의 가르침을 보아야 합니다. 서기관과 바리새인은 율법의 외부 규정만 중시하는 형식주의에 매몰되어 있었습니다. 그러나 예수님은 구약의 율법을 재해석하시고 율법의 참된 의미와 근본 정신을 강조하셨습니다. 마음 중심에서 우러나오는 진실한 순종의 자세로 하나님의 계명을 지키도록 제자들을 가르치셨습니다. 우리는 율법의 정신이 사랑이라는 점을 명심해야 합니다. 사랑의 마음이 없는 율법 준수는 형식에 불과합니다.

(마태복음 5:27-32) [27] 또 간음하지 말라 하였다는 것을 너희가 들었으나 [28] 나는 너희에게 이르노니 음욕을 품고 여자를 보는 자마다 마음에 이미 간음하였느니라 [29] 만일 네 오른 눈이 너로 실족하게 하거든 빼어 내버리라 네 백체 중 하나가 없어지고 온 몸이 지옥에 던져

지지 않는 것이 유익하며 ³⁰ 또한 만일 네 오른손이 너로 실족하게 하거든 찍어 내버리라 네 백체 중 하나가 없어지고 온 몸이 지옥에 던져지지 않는 것이 유익하니라 ³¹ 또 일렀으되 누구든지 아내를 버리려거든 이혼 증서를 줄 것이라 하였으나 ³² 나는 너희에게 이르노니 누구든지 음행한 이유 없이 아내를 버리면 이는 그로 간음하게 함이요 또 누구든지 버림받은 여자에게 장가드는 자도 간음함이니라.

1 예수님이 가르치시는 간음의 기준은 무엇인가요?

2 예수님은 우리가 실족하도록 만드는 지체에 대하여 어떻게 하라고 말씀하시나요? 이것은 무슨 의미인가요?

3 간음을 말씀하시는데 왜 이혼의 문제를 거론하실까요?

모세를 통해 주신 십계명은 문자적인 의미를 넘어 그 이면에 있는 정신을 이해하고 생활에 적용해야 바르게 실천할 수 있습니다. 간음에 대한 예수님의 가르침의 핵심은 간음은 외적인 행위만이 아니며, 내적인 충동에 의한 음욕으로도 간음죄를 저지를 수 있다는 것이었습니다. 육체적인 성관계를 맺지 않더라도 이성을 보고 음란한 생각을 품는 것, 책이나 컴퓨터를 통해 음란물을 접하면서 생각과 상상과 감정을 자극하는 것만으로도 얼마든지 성적인 죄를 지을 수 있다는 경고의 말씀입니다.

사실 이성의 외모가 뛰어나서 잠시 그 사람이 떠오를 수 있습니다. 그 자체가 죄는 아닙니다. 하지만 상대방을 보고 성적 욕망이 자극되어 과도한 색욕을 느낀다면 그것은 간음입니다. 특별히 구약의 간음죄는 유부녀를 직접적으로 범하는 것을 의미한 반면, 예수님의 교훈에서 간음은 모든 간접적으로 내면에서 범하는 것을 포함합니다. 그러므로 성적 음란으로 가득한 현대를 사는 사람들에게 이 계명은 절대로 자유로울 수 없습니다. 날마다 몸을 깨끗이 하듯 주의 말씀과 성령으로 우리 마음을 깨끗하게 하지 않으면 한순간 간음죄를 저지를 수 있습니다.

예수님은 간음죄를 처리하고 예방하기 위해 두 가지 상징적인 비유를 하십니다. "만일 네 오른 눈이 너를 실족하게 하거든 빼어 내버리라 만일 네 오른손이 너로 실족하게 하거든 찍어 내버리라"(마 5:29-30). 그런 상태에서 지옥에 던져지지 않는 것이 유익하다고 하십니다. 무서운 표현입니다. 이것은 과장법의 일종으로 그만큼 심각하다는 것을 인식하고 유혹에 대해 단호한 조치를 취하라는 의미입니다. "눈은 몸의 등불이니 그러므로 네 눈이 성하면 온 몸이 밝을 것이요 눈이 나쁘면 온 몸이 어두울 것이니 그러므로 네게 있는 빛이 어두우면 그 어둠이 얼마나 더하겠느냐"(마 6:22-23)라고 말씀하셨습니다. 주님은 다시 무엇을 어떻게 보느냐의 중요성을 강조하신 것입니다.

간음은 보통 정당한 결혼 밖에서 이성을 취하는 행위이지만, 결혼 생활을 하는 부부 관계에 있어서도 간음이 발생할 조건이 있다고 주님은 말씀하십니다. '음행한 연고 없이 아내를 버리면 이는 그 아내로 간음을 하게 하는 것이라', '누구든지 아내를 버리려거든 이혼 증서를 줄 것이라.' 유대인 사회에서 여성의 이혼 문제는 심각한 사회 문제였습니다. 여성은 이혼을 당하여 가정을 잃으면 생계수단을 얻지 못하고 일부는 생계를 위해 창기가 되는 경우가 있었습니다. 모세는 여성들의 인권을 위해 이혼 증서를 만들어 준 것입니다. 그러나 이혼 증서가 악용되기 시작하여 언제든지 이혼할 수 있는 계기가 형성되었습니다. 그러나 주님은 결혼 서약을 어긴 경우, 즉 간음을 한 경우만 이혼을 허락하셨습니다. 간음을 행한 것 외에 죄 없는 여자를 버리는 것은 그 여자와 다시 재혼하는 남성을 간음하게 만드는 자라고 규정하십니다. 둘 다 간음죄를 지은 것으로 판단하셨습니다. 이혼을 남발하는 유대인에게 경고하시는 것입니다. 부부 간의 간음죄는 남편이 욕망의 노예가 되어 아내를 사랑하지 않은 죄입니다. 가정을 파괴하고 공동체를 고통으로 몰아넣는 무서운 범죄입니다. 이혼의 가르침 속에는 남편들의 이기적인 이혼 행위를 방지하고 가정과 여성 인권을 보호하려는 하나님의 목적이 담겨 있습니다.

　간음하지 말라는 계명은 '사회의 기초 단위에 해당하는 부부 관계가 왜 공고해야 하는가? 왜 건강해야 하는가? 그리고 그 관계를 어떻게 유지해야 하는가?'를 설명하시기 위해 제정하신 계명입니다. 3~5대까지 함께 사는 거대한 가족 공동체 안에 간음죄가 들어와 부부 관계가 깨지고 가정이 무너진다면 하나님의 언약 백성의 사회가 어떻게 되겠습니까? 하나님이 창조 때 정하신 부부 관계와 가정의 질서가 인간 관계의 기초입니다. 부부가 건강하면 자녀들이 바르게 양육되고 자녀들은 다음 세대의 주인으로 건강한 사회구성원이 될 것입니다. 결국 건강하고 거룩한 부모·자식 관계와 더불어 온전한 부부 관계는 하나님의 언약 백성의 공동체를 구성하고 유지하는 데 필수적입니다.

묵상과 적용

1. 하나님의 창조는 인간을 남자와 여자로 만드셔서 서로 연합하여 가정을 이루는 일에서 정점을 이루고 마침표를 찍습니다. 그만큼 결혼은 중요합니다. 만일 결혼 대상자가 불신자라면 어떻게 해야 할까요? 여러분의 의견을 나누어 보세요.

2. 동성 간 성행위가 왜 범죄인가요? 하나님의 관점에서 말해 보세요. 동성애자를 대하는 그리스도인의 자세는 어떠해야 할까요?

3. 현대 사회는 다양한 원인으로 스트레스가 심합니다. 사람들이 이런 상황에서 쾌락을 추구하되 특별히 성적 쾌락을 즐깁니다. 음란물을 몰래 보는 악한 습관을 끊고 거룩하게 생활하기 위해 해야 할 일은 무엇인가요?

10과

제 8 계명
도둑질하지 말라

　이웃 사랑은 이웃을 신성하게 여길 것(제6계명)을 요구할 뿐 아니라, 이웃의 아내(제7계명), 이웃의 재산과 권리를 신성하게 대할 것(제8계명)을 요구합니다. 특히 제8계명은 사회 질서의 확립과 공동체를 견고하게 하는 데 아주 중요한 계명입니다.

　도둑질은 인류 역사상 가장 오랜 범죄이자 흔한 죄입니다. 그래서 가볍게 생각하는 경향이 있습니다. 어떤 설문 조사에 의하면 자신이 제8계명을 잘 지키며 산다고 응답한 비율이 86%에 해당한다고 합니다. 지금까지 남의 것을 훔친 적이 없기에 결백하고 제8계명에서는 자유롭다고 생각할 수 있습니다. 그러나 공부하면 할수록 '도둑질'도 그렇게 만만한 내용이 아닙니다.

　제8계명의 전제는 모든 사람에게 사유재산권이 존재한다는 것입니다. 만약 사유재산권이 없다면 도둑질은 의미가 없습니다. 그러나 타락 이전의 아담은 모든 것이 하나님의 것이고 자신은 청지기이자 관리자임을 알았습니다. 감사와 기쁨으로 에덴 동산을 관리하고 아내와 자녀의 행복을 위해 열심히 일하며 나누는 삶을 살았을 것입니다. 그러나 하나님의 것을 도둑질 하여 타락한 이후, 아담과 하와를 비롯한 모든 인류는 이기적인 존재가 되었습니다. 우리들은 하나님 대신 자신이 소유주가 되어 자기 마음대로 사용합니다. 우리들은 자신이 재산을 소유하고 있다고 생각하지만 사실은 그 반대입니다. 사람의 재산이 사람을 소유하고 있습니다. 하나님이 없는 사람은 다 물질의 노예입니다.

1. 타인의 것을 도둑질

'도둑질하다'는 뜻의 히브리어는 '까나브'인데, 타인의 재물을 허락 없이 소유하는 모든 행위를 뜻합니다. 라헬은 아버지의 드라빔을 훔쳤고, 아간은 여리고성 함락 후 하나님께 바친 전리품을 빼돌렸으며, 아합과 이세벨은 나봇의 포도원을 강탈했습니다. 선지자 시대에는 귀족들이 일반 백성들의 땅을 취했습니다.

(출애굽기 22:1-5) [1] 사람이 소나 양을 도둑질하여 잡거나 팔면 그는 소 한 마리에 소 다섯 마리로 갚고 양 한 마리에 양 네 마리로 갚을지니라 [2] 도둑이 뚫고 들어오는 것을 보고 그를 쳐죽이면 피 흘린 죄가 없으나 [3] 해 돋은 후에는 피 흘린 죄가 있으리라 도둑은 반드시 배상할 것이나 배상할 것이 없으면 그 몸을 팔아 그 도둑질한 것을 배상할 것이요 [4] 도둑질한 것이 살아 그의 손에 있으면 소나 나귀나 양을 막론하고 갑절을 배상할지니라 [5] 사람이 밭에서나 포도원에서 짐승을 먹이다가 자기의 짐승을 놓아 남의 밭에서 먹게 하면 자기 밭의 가장 좋은 것과 자기 포도원의 가장 좋은 것으로 배상할지니라.

1 사람이 도둑질한 소나 양을 잡거나 팔면 어떻게 배상해야 하나요?

2 사람이 도둑질한 소나 양, 나귀를 산 채로 갖고 있으면 어떻게 배상해야 하나요?

3 도둑을 발견하여 정당방위 차원에서 죽였을 경우 처벌은 어떻게 되나요?

4 도둑은 어떻게 배상해야 하나요?

5 자기 짐승이 남의 밭을 해치면 어떻게 배상해야 하나요?

　고대 근동 지방은 도둑질에 관한 법률 숫자가 매우 많고 상세했습니다. 도둑질이 실제적인 문제였기 때문입니다. 당시 재산은 소, 양, 나귀와 같은 가축이었습니다. 가축의 절도 행위는 빈번하고 쉬운 일이었습니다. 절도 행위가 발각되었을 경우에는 배상해야 했습니다. 타인의 재산에 손해를 입히거나 일시적으로 타인의 재산을 점유한 경우에는 그에 상응하는 배상을 해야 했습니다. 소나 양을 잡거나 팔았을 경우 소는 다섯 배, 양은 네 배를 갚아야 했습니다. 도둑질은 했으나 보관 중에 발견되면 종류에 상관 없이 두 배로 배상해야 했습니다. 율법이 도둑질을 중범죄로 규정한 이유는 절도가 신성한 노동 의무를 저버리고 불로 소득을 얻으려는 악한 생각이기 때문입니다.

집에 강도가 들었을 경우에는 문제가 달라집니다. 일반 백성이 정당방위 차원에서 강도와 다투다가 살해하면 무죄로 취급 받았습니다. 그러나 이것도 캄캄한 밤에 일어난 경우에만 해당됩니다. 해 뜬 뒤 사람을 인식할 수 있을 때는 살인에 대한 죗값을 치러야 합니다. 강도의 경우 도둑은 배상을 해야 했고 갚을 것이 없으면 종살이를 해야 했습니다. 성경은 절도와 강도를 엄격히 구분하여 처리합니다. 이렇게 정당방위 차원에서 강도를 살해한 경우를 허용한 것을 보면 강도 당하는 사람의 신체와 재산의 보호를 가장 중요시한 것을 알 수 있습니다. 사회의 안정은 개인이 받은 재산과 땅을 소중히 여기고 만족하며 사는 데 있습니다. 하나님은 각 사람들이 부지런히 일하고 가꾸어 재산을 늘려 나가는 즐거움을 갖게 하셨습니다. 모든 사람들이 가진 것에 만족하고 타인의 것에 탐심을 갖지 않고 살아갈 때 공의로운 사회라고 말합니다.

하나님은 인류에게 공통으로 땅을 주셨을 뿐 아니라, 각 사람에게 땅의 몫을 나누어 주셨습니다. 사유 재산의 근거가 바로 여기에 있습니다. 하나님은 사람에게 개인 재산을 가질 권리를 주셨습니다. 이스라엘 백성에게 가나안 땅을 약속하신 하나님은 실제 가나안 땅을 정복했을 때 지파와 가족 별로 땅을 분배해 주셨습니다. 이스라엘은 분배받은 땅에 대한 권리를 지켜야 했습니다. 하나님은 사유권을 인정하십니다. 그렇기 때문에 그리스도인은 모든 형태의 사회주의나 공산주의를 거부합니다. 재산의 공동 소유를 강요하기 때문입니다. 공산주의에 따르면 사유 재산권은 큰 악입니다. 각 사람은 오로지 사회를 위해 존재하기 때문입니다. 이것은 하나님 말씀과 어긋납니다. 하나님 말씀은 정반대로 가르칩니다. 모든 사회 제도는 결국 개인을 위해 존재합니다. 사람은 본질상 저마다 영혼과 양심, 재능과 능력, 희망과 포부가 있는 개인입니다. 사회주의는 이른바 사회 복지를 위해 개인을 집단에 종속시키려 합니다. 사회주의 철학에서 모든 재산은 오로지 사회의 것입니다. 하지만 성경은 절대 소유주는 하나님이시고, 하나님이 당신의 주권을 따라 재산을 사람들에게 나누어 주신다고 말합니다. 이처럼 하나님이 베푸신 은혜로 재산을 분배받았는데도 사람이 만족하지 않고 탐심으로 타인의 재물을 훔치거나 강도하는 것은 하나님에 대한 불신이요, 하나님이 주신 청지기직에 대한 도전입니다. 열심히 일하지도 않고 남의 것을 더 가지려는 불로소득을 추구하는 자세가 도둑질을 유발함을 알아야 합니다.

　도둑질이란 타인의 권리와 재산을 합법적, 비합법적인 방법을 동원해 갈취하고 빼앗는 행위를 말합니다. 대표적인 도둑질이 남의 재산을 몰래 자기 것으로 만드는 행위입니다. 도둑질은 크게 네 가지가 있습니다. 첫째, 직접적인 강탈로 빼앗는 강도 행위입니다. 둘째, 주인 몰래 물건이나 재물을 빼돌리는 절도 행위입니다. 셋째, 거짓과 속임수로 사기를 쳐서 빼앗는 행위입니다. 넷째, 남에게 마땅히 주어야 할 것을 주지 않는 행위입니다. 남에게 주어야 할 것을 주지 않고 떼먹는 일이나 일꾼에게 임금을 지불하지 않는 행위는 모두 도적질이며, 그렇게 해서 모은 재물로 자신만을 위해 치부하고 자기 배만 채우는 모든 행위는 도적질입니다.

2. 하나님의 것을 도둑질

하나님은 천지만물을 창조하셨습니다. 따라서 세상에 있는 모든 것이 다 하나님의 소유입니다. 그런데 하나님은 이 땅을 다스리는 권한을 인간에게 주셨습니다. 사람에게 위탁하여 다스리게 하셨습니다. 따라서 하나님이 사람에게 어떤 것을 구별하여 바치라고 한다면 우리는 당연히 바쳐야 합니다. 하나님은 모든 물질이 하나님의 것이라는 것을 알려 주시기 위해 모든 것의 첫째 것을 당신께 바치도록 요구하셨습니다. 사람의 첫째 아들(출 13:2; 민 18:16)과 짐승의 첫째 수컷(출 13:12, 13), 과일과 곡식의 첫 열매(레 23:10, 17) 등입니다.

(말라기 3:7-12) [7] 만군의 여호와가 이르노라 너희 조상들의 날로부터 너희가 나의 규례를 떠나 지키지 아니하였도다 그런즉 내게로 돌아오라 그리하면 나도 너희에게로 돌아가리라 하였더니 너희가 이르기를 우리가 어떻게 하여야 돌아가리이까 하는도다 [8] 사람이 어찌 하나님의 것을 도둑질하겠느냐 그러나 너희는 나의 것을 도둑질하고도 말하기를 우리가 어떻게 주의 것을 도둑질하였나이까 하는도다 이는 곧 십일조와 봉헌물이라 [9] 너희 곧 온 나라가 나의 것을 도둑질하였으므로 너희가 저주를 받았느니라 [10] 만군의 여호와가 이르노라 너희의 온전한 십일조를 창고에 들여 나의 집에 양식이 있게 하고 그것으로 나를 시험하여 내가 하늘 문을 열고 너희에게 복을 쌓을 곳이 없도록 붓지 아니하나 보라 [11] 만군의 여호와가 이르노라 내가 너희를 위하여 메뚜기를 금하여 너희 토지 소산을 먹어 없애지 못하게 하며 너희 밭의 포도나무 열매가 기한 전에 떨어지지 않게 하리니 [12] 너희 땅이 아름다워지므로 모든 이방인들이 너희를 복되다 하리라 만군의 여호와의 말이니라.

1 이스라엘 백성들이 하나님께 돌아가기 위해 먼저 회개할 죄는 무엇인가요?

2 이스라엘 백성들은 어떻게 하나님의 것을 도둑질하겠느냐고 항변할 때 하나님의 말씀은 무엇이었나요?

3 온전한 십일조를 드리게 될 때 하나님이 내리시는 축복은 무엇인가요?

성경은 믿는 사람들이 하나님 앞에서 범하기 쉬운 도둑질에 대해 말하고 있습니다. 마땅히 하나님께 드려야 할 것을 드리지 않는 도둑질입니다.

첫째, 하나님께 드려야 할 시간을 드리지 않는 것이 하나님 앞에서 시간을 도둑질하는 것이 됩니다. 하나님은 우리에게 안식일을 기억하여 거룩히 지키라고 말씀하십니다. 사실 우리가 사는 모든 날은 주님이 주신 날입니다. 그러기 때문에 모든 날은 하나님께서 주신 하나님의 시간입니다. 하나님은 특별히 7일 중 하루를 하나님께 예배하는 날로 정해주셨습니다. 이것은 7일 중 하루를 하나님께 드리라는 명령입니다. 따라서 성도들은 일주일에 하루를 하나님을 예배하는 시간으로 구별해서 드려야 합니다. 그런데 이 안식일을 하나님께 구별하여 거룩하게 드리지 않고 자기가 원하는 대로 산다면 주님의 날을 도둑질하는 것이 됩니다. 주일을 구별하여 하나님께 예배드리지 못할 정도로 시간의 여유가 없다면 무언가 잘못된 것입니다. 하나님의 시간을 지키는 것이 도둑질하지 않는 삶입니다.

둘째, 우리는 하나님께 드려야 할 물질을 드리지 않을 때 도둑질하는 것이 됩니다. 그것은 십일조와 헌물입니다. 이것을 드리지 않을 때 하나님의 것을 도둑질하는 것이라 말씀하십니다. 말라기 3장 8절에서는 이렇게 말씀하십니다. "사람이 어찌 하나님의 것을 도적질하겠느냐? 그러나 너희는 나의 것을 도적질하고도 말하기를 우리가 어떻게 주의 것을 도적질하였나이까 하도다 이는 곧 십일조와 헌물이라." 하나님께 마땅히 드려야 할 십일조를 드리지 않음으로 하나님께 패역을 저지른 이스라엘은 자신들이 언제 하나님의 것을 도적질했느냐고 반문합니다. 이스라엘 백성의 영적 무감각이 하나님과의 쟁론으로까지 발전하게 됩니다. 사실 십일조는 하나님의 축복에 감사하는 종교적 의무인 동시에 기업을 분배받지 못한 레위 족속과 극빈 계층을 위한 사회적 의무입니다. 그런데도 이스라엘 백성들은 탐심에 의해 하나님의 명령을 불순종함으로 하나님의 징계를 받게 됩니다. 십일조의 축복이 저주로 돌아옵니다. 그들은 하나님이 제정하신 십일조와 헌물 제도가 하나님이 가난해서 받으시려는 것이 아닌 줄 잘 알면서도 그것을 아까워하는 인간의 죄성을 인류의 역사는 묵묵히 증명합니다.

하나님은 우리에게 재물 얻을 능력을 주시는 하나님이십니다. 그리고 하나님은 소득의 십일조는 '내 것'이라고 정해주셨습니다. 그러기 때문에 수입이 많든 적든 수입의 십일조는 하나님께 드려야 합니다. 십일조를 하나님께 드리지 않는 것은 하나님의 것을 떼먹는 도둑이라고 말씀하십니다. 하나님께서 안식일을 지켜 7일 중 하루를 하나님께 드리고, 소득의 십일조를 드리라고 하는 이유는 무엇입니까? 우리에게 복을 주시기 위해서입니다. 말라기 3장 10~12절에서는 이렇게 말씀합니다. "만군의 여호와가 이르노라 너희의 온전한 십일조를 창고에 들여 나의 집에 양식이 있게 하고 그것으로 나를 시험하여 내가 하늘 문을 열고 너희에게 복을 쌓을 곳이 없도록 붓지 아니하나 보라 만군의 여호와가 이르노라 내가 너희를 위하여 메뚜기를 금하여 너희 토지 소산을 멸하지 않게 하며 너희 밭에 포도나무의 과실로 기한 전에 떨어지지 않게 하리니 너희 땅이 아름다워지므로 열방이 너희를 복되다 하리라 만군의 여호와의 말이니라." '하나님을 시험하여 보라'는 말이 성경 전체에서 유일하게 나타나는 본문입니다. 하나님의 능력을 시험해 보라는 말씀이 아니라 하나님의 명령에 순종함으로써 하나님이 약속하신 축복을 누릴 수 있는지 확인하고 조사해 보라는 뜻입니다. 십일조는 우리의 모든 물질이 하나님께 속해 있다는 신앙고백입니다. 하나님은 도둑질하는 자에게 복을 주실 수 없습니다. 그러나 철저히 주일 성수하고 십일조를 드리는 삶을 사는 자는 하나님의 축복을 받습니다.

3. 자신의 것을 도둑질

우리는 하나님에게서 우리 자신을 훔칩니다. 우리 각자는 나 자신의 것이 아니라 하나님의 것입니다. 우리는 값으로 사신 바 된 자들입니다(고전 6:19-20). 우리가 하나님의 말씀에 불순종할 때마다 우리는 도둑질하는 것이며, 신성을 모독하고, 하나님의 거룩한 소유를 남용하는 것입니다.

(마태복음 6:19-24) [19] 너희를 위하여 보물을 땅에 쌓아 두지 말라 거기는 좀과 동록이 해하며 도둑이 구멍을 뚫고 도둑질하느니라 [20] 오직 너희를 위하여 보물을 하늘에 쌓아 두라 거기는 좀이나 동록이 해하지 못하며 도둑이 구멍을 뚫지도 못하고 도둑질도 못하느니라 [21] 네 보물 있는 그 곳에는 네 마음도 있느니라 [22] 눈은 몸의 등불이니 그러므로 네 눈이 성하면 온 몸이 밝을 것이요 [23] 눈이 나쁘면 온 몸이 어두울 것이니 그러므로 네게 있는 빛이 어두우면 그 어둠이 얼마나 더하겠느냐 [24] 한 사람이 두 주인을 섬기지 못할 것이니 혹 이를 미워하고 저를 사랑하거나 혹 이를 중히 여기고 저를 경히 여김이라 너희가 하나님과 재물을 겸하여 섬기지 못하느니라.

(에베소서 5:16) 세월을 아끼라 때가 악하니라.

(에베소서 4:28) 도둑질하는 자는 다시 도둑질하지 말고 돌이켜 가난한 자에게 구제할 수 있도록 자기 손으로 수고하여 선한 일을 하라.

1 예수님이 금지하시는 것은 무엇인가요? 보물을 왜 하늘에 쌓아 두어야 하나요? 우리가 가지고 있는 재물은 왜 주어졌다고 생각하나요?

2 시간을 아껴야 하는 이유가 무엇인가요?

3. 도둑질하는 자가 해야 할 일이 무엇인가요?

예수님 당시의 유대인은 물질적 풍요를 하나님이 주시는 축복으로 인식하여 재물을 축적하는 일에 온갖 관심을 다 가졌습니다. 그러나 예수님은 재물의 축적보다는 그것을 올바르게 사용하는 것에 주의를 기울일 것을 촉구하셨습니다. 아담의 타락 이후 재물을 선호하고 섬기고 축적하는 것이 하나님을 섬기는 일보다 더 중요한 것이 되었습니다. 재물이 우상이 되었습니다. 우리는 가난한 이웃을 위해 자기 것을 나눌 수 있어야 합니다. 이웃의 궁핍함을 돌아보지 않고 말로만 사랑하는 것은 죽은 믿음입니다. 하나님이 왜 우리에게 물질을 풍성하게 주시는지 잘 알아야 합니다. 재물이란 성도가 하나님의 뜻에 따라 선을 행하고 이웃 사랑을 실천하기 위한 수단에 불과할 뿐이며, 하나님이 기뻐하시지 않는 방법을 동원하여서라도 자신을 위해 기필코 축적해야 할 대상이 아닙니다. 또한 성도는 더 많은 재물을 선한 일에 사용하기 위해 부지런히 땀 흘리는 자가 되어야 합니다. 성경은 "절도를 멈추고 빈궁한 자에게 구제할 것이 있도록 제 손으로 수고하여 선한 일을 하라"(엡 4:28)고 권면합니다. 도둑질하지 말라는 소극적인 자세를 넘어서 적극적으로 타인을 구제하라고 말씀하십니다. 도둑질을 극복하는 방법은 이렇게 타인을 위해 자기 재산을 나누어 주는 적극적인 나눔의 삶, 은혜의 삶을 사는데 있습니다.

토마스 왓슨은 '자기 것을 도둑질 한 것'이 가장 교묘한 도둑질이라고 주장합니다. 자기 것인데 어떻게 자기가 도둑질 할 수 있습니까? 그러나 왓슨은 "자기 것을 도둑질 한 행위는 '나누지 않는 삶'을 뜻한다"고 말합니다. 우리가 가진 모든 것은 하나님의 것이고 우리는 그것을 맡아 관리하고 나누는 삶을 사는 청지기입니다. 우리는 어쩌면 지금도 도둑질하며 살아갑니다. 하나님이 우리에게 맡기신 물질을 하늘에 쌓지 않고 우리 금고에 쌓아 놓습니다. 하나님이 주신 은사를 타인을 위해 활용하지 않고 땅에 묻어 놓고 사용하지 않습니다. 시간을 맡기셨는데 나만을 위해 사용하거나 게으르게 사용함으로 전혀 남을 위해 사용하지 않습니다. 우리는 다른 사람과 공유하며 살아야 합니다. 우리가 열심히 땀 흘리고 돈을 버는 것도 나누기 위해서입니다. 일한 성과나 이익을 혼자 다 차지하는 것을 성경은 도둑질이라고 말합니다.

"도둑과 짝하는 자는 자기의 영혼을 미워하는 자라"(잠 29:24). 도둑과 짝한다는 말은 실제로 남의 것을 훔친다는 말이 아닙니다. 그런 인생을 흉내내고 부러워하고 닮아가는 것을 말합니다. 우리가 닮아야 할 분은 오직 예수 그리스도이십니다. 예수님은 근본 하나님의 본체시나 스스로를 하나님과 동등하게 여기지 않으셨습니다. 오히려 낮추시고, 내어주심으로 자신을 비우셨습니다. 그분은 부요한 자였으나 우리를 하나님의 부요하심에 참여시키려고 가난한 자가 되셨습니다. 그분은 훔치지 않았으나 주셨습니다. 그분은 우리가 진 빚을 갚아주셨습니다. 그러므로 제8계명을 순종하는 것은 복음을 순종하는 것이며, 예수님의 수고와 자신을 선물로 내어 주신 것을 본받으라는 하나님의 부르심입니다.

묵상과 적용

1. 오늘날 우리가 타인의 물질을 훔치는 것 외에 흔히 행하는 도둑질은 무엇이 있나요? 우리는 종종 그것을 도둑질이라 생각하지 못하고 마음대로 사용합니다.

2. 십일조를 구별하여 드리지 않음으로 하나님의 것을 도둑질하는 이유가 무엇일까요? 나에게도 이런 경험이 있는지 나누면서 자신의 물질관에 대해 설명해 보세요.

3. 나의 달란트를 제대로 사용하지 않음으로 하나님이 나에게 주신 것들을 도둑질한 적이 있나요? 내가 소유하고 있는 모든 것은 내 것이 아니라면 누구의 것인가요? 나는 왜 하나님의 청지기로 살아야 하나요?

11과

제 9 계명
네 이웃에 대하여
거짓 증거하지 말라

제9계명은 법정에서 진실을 말할 증인을 요구합니다. 어떤 사회든 공동체를 보호하기 위해서는 진실한 증인이 필요합니다. 고대 사회 법정에서는 증언이 필수적이었습니다. 타인의 명예는 증인의 말에 달렸기 때문입니다. 제9계명은 결혼, 재산, 생명, 평판, 명예를 보호하기 위해 주어졌습니다. 하나님은 말로 이루어지는 정의에 관심을 가지셨습니다.

우리의 이웃은 하나님의 형상대로 지어진 존재이기에 우리는 이웃에 대해 진실을 말해야 합니다. 거짓 증언한다는 것은 그 사람에 대한 무시와 모독이며, 하나님의 이름 또한 가볍게 여기고 모독하는 것입니다. 하나님은 당신의 백성들이 살아가는 사회가 정의로운 사회가 되기를 원하십니다. 정의로운 사회가 되려면 진실이 사회를 만들어 가고 참된 증언과 그에 따른 판결이 중심에 있어야 합니다.

사람들은 어둠 속에서 거짓말을 합니다. 빛이 있으면 거짓말을 못합니다. 하나님이 주시는 빛에는 회전하는 그림자가 없습니다. 사람들의 마음속에 빛이 가득차 있으면 빛의 말을 합니다. 사람의 마음속에 어둠이 가득차 있으면 거짓말을 합니다. 거짓말을 하면 거짓 증언을 하게 됩니다. 거짓말은 우리를 계속해서 더 깊은 거짓말로 이끌어갑니다. 거짓말은 오늘날 사회와 우리의 양심을 흔들고 있습니다.

1. 거짓의 근원

　모든 거짓의 근원에는 마귀가 존재합니다. 마귀는 처음부터 거짓말쟁이였기 때문입니다. 마귀는 아담과 하와를 속여 하나님의 말씀을 왜곡했습니다. "하나님이 참으로 너희에게 동산 모든 나무의 열매를 먹지 말라 하시더냐?" 하와는 선악과만 제외하고 모든 나무의 열매를 먹을 수 있다고 하신 하나님의 말씀에 의구심이 들었습니다. 뱀은 하와의 마음을 알고 거짓말한 것입니다. "너희가 결코 죽지 아니라." 인류를 향한 최대의 거짓말입니다. 결국 아담과 하와는 하나님의 말씀에 불순종하고 맙니다. 마귀는 하나님을 거짓말쟁이로 만들었습니다. 모든 거짓과 거짓말의 시초는 사탄 마귀에게서 비롯되었습니다.

(창세기 3:1-7) [1] 그런데 뱀은 여호와 하나님이 지으신 들짐승 중에 가장 간교하니라 뱀이 여자에게 물어 이르되 하나님이 참으로 너희에게 동산 모든 나무의 열매를 먹지 말라 하시더냐 [2] 여자가 뱀에게 말하되 동산 나무의 열매를 우리가 먹을 수 있으나 [3] 동산 중앙에 있는 나무의 열매는 하나님의 말씀에 너희는 먹지도 말고 만지지도 말라 너희가 죽을까 하노라 하셨느니라 [4] 뱀이 여자에게 이르되 너희가 결코 죽지 아니하리라 [5] 너희가 그것을 먹는 날에는 너희 눈이 밝아져 하나님과 같이 되어 선악을 알 줄 하나님이 아심이니라 [6] 여자가 그 나무를 본즉 먹음직도 하고 보암직도 하고 지혜롭게 할 만큼 탐스럽기도 한 나무인지라 여자가 그 열매를 따먹고 자기와 함께 있는 남편에게도 주매 그도 먹은지라 [7] 이에 그들의 눈이 밝아져 자기들이 벗은 줄을 알고 무화과나무 잎을 엮어 치마로 삼았더라.

1 본문에서 뱀이 여자에게 처음 한 거짓말은 무엇인가요? 그러한 거짓말을 왜 하게 되었을까요?

2 여자가 뱀에게 한 말은 정확한 말인가요? 아니면 그녀도 거짓말을 한 것인가요?

3 하와는 하나님의 말씀에 자기 생각을 덧붙이며 뱀에게 올바르게 대응하지 못했습니다. 그녀는 어떻게 선악과 열매를 따 먹게 되었나요?

하나님은 선악과 열매를 따먹지 말라는 계명을 주심으로 아담이 하나님의 언약에 충실하기를 원하셨습니다. 하나님은 자유 의지를 지닌 인간이 스스로 자발적인 순종을 통해 하나님께 영광을 돌리며, 보다 거룩한 인격체로 성숙해 나가기를 바라셨습니다.

그러나 사탄은 거짓말로 하와를 유혹했습니다. 인간의 명예욕과 교만을 부추겨 하나님의 명령을 어기도록 유혹한 것입니다. 사탄은 인간의 행복과 명예를 시기하고, 하나님의 영광을 훼손시키려는 사악한 목적으로 접근했습니다. 뱀은 여자에게 다가와 "하나님이 참으로 너희에게 동산 모든 나무의 열매를 먹지 말라 하시더냐?"고 묻습니다. 하나님 말씀의 진실성을 거부하고 하나님의 권위에 도전하게 만드는 의도적인 질문입니다. 거짓말로 하나님과 인간을 이간시키려는 의도적인 발언입니다.

인간의 범죄와 타락은 뱀의 유혹하는 말을 거부하지 못하여 일어났습니다. 거짓말에 그대로 속은 것입니다. 본문에 이어지는 하와의 말은 그녀의 의심 어린 태도를 그대로 보여 줍니다. "여자가 뱀에게 말하되 동산 나무의 열매를 우리가 먹을 수 있으나 동산 중앙에 있는 나무의 열매는 하나님의 말씀에 너희는 먹지도 말고 만지지도 말라 너희가 죽을까 하노라 하셨느니라." 하와는 '만지지도 말라'는 말을 덧붙여서 과장하고 있고, '죽을까 하노라'고 말하면서 정녕 죽으리라는 하나님의 엄명을 축소시키고 있습니다. 누구든지 하나님의 말씀에 첨가하거나 제하면 거짓말하는 것과 같습니다.

이때 사탄은 인류에게 가장 무서운 거짓말을 합니다. "결코 죽지 아니하리라." 사탄은 하와의 불만과 의심의 순간을 놓치지 않고 직설적으로 하나님의 말씀을 거짓말로 둔갑시킵니다. 사탄은 자신의 가장 큰 속성인 거짓을 드러내놓고야 맙니다. 인간의 모든 거짓말은 '하나님이 모르신다', '결코 죽지 않는다'는 사탄의 속임수에 놀아난 결과입니다. 인간의 타락한 본성은 자신의 유익을 위해 너무나도 쉽고 자연스럽게 거짓말을 합니다. 거짓말이나 거짓 증언은 공동체와 이웃을 파괴하려는 사탄의 계략에 넘어간 인간의 무지와 불신의 결과입니다.

2. 구약의 거짓 증언
- 나봇의 포도원 사건

재판의 판결이 사형에 해당되는 중대한 범죄일 경우에 거짓 증언은 타인의 생명을 살해하는 범죄가 됩니다. 거짓으로 타인의 재산과 생명까지 앗아가는 범죄의 예가 성경에 생생하게 묘사되어 있습니다. 인간의 탐욕이 만든 결과는 비극적입니다. 아합 왕과 나봇의 포도원 사건을 살펴봅시다. 권력과 물질, 명예를 다 가진 아합 왕은 탐욕을 부렸습니다. 탐욕의 열매는 살인이었습니다. 아합 왕은 아내 이세벨의 악한 꾀를 따랐고, 거짓 증언을 통해 나봇을 죽여 그의 땅을 빼앗는 전대미문의 사건을 일으켰습니다. 결국 아합 왕은 자신의 생명을 거두어가시는 하나님의 심판을 받게 됩니다.

(열왕기상 21:1-29) [1] 그 후에 이 일이 있으니라 이스르엘 사람 나봇에게 이스르엘에 포도원이 있어 사마리아의 왕 아합의 왕궁에서 가깝더니 [2] 아합이 나봇에게 말하여 이르되 네 포도원이 내 왕궁 곁에 가까이 있으니 내게 주어 채소 밭을 삼게 하라 내가 그 대신에 그보다 더 아름다운 포도원을 네게 줄 것이요 만일 네가 좋게 여기면 그 값을 돈으로 네게 주리라 [3] 나봇이 아합에게 말하되 내 조상의 유산을 왕에게 주기를 여호와께서 금하실지로다 하니 [4] 이스르엘 사람 나봇이 아합에게 대답하여 이르기를 내 조상의 유산을 왕께 줄 수 없다 하므로 아합이 근심하고 답답하여 왕궁으로 돌아와 침상에 누워 얼굴을 돌리고 식사를 아니하니 [5] 그의 아내 이세벨이 그에게 나아와 이르되 왕의 마음에 무엇을 근심하여 식사를 아니하나이까 [6] 왕이 그에게 이르되 내가 이스르엘 사람 나봇에게 말하여 이르기를

네 포도원을 내게 주되 돈으로 바꾸거나 만일 네가 좋아하면 내가 그 대신에 포도원을 네게 주리라 한즉 그가 대답하기를 내가 내 포도원을 네게 주지 아니하겠노라 하기 때문이로다 7 그의 아내 이세벨이 그에게 이르되 왕이 지금 이스라엘 나라를 다스리시나이까 일어나 식사를 하시고 마음을 즐겁게 하소서 내가 이스르엘 사람 나봇의 포도원을 왕께 드리리이다 하고 8 아합의 이름으로 편지들을 쓰고 그 인을 치고 봉하여 그의 성읍에서 나봇과 함께 사는 장로와 귀족들에게 보내니 9 그 편지 사연에 이르기를 금식을 선포하고 나봇을 백성 가운데에 높이 앉힌 후에 10 불량자 두 사람을 그의 앞에 마주 앉히고 그에게 대하여 증거하기를 네가 하나님과 왕을 저주하였다 하게 하고 곧 그를 끌고 나가서 돌로 쳐죽이라 하였더라 11 그의 성읍 사람 곧 그의 성읍에 사는 장로와 귀족들이 이세벨의 지시 곧 그가 자기들에게 보낸 편지에 쓴 대로 하여 12 금식을 선포하고 나봇을 백성 가운데 높이 앉히매 13 때에 불량자 두 사람이 들어와 그의 앞에 앉고 백성 앞에서 나봇에게 대하여 증언을 하여 이르기를 나봇이 하나님과 왕을 저주하였다 하매 무리가 그를 성읍 밖으로 끌고 나가서 돌로 쳐죽이고 14 이세벨에게 통보하기를 나봇이 돌에 맞아 죽었나이다 하니 15 이세벨이 나봇이 돌에 맞아 죽었다 함을 듣고 이세벨이 아합에게 이르되 일어나 그 이스르엘 사람 나봇이 돈으로 바꾸어 주기를 싫어하던 나봇의 포도원을 차지하소서 나봇이 살아 있지 아니하고 죽었나이다 16 아합은 나봇이 죽었다 함을 듣고 곧 일어나 이스르엘 사람 나봇의 포도원을 차지하러 그리로 내려갔더라 17 여호와의 말씀이 디셉 사람 엘리야에게 임하여 이르시되 18 너는 일어나 내려가서 사마리아에 있는 이스라엘의 아합 왕을 만나라 그가 나봇의 포도원을 차지하러 그리로 내려갔나니 19 너는 그에게 말하여 이르기를 여호와의 말씀이 네가 죽이고 또 빼앗았느냐고 하셨다 하고 또 그에게 이르기를 여호와의 말씀이 개들이 나봇의 피를 핥은 곳에서 개들이 네 피 곧 네 몸의 피도 핥으리라 하였다 하라 20 아합이 엘리야에게 이르되 내 대적자여 네가 나를 찾았느냐 대답하되 내가 찾았노라 네가 네 자신을 팔아 여호와 보시기에 악을 행하였으므로 21 여호와의 말씀이 내가 재앙을 네게 내려 너를 쓸어 버리되 네게 속한 남자는 이스라엘 가운데에 매인 자나 놓인 자를 다 멸할 것이요 22 또 네 집이 느밧의 아들 여로보암의 집처럼 되게 하고 아히야의 아들 바아사의 집처럼 되게 하리니 이는 네가 나를 노하게 하고 이스라엘이 범죄하게 한 까닭이니라 하셨고 23 이세벨에게 대하여도 여호와께서 말씀하여 이르시되 개들이 이스르엘 성읍 곁에서 이세벨을 먹을지라 24 아합에게 속한 자로서 성읍에서 죽은 자는 개들이 먹고 들에서 죽은 자는 공중의 새가 먹으리라고 하셨느니라 하니 25 예로부터 아합과 같이 그 자신을 팔아 여호와 앞에서 악을 행한 자가 없음은 그를 그의 아내 이세벨이 충동하였음이라 26 그가 여호와께서 이스라엘 자손 앞에서 쫓아내신 아모리 사람의 모든 행함 같이 우상에게 복종하여 심히 가증하게 행하였더라 27 아합이 이 모든 말씀을 들을 때에 그의 옷을 찢고 굵은 베로 몸을 동이고 금식하고 굵은 베에 누우며 또 풀이 죽어 다니더라 28 여호와의 말씀이 디셉 사람 엘리야에게 임하여 이르시되 29 아합이 내 앞에서 겸비함을 네가 보느냐 그가 내 앞에서 겸비하므로 내가 재앙을 저의 시대에는 내리지 아니하고 그 아들의 시대에야 그의 집에 재앙을 내리리라 하셨더라.

1 이스르엘 사람 나봇은 아합 왕이 제안한 내용을 거절합니다. 왕의 협상을 거절하는 나봇은 어떤 사람이었을까요?

2 이세벨이 꾸민 악한 계획은 무엇인가요? 그 결과 나봇의 포도원은 어떻게 되나요? 여기서 거짓 증언이 만들어낸 무서운 결과를 묵상해보고, 내가 거짓말을 한다면 어떤 결과를 초래하게 될지 적용해보세요.

3 선지자 엘리야를 통해 하나님이 아합 왕과 이세벨에게 내린 형벌은 무엇인가요? 하나님의 심판을 전해들은 아합 왕이 취한 행동을 통해 우리는 무엇을 알 수 있나요?

나봇의 포도원 사건은 '네 이웃에게 거짓 증언하지 말라'는 하나님의 계명을 어김으로 무고한 사람이 죽게 된 대표적인 사건입니다. 아합 왕은 거짓 증거로 나봇의 포도원을 빼앗았습니다. 나봇에게 하나님과 왕을 저주했다는 죄목을 뒤집어 씌워 돌로 쳐서 죽이고 주인 없는 포도원을 왕의 소유로 만들었습니다. 하나님의 이름을 팔아 포도원을 빼앗은 것입니다.

이스르엘 지역은 경치가 매우 아름다워 아합이 별궁을 지어 거주하던 곳이었습니다. 별궁은 '상아궁'이라 하여 호화스럽게 장식한 물품으로 가득하였습니다. 그런데 아합 왕은 왕궁을 늘리고 싶은 탐욕에 나봇의 포도원을 구매하려 했습니다. 땅은 하나님에게 속해 있어 백성들에게 기업으로 분배된 땅은 매매나 양도, 착취가 금지되어 있었습니다(레 25:23). 겉으로는 구매 의사를 표현한 것처럼 보였으나 실제로는 왕으로서 압력을 행사하는 것이었습니다. 그러나 바른 신앙을 가진 나봇은 살아있는 권력 앞에서도 하나님이 주신 기업을 팔 수 없다고 완곡히 거절합니다. 전전긍긍하는 아합 왕을 위해 아내 이세벨은 무서운 간계를 꾸며 실행합니다. 이세벨은 아합 왕의 이름으로 편지를 쓰고 인을 치고 봉하여 그 성읍의 장로와 귀족들에게 보냅니다. '금식을 선포하고 나봇을 백성 가운데에 높이 앉힌 후에 불량자 두 사람을 그의 앞에 마주 앉히고 그에게 대하여 증거하기를 네가 하나님과 왕을 저주하였다 말하게 하고 곧 그를 끌고 나가서 돌로 쳐 죽이라'는 명령을 전달합니다. 흠결 없는 나봇을 제거하기 위해 경건한 의식인 것처럼 위장하여 금식을 선포하게 합니다. 금식은 공동체 내에 숨겨진 악행이나 죄를 집단적으로 참회한다는 의미가 있었습니다. 이세벨은 자신의 목적을 위해 이방 여인답게 하나님을 이용합니다. 더군다나 불량배, 즉 정상적인 믿음 생활을 하지 않는 자들을 이용하여 거짓 증언을 시킵니다. '네가 하나님과 왕을 저주하였다.' 이런 죄는 증인이 없으면 처벌할 수 없는 것이기에 거짓 증인을 댄 것입니다. 그렇게 하여 나봇은 사형을 당하고 포도원은 빼앗겨 버립니다.

그런데 여기서 주목할 일은 그 성의 장로들과 귀족들입니다. 이들도 동일하게 거짓 증언을 한 공모자입니다. 권력과 야합하여 선량한 시민을 죽인 살인자들입니다. 이들은 권력에 순응하여 침묵함으로 살인을 방조한 자들입니다. 내가 직접 하지 않았다고 죄 없는 것이 아닙니다. 우리는 타락한 본성인 거짓을 이용하는 권력 행사, 돈과 쾌락에 대한 탐욕 등에 가담하여 중상 모략함으로 우리 이웃의 명예를 추락시키거나, 이웃을 사회에서 매장시키고 맙니다. 그러나 모든 사실을 합리화하거나 정당화하여 자신의 악한 행실을 숨깁니다.

위의 내용으로만 끝나면 우리는 좌절과 비탄에 빠질 것입니다. 그러나 아무리 위장을 하고 거짓 증인을 내세워 사람을 속인다 해도 하나님은 속일 수 없습니다. 하나님은 모든 사건의 진상을 다 알고 계십니다. 그래서 하나님은 선지자 엘리야를 보내어 그들에게 심판의 말씀을 전합니다. 그들은 가장 수치스럽고 더럽게 죽을 것이라고 선포하십니다. 가문까지 몰락한다고 예고하십니다. 그런데 아합 왕이 이 말씀을 전해 듣자 심경의 변화가 일어나 회개합니다. 아마도 나봇을 거짓으로 속여 죽인 것에 대하여 양심의 가책을 느끼고 있었는지도 모릅니다. 그는 회개함으로 인해 하나님의 징벌이 연기되는 은혜를 입게 됩니다.

아합 왕은 본인이 직접 살인을 저지르지는 않았지만, 타인(이세벨)의 악한 계획에 동참했기 때문에, 하나님께서는 나봇 사건을 아합 왕의 이름으로 벌어진 사건으로 보시고 심판하셨습니다. 우리는 거짓 증언을 통해 사람을 해치면 그 죄를 하나님이 그대로 갚으신다는 사실을 알아야 합니다. 그 심판은 더 엄중하고 수치스러운 심판입니다.

3. 신약의 거짓 증언
– 예수님에 대한 재판

    예수님의 죽음은 유대인의 공회가 거짓 증인을 동원해 재판한 결과로 이루어졌습니다. 거짓 증거들이 서로 맞지 않아 유죄를 입증하지 못하자 산헤드린 공회는 억지로 '신성모독 죄'를 뒤집어 씌워 예수님께 사형을 선고했습니다. 예수님은 도살장에 끌려가는 어린 양처럼 종교지도자들과 거짓 증거하는 무리 앞에서 아무 대꾸도 하지 않고 침묵으로 일관하셨습니다. 예수님은 거짓 증거의 희생양이 되셨습니다.

(마가복음 14:53-65) [53] 그들이 예수를 끌고 대제사장에게로 가니 대제사장들과 장로들과 서기관들이 다 모이더라 [54] 베드로가 예수를 멀찍이 따라 대제사장의 집 뜰 안까지 들어가서 아랫사람들과 함께 앉아 불을 쬐더라 [55] 대제사장들과 온 공회가 예수를 죽이려고 그를 칠 증거를 찾되 얻지 못하니 [56] 이는 예수를 쳐서 거짓 증언 하는 자가 많으나 그 증언이 서로 일치하지 못함이라 [57] 어떤 사람들이 일어나 예수를 쳐서 거짓 증언 하여 이르되 [58] 우리가 그의 말을 들으니 손으로 지은 이 성전을 내가 헐고 손으로 짓지 아니한 다른 성전을 사흘 동안에 지으리라 하더라 하되 [59] 그 증언도 서로 일치하지 않더라 [60] 대제사장이 가운데 일어서서 예수에게 물어 이르되 너는 아무 대답도 없느냐 이 사람들이 너를 치는 증거가 어떠하냐 하되 [61] 침묵하고 아무 대답도 아니하시거늘 대제사장이 다시 물어 이르되 네가 찬송 받을 이의 아들 그리스도냐 [62] 예수께서 이르시되 내가 그니라 인자가 권능자의 우편에 앉은 것과 하늘 구름을 타고 오는 것을 너희가 보리라 하시니 [63] 대제사장이 자기 옷을 찢으며 이르되 우리

가 어찌 더 증인을 요구하리요 ⁶⁴ 그 신성모독 하는 말을 너희가 들었도다 너희는 어떻게 생각하느냐 하니 그들이 다 예수를 사형에 해당한 자로 정죄하고 ⁶⁵ 어떤 사람은 그에게 침을 뱉으며 그의 얼굴을 가리고 주먹으로 치며 이르되 선지자 노릇을 하라 하고 하인들은 손바닥으로 치더라.

1 처음에 산헤드린 공회는 예수를 칠 증거를 찾으려 했으나 찾지 못했습니다. 그 이유는 무엇인가요?

2 이어지는 두 번째 증인의 증언은 무엇인가요? 이들의 증언도 왜 거짓인가요?

(요한복음 2:21) 너희가 이 성전을 헐라 내가 사흘 동안에 일으키리라.

3 예수님은 "네가 찬송받으실 이의 아들 그리스도냐?"라고 물은 대제사장의 심문에 어떻게 대답하셨나요? 침묵으로 일관하시던 예수님이 이 질문에는 왜 대답을 하셨을까요?

4 대제세장과 무리들은 예수님의 대답에 어떤 반응을 보였나요?

예수님께 사형 판결을 내린 재판은 거짓 증거가 난무한 가운데 대제사장의 핵심 질문을 통해 이루어졌습니다. "네가 찬송 받을 이의 아들 그리스도냐?" 대제사장이 심문하는 것처럼, 예수님은 지극히 높으신 하나님의 아들, 그리스도셨습니다. 예수님께서는 심문하는 자들 앞에서 마지막으로 자신이 누구신지 증거하셨습니다. "내가 그니라." 위대한 자기계시입니다. 거짓 증언을 하는 자들 앞에서 진실로 자신을 신실하게 증거하신 주님을 보게 됩니다.

산헤드린 공회는 대제사장 의장 한 명과 바리새인, 서기관, 장로 71명 등 전체 72명으로 구성된 유대인의 최고 법정이었습니다. 이들은 원래 범법자에 대해 사형 집행권을 가지고 있었습니다. 하지만 당시는 로마 지배 아래 있었기 때문에 독자적으로 사형을 집행할 수 없었습니다. 그래서 빌라도 총독에게 다시 고소해야 했습니다. 완벽한 증인을 대동하지 않는 한 유죄 판결을 받을 수 없기에 그들은 최대한 거짓 증인을 찾아 증거를 수집하려고 했습니다. 성경은 대제사장들과 온 공회가 예수님을 죽이려고 그를 칠 증거를 찾았다고 말합니다. 여기서 '찾다'는 말은 '발견하기 위해 찾아 헤매다', '궁리하다', '조사하다'라는 뜻을 가지고 있습니다. 계속해서 힘써 찾았다는 말입니다. 그러나 결과는 기대에 부응하지 못했습니다. 왜냐하면 거짓으로 증거하는 자는 많았지만 그 증언들이 서로 일치하지 못했기 때문입니다. 정확한 사실에 근거하여 증언을 하게 되면 일치하는 증거들이 많았을 것입니다. 그러나 예수님을 죽이려고 혈안이 된 사람들은 증언할 때 무리수를 두게 마련입니다. 분노와 적개심을 가진 거짓 증언자들은 없던 일을 있었던 것처럼 말하고, 있는 사실을 왜곡하여 증언하기 일쑤입니다. 그렇기에 합의된 증언이 나오지 않았습니다.

  다른 계명들과 마찬가지로, 아홉 번째 계명은 참되고 신실한 증인이신 예수님에 관한 것입니다. 그분은 이 땅에 사시는 동안 진실을 말씀하셨고, 그로 인해 적들의 살인적인 분노를 불러일으켰습니다. 그분은 회의적이었던 빌라도에게도 진실을 말씀하셨습니다. 그분은 우리 안에 있는 소망을 진실하게 증언할 증인으로 우리를 부르셨습니다. 그분은 어떤 대가를 치르더라도 진리를 말하고, 진리를 목숨보다 사랑하도록 우리를 부르셨습니다. 제9계명을 통해 예수님은 우리를 순교자로 부르십니다. 순교자는 패배자가 아닙니다. 순교는 불멸입니다. 순교자는 세상을 뒤흔들고 세상을 새롭게 하는 희생의 길을 향해 가면서, 세상을 뒤흔드는 진리를 말합니다. 제9계명은 창조주의 명령입니다. 그분은 우리 입술과 혀의 주인이십니다. 마지막 심판 때 진실은 반드시 밝혀질 것이며, 누가 진실한 증인인지도 가려질 것입니다. 이것이야말로 '진실한 증인'에 관한 주님의 약속이자 맹세입니다.

묵상과 적용

1. 우리 자신을 돌아보면서 거짓말을 할 수 밖에 없는 상황이 있었다면 말해보세요. 이 거짓말이 하나님 앞에서 바른 건지 잘못된 건지를 생각해보고 나누어 보세요.

2. 성경에서도 거짓말을 하는 장면이 나옵니다. 모세시대의 히브리 산파가 그렇고, 기생 라합의 거짓말도 있었습니다. 다윗도 사울과 아기스로부터 도망가기 위해 거짓말을 했습니다. 성경은 이런 거짓말을 용납하는 것 같습니다. 왜 그렇다고 생각하나요?

3. 증언을 해야 하는 상황에서 침묵하는는 것은 무서운 거짓말을 하는 것과 동일합니다. 개인적으로 이런 경험이 있다면 왜 침묵하게 되었는지 나누어보세요.

12과

제 10 계명
네 이웃의 집을
탐내지 말라

　제10계명은 오직 내면의 상태만을 다룬다는 점에서 다른 아홉 계명과 구별됩니다. 다른 계명들도 사람들의 내면 세계와 관련이 있지만 그저 암시되어 있을 뿐입니다. 마지막 계명은 우리의 정신 생활과 내면의 욕구, 갈망과 연관됩니다. 5~9계명은 우리의 행동을 제지하고 금하는 계명입니다. 이와 달리 제10계명은 우리의 동기, 마음의 뿌리에 대한 계명입니다. 탐심을 금지하는 이 계명은 죄의 참 모습을 나타냅니다. 죄의 뿌리가 외면의 행실이 아닌 우리 내면의 과도한 욕구에 있음을 보여 주기 때문입니다.

　탐심은 다른 아홉 가지 계명을 마음의 차원에서 함축적으로 요약한 실천적인 계명입니다. 탐심은 바로 악한 마음의 문제입니다. 예수님은 이렇게 말씀하십니다. "사람의 마음에서 나오는 것은 악한 생각 곧 음란과 도적질과 살인과 간음과 탐욕과 악독과 속임과 음탕과 질투와 비방과 교만과 우매함이니"(막 7:21-22). 그러니 자신의 마음을 통제하고 다스릴 사람이 누가 있겠습니까?

　정욕이 마음으로 저지르는 간음이고, 증오가 마음으로 저지르는 살인인 것처럼, 탐심은 마음으로 저지르는 도둑질입니다. 탐심은 하나님이 아닌 다른 것을 위에 두고 숭배하는 우상 숭배입니다. 탐심은 자기가 가진 바를 족한 줄로 여기지 못하고 더 가지려고 하는 절제되지 못한 소유욕입니다. 탐심은 우리의 욕망을 자극하여 만족함이 없게 합니다. 탐욕과 탐심에 빠지면 아무리 무서운 하나님의 금령이라고 해도 죄를 짓게 되는 것을 성경의 많은 인물들에게서 봅니다.

1. 아간의 범죄

여호수아와 이스라엘은 하나님의 놀라운 인도하심 속에 여리고 성을 정복합니다. 그러나 이어지는 아이 성 전투에서는 대패하고 맙니다. 두려움 가운데 기도하던 여호수아에게 하나님은 이번 패배가 이스라엘의 죄악 때문이라고 분명하게 말씀하십니다. 하나님께 온전히 바쳐진 물건을 도둑질하여 하나님이 그들에게 명령한 언약을 깨뜨렸기 때문입니다. 하나님께서는 성을 진멸한 후 여리고 성에 있는 모든 것은 하나님께 온전히 바치고 손대지 말라고 명령하셨습니다. 그러나 누군가가 욕심을 부려 일부를 자기 것으로 삼는 죄를 저지른 것입니다. 하나님이 분명히 경고하셨음에도 불구하고, 그 말씀을 어기고 일부를 취한 것은 탐욕이 얼마나 무서운 죄악인지 보여 줍니다. 강한 욕구가 작용하면 하나님의 자리에 욕심이 들어서기에 탐욕은 우상 숭배가 되어 버립니다.

(여호수아 7:10-26) [10] 여호와께서 여호수아에게 이르시되 일어나라 어찌하여 이렇게 엎드렸느냐 [11] 이스라엘이 범죄하여 내가 그들에게 명령한 나의 언약을 어겼으며 또한 그들이 온전히 바친 물건을 가져가고 도둑질하며 속이고 그것을 그들의 물건들 가운데에 두었느니라 [12] 그러므로 이스라엘 자손들이 그들의 원수 앞에 능히 맞서지 못하고 그 앞에서 돌아섰나니 이는 그들도 온전히 바친 것이 됨이라 그 온전히 바친 물건을 너희 중에서 멸하지 아니하면 내가 다시는 너희와 함께 있지 아니하리라 [13] 너는 일어나서 백성을 거룩하게 하여 이르기를 너희는 내일을 위하여 스스로 거룩하게 하라 이스라엘의 하나님 여호와의 말씀에 이스라엘아 너희 가운데에 온전히 바친 물건이 있나니 너희가 그 온전히 바친 물건을 너희 가운데에서 제하기까지는 네 원수들 앞에 능히 맞서지 못하리라 [14] 너희는 아침에 너희의

지파대로 가까이 나아오라 여호와께 뽑히는 그 지파는 그 족속대로 가까이 나아올 것이요 여호와께 뽑히는 족속은 그 가족대로 가까이 나아올 것이요 여호와께 뽑히는 그 가족은 그 남자들이 가까이 나아올 것이며 15 온전히 바친 물건을 가진 자로 뽑힌 자를 불사르되 그와 그의 모든 소유를 그리하라 이는 여호와의 언약을 어기고 이스라엘 가운데에서 망령된 일을 행하였음이라 하셨다 하라 16 이에 여호수아가 아침 일찍이 일어나서 이스라엘을 그의 지파대로 가까이 나아오게 하였더니 유다 지파가 뽑혔고 17 유다 족속을 가까이 나아오게 하였더니 세라 족속이 뽑혔고 세라 족속의 각 남자를 가까이 나아오게 하였더니 삽디가 뽑혔고 18 삽디의 가족 각 남자를 가까이 나아오게 하였더니 유다 지파 세라의 증손이요 삽디의 손자요 갈미의 아들인 아간이 뽑혔더라 19 그러므로 여호수아가 아간에게 이르되 내 아들아 청하노니 이스라엘의 하나님 여호와께 영광을 돌려 그 앞에 자복하고 네가 행한 일을 내게 알게 하라 그 일을 내게 숨기지 말라 하니 20 아간이 여호수아에게 대답하여 이르되 참으로 나는 이스라엘의 하나님 여호와께 범죄하여 이러이러하게 행하였나이다 21 내가 노략한 물건 중에 시날 산의 아름다운 외투 한 벌과 은 이백 세겔과 그 무게가 오십 세겔 되는 금덩이 하나를 보고 탐내어 가졌나이다 보소서 이제 그 물건들을 내 장막 가운데 땅 속에 감추었는데 은은 그 밑에 있나이다 하더라 22 이에 여호수아가 사자들을 보내매 그의 장막에 달려가 본즉 물건이 그의 장막 안에 감추어져 있는데 은은 그 밑에 있는지라 23 그들이 그것을 장막 가운데서 취하여 여호수아와 이스라엘 모든 자손에게 가지고 오매 그들이 그것을 여호와 앞에 쏟아 놓으니라 24 여호수아가 이스라엘 모든 사람과 더불어 세라의 아들 아간을 잡고 그 은과 그 외투와 그 금덩이와 그의 아들들과 그의 딸들과 그의 소들과 그의 나귀들과 그의 양들과 그의 장막과 그에게 속한 모든 것을 이끌고 아골 골짜기로 가서 ²⁵ 여호수아가 이르되 네가 어찌하여 우리를 괴롭게 하였느냐 여호와께서 오늘 너를 괴롭게 하시리라 하니 온 이스라엘이 그를 돌로 치고 물건들도 돌로 치고 불사르고 ²⁶ 그 위에 돌 무더기를 크게 쌓았더니 오늘까지 있더라 여호와께서 그의 맹렬한 진노를 그치시니 그러므로 그 곳 이름을 오늘까지 아골 골짜기라 부르더라.

1 하나님은 이스라엘이 패배한 원인을 무엇이라고 말씀하셨나요?

2 하나님은 하나님께 범죄한 아간을 어떤 방법으로 찾아내셨나요? 이것은 무엇을 의미하나요?

3 아간이 탐욕을 부려 훔친 물건은 무엇인가요? 금은과 시날 산 외투에 욕심을 부린 이유가 무엇일까요? 오늘날 사람들이 사치품에 관심을 갖고 구매하는 이유가 무엇이라고 생각하나요

4 '아골 골짜기'라는 말이 유래된 상황을 아간의 범죄와 관련하여 설명해 보세요.

하나님은 여리고 성을 정복하기 위해 마지막 일곱 번째 나팔을 부를 때 이스라엘 백성들이 주의해야 할 사항 두 가지를 말씀하셨습니다. 먼저는 기생 라합과 그 가족을 살려 주라는 것이고, 둘째는 바칠 물건에 절대 손대지 말라는 것입니다. 여기서 바칠 물건은 하나님께 '저주받은 물건'으로서 결코 인간이 소유할 수 없고, 온전히 죽이거나 불태워서 하나님께 바쳐져야만 할 것을 의미합니다. 전쟁 후 여호수아와 백성들은 그 모든 것을 불살라 없앴습니다. 하나님은 "너희는 이 성과 그 가운데에 있는 모든 것은 온전히 바치고 그 바친 것 중에서 어떤 것이든지 취하여 너희가 이스라엘 진영으로 바치는 것이 되게 하여 고통을 당하게 되지 아니하도록 오직 너희는 그 바친 물건에 손대지 말라 은금과 동철 기구들은 다 여호와께 구별될 것이니 그것은 여호와의 곳간에 들일지니라"(수 6:17-19)고 미리 주의할 것을 말씀하셨습니다.

그러나 아간은 탐욕을 부려 일부를 자기 장막에 숨겼습니다. 죄를 범한 자는 자신이 저지른 범죄를 아무도 모른다고 생각하지만 하나님 앞에서는 숨길 수 없습니다. 결국 아이 성 전투에서 패배한 여호수아와 백성들은 하나님의 음성을 듣고, 한 사람으로 인해 이스라엘에 이러한 고통이 생긴 것을 알게 됩니다. 하나님은 각 지파별로 각 족속과 가족별로 가까이 나오게 했습니다. 그리고 제비뽑기를 통해 아간을 찾아 냅니다. 그러자 아간은 즉시 자신의 죄를 자복합니다. "참으로 나는 이스라엘의 하나님 여호와께 범죄하였나이다 내가 노략한 물건 중에 시날 산의 아름다운 외투 한 벌과 은 이백 세겔과 그 무게가 오십 세겔 되는 금덩이 하나를 보고 탐내어 가졌나이다 보소서 이제 그 물건들을 내 장막 가운데 땅 속에 감추었는데 은은 그 밑에 있나이다." 이스라엘 백성을 위태롭게 만든 죄악은 이렇게 한 사람의 탐심에서 비롯되었습니다.

"오직 각 사람이 시험을 받는 것은 자기 욕심에 끌려 미혹됨이니 욕심이 잉태한 즉 죄를 낳고 죄가 장성한즉 사망을 낳느니라"(약 1:14, 15) 라고 성경은 증거합니다. 아간의 탐욕은 하나님의 금지사항을 업신여기고 마음의 욕심이 끌리는 대로 행동하게 만들었습니다. 아간은 자신의 범죄 행위를 합리화했을지도 모릅니다. '이것 하나 가져갔다고 해서 무슨 큰 일이 나겠어', '일반 전쟁에서도 승리하면 전리품을 챙기게 되어 있는데 이 정도는 내가 가질 자격이 있어'라고 자신의 욕심을 정당화했을지 모릅니다. 그 결과는 참담했습니다. 여호수아와 백성들은 그가 취한 모든 것과 더불어 아들과 딸들, 그의 소와 나귀들과 양들과 그의 장막과 그에게 속한 모든 것을 이끌고 골짜기로 가서 그들을 돌로 치며 화형시킵니다. 물건들도 불사릅니다. 율법은 한 사람의 죄를 다른 가족에게까지 전가시키는 것을 금지하고 있습니다. 그런데 아간의 자녀들이 처형당한 것을 볼 때 그의 자녀들도 아간의 범죄에 동참했거나, 알고도 묵인했을 가능성이 높습니다. 그러므로 모두 죄에 연루되어 처형을 받게 된 것입니다. 그래서 그곳의 이름을 아골 골짜기로 부릅니다. 아골 골짜기란 '고통의 골짜기'란 뜻입니다. 이스라엘 백성들은 하나님을 경외하지 못하게 만드는 개인의 탐욕이 얼마나 무서운 죄인지를 깨달았을 것입니다.

이처럼 탐심은 인간의 눈을 어둡게 하고 분별력을 무디게 하는 성격을 가집니다. 뿐만 아니라 예상 외의 심각한 결과를 초래합니다. 이러한 사실은 아담과 하와가 탐심을 이기지 못하고 범죄한 결과, 모든 인류에게 고통과 사망이 찾아온 것에서도 알 수 있습니다. "그런즉 삼가 모든 탐심을 물리치라 사람의 생명이 그 소유의 넉넉한 데 있지 아니하리라"고 말씀하신 예수님의 가르침을 깊이 새겨야 합니다(눅 12:15).

2. 아나니아와 삽비라의 범죄

다른 사람에게 인정받고 싶은 욕구는 모든 사람의 정상적인 욕구입니다. 그러나 우리는 시기와 질투에서 시작된 욕구가 탐욕으로 바뀌는 것을 경험합니다. 심지어 그리스도인으로서 순결하고 온전한 헌신을 해야 할 때에도 자신을 과대 포장하여 자랑하고, 속으로는 자기 이익을 챙기려는 경우도 보게 됩니다. '명예욕'과 '공명심'은 그리스도인이 은연 중에 숭배하는 우상입니다. 사도행전 5장의 아나니아와 삽비라 부부 이야기는 탐욕의 사례를 보여 줍니다.

(사도행전 5:1-11) [1] 아나니아라 하는 사람이 그의 아내 삽비라와 더불어 소유를 팔아 [2] 그 값에서 얼마를 감추매 그 아내도 알더라 얼마만 가져다가 사도들의 발 앞에 두니 [3] 베드로가 이르되 아나니아야 어찌하여 사탄이 네 마음에 가득하여 네가 성령을 속이고 땅 값 얼마를 감추었느냐 [4] 땅이 그대로 있을 때에는 네 땅이 아니며 판 후에도 네 마음대로 할 수가 없더냐 어찌하여 이 일을 네 마음에 두었느냐 사람에게 거짓말한 것이 아니요 하나님께로다 [5] 아나니아가 이 말을 듣고 엎드러져 혼이 떠나니 이 일을 듣는 사람이 다 크게 두려워하더라 [6] 젊은 사람들이 일어나 시신을 싸서 메고 나가 장사하니라 [7] 세 시간쯤 지나 그의 아내가 그 일어난 일을 알지 못하고 들어오니

⁸ 베드로가 이르되 그 땅 판 값이 이것뿐이냐 내게 말하라 하니 이르되 예 이것뿐이라 하더라 ⁹ 베드로가 이르되 너희가 어찌 함께 꾀하여 주의 영을 시험하려 하느냐 보라 네 남편을 장사하고 오는 사람들의 발이 문 앞에 이르렀으니 또 너를 메어 내가리라 하니 ¹⁰ 곧 그가 베드로의 발 앞에 엎드러져 혼이 떠나는지라 젊은 사람들이 들어와 죽은 것을 보고 메어다가 그의 남편 곁에 장사하니 ¹¹ 온 교회와 이 일을 듣는 사람들이 다 크게 두려워하니라.

1 아나니아와 삽비라가 전적으로 헌신하지 않고 소유의 일부만을 사도들에게 바친 이유는 무엇이었나요?

2 베드로는 아나니아에게 무엇을 책망했나요?

3 거짓말하는 아나니아와 삽비라를 하나님께서 어떻게 심판하셨나요? 초대교회에서 엄격한 죄의 집행이 이루어진 이유는 무엇일까요?

예수의 승천과 오순절 성령 강림으로 태동된 예루살렘 초대 교회는 사도성과 거룩성, 통일성에 있어서 최고의 기준이 되는 교회였습니다. 예루살렘 교회는 주의 승천으로부터 재림 때까지 택함 받은 성도들의 모임으로 복음의 전진기지가 될 교회들의 모범이었습니다. 이들은 주님의 소명을 감당하기 위해 사도의 가르침을 받아 자발적으로 신앙 공동체 생활을 하고 있었습니다. 이런 상황에서 아나니아와 삽비라 부부의 사기 사건은 교회의 순결성을 해치는 큰 죄악이었습니다. 아나니아와 삽비라는 공명심에 휘말려 재물 욕심을 내어 하나님과 교회를 속이다가 죽게 됩니다.

이 사건은 초대 교회가 한창 부흥하고 있을 때 일어났던 충격적인 사건으로 교회에 경건한 두려움을 갖게 만들었습니다. 당시 세계 각국에서 유월절을 지키러 온 사람들과 가난한 사람들이 복음을 듣고 교회로 모이기 시작했습니다. 교회는 날로 부흥이 되고 성령 충만해 있었습니다. 그런데 많은 사람을 섬기고 구제하려면 돈이 필요했습니다. 그래서 성도들이 자기의 물건을 사도들의 발 앞에 내놓고 나누는 사역을 하기 시작했습니다. 어느 날 요셉이 자기 밭을 팔아서 사도들 발 앞에 두었습니다. 이 헌신이 초대 교회에 굉장한 위로가 되어서 '바나바'(위로의 아들)라는 별명이 생겼습니다.

이것을 아나니아(헬라어: 하나님의 은혜)와 그의 아내 삽비라(헬라어: 아름답다)가 시기합니다. 이들은 공동체의 인기와 존경을 받고 싶어 자기들도 밭을 팔아 사도들 발 앞에 두기로 결정했습니다. 그러던 중 아까운 생각이 들어 그 돈의 일부를 감추게 됩니다. 탐욕에 빠진 이 부부는 하나님을 속일 수 있다고 착각했습니다. 이는 하나님의 완전한 축복을 확신하지 못하고, 세상 탐욕을 버리지 못한 불완전한 신앙에서 비롯된 태도였습니다. 아나니아와 삽비라는 전적으로 교회에 헌신했다는 성도의 명예도 얻는 동시에 자신의 탐욕도 채우는 방법을 선택합니다. 아예 바치지 않거나 반만 바쳐도 무방한데, 겉으로는 다 바치는 척

하면서 실제로는 사욕을 채우기 위해 일부를 남기는 기만 행위를 한 것입니다. 이 사건은 이제 막 전적인 헌신과 사랑으로 태동되어 성장하는 초대 교회의 순수성과 성령의 역사의 완전성을 위협하는 죄악이었습니다. 그렇기에 하나님은 베드로를 통해 엄정한 심판을 내리신 것입니다. 이 부부가 밭을 팔아 공동체를 위해 쓰기로 결정한 동기는 '시기'와 '질투', '명예욕' 그리고 '공명심'입니다. 이것들이 얼마나 무서운 탐심이며 우상 숭배인지 생각해야 합니다. 부흥하고 있는 초대 교회에 사탄이 시기와 질투에서 나오는 명예욕과 공명심의 그물을 쳤는데 아나니아와 삽비라가 걸려든 것입니다. 구속사적 관점에서 볼 때, 아나니아와 삽비라는 구원의 절대성을 깨닫지 못하고 세상 미련과 불안을 떨치지 못하는 이중적 신앙을 가진 성도들의 전형입니다. 또한 아나니아와 삽비라에 대한 단호한 심판은 이런 자들에게 가해질 영원한 심판의 예표이기도 합니다(마 25:41-46). 이중적인 신앙을 가진 사람들은 아나니아와 삽비라처럼 재물 문제로 성령과 교회를 시험하는 중대한 범죄를 지을 가능성을 가진 자입니다. 또한 매일의 생활에서 크고 작게 예수님과 교회를 부인하는 자입니다. 한 부부의 탐심은 성령의 거룩하고 온전한 역사를 방해했습니다. 그러나 하나님은 살아계셔서 주님의 교회를 감찰하시고 거룩하게 보존하셨습니다. 이로 인해 온 교회는 하나님에 대해 큰 두려움을 가졌습니다.

3. 탐심을 극복하는 길

성경은 하나님이 주신 것에 만족할 것을 요구합니다. 하나님의 형상으로 창조된 아담에게 최고의 욕구는 하나님을 향한 욕구였습니다. 하나님과의 교제가 늘 최우선이었고 가장 바라던 것이었습니다. 창조주를 첫째가는 갈망으로 삼았던 것입니다. 아담이 하나님을 향한 욕구를 세상과 자아에 대한 탐심으로 바꾸기 시작한 것은, 사탄에게 속아 타락한 이후였습니다. 이후로부터 정당한 욕구는 끊이지 않는 탐심으로 변하여 죄악의 뿌리가 되었습니다. 탐심을 고치는 길은 예수 그리스도 안에 있는 영원한 생명을 발견하고 그것을 주님과 함께 누리는 길입니다. 하나님을 다시 우리 마음의 최고의 대상으로 모셔야 합니다.

(디모데전서 6:6-10) ⁶ 그러나 자족하는 마음이 있으면 경건은 큰 이익이 되느니라 ⁷ 우리가 세상에 아무 것도 가지고 온 것이 없으매 또한 아무 것도 가지고 가지 못하리니 ⁸ 우리가 먹을 것과 입을 것이 있은즉 족한 줄로 알 것이니라 ⁹ 부하려 하는 자들은 시험과 올무와 여러 가지 어리석고 해로운 욕심에 떨어지나니 곧 사람으로 파멸과 멸망에 빠지게 하는 것이라 ¹⁰ 돈을 사랑함이 일만 악의 뿌리가 되나니 이것을 탐내는 자들은 미혹을 받아 믿음에서 떠나 많은 근심으로써 자기를 찔렀도다.

(빌립보서 4:10-20) ¹⁰ 내가 주 안에서 크게 기뻐함은 너희가 나를 생각하던 것이 이제 다시 싹이 남이니 너희가 또한 이를 위하여 생각은 하였으나 기회가 없었느니라 ¹¹ 내가 궁핍하므로 말하는 것이 아니라 어떠한 형편에든지 나는 자족하기를 배웠노니 ¹² 나는 비천에 처할 줄도 알고 풍부에 처할 줄도 알아 모든 일 곧 배부름과 배고

픔과 풍부와 궁핍에도 처할 줄 아는 일체의 비결을 배웠노라 [13] 내게 능력 주시는 자 안에서 내가 모든 것을 할 수 있느니라 [14] 그러나 너희가 내 괴로움에 함께 참여하였으니 잘하였도다 [15] 빌립보 사람들아 너희도 알거니와 복음의 시초에 내가 마게도냐를 떠날 때에 주고 받는 내 일에 참여한 교회가 너희 외에 아무도 없었느니라 [16] 데살로니가에 있을 때에도 너희가 한 번뿐 아니라 두 번이나 나의 쓸 것을 보내었도다 [17] 내가 선물을 구함이 아니요 오직 너희에게 유익하도록 풍성한 열매를 구함이라 [18] 내게는 모든 것이 있고 또 풍부한지라 에바브로디도 편에 너희가 준 것을 받으므로 내가 풍족하니 이는 받으실 만한 향기로운 제물이요 하나님을 기쁘시게 한 것이라 [19] 나의 하나님이 그리스도 예수 안에서 영광 가운데 그 풍성한 대로 너희 모든 쓸 것을 채우시리라 [20] 하나님 곧 우리 아버지께 세세 무궁하도록 영광을 돌릴지어다 아멘.

[1] 돈을 사랑함이 일만 악의 뿌리가 되는 이유는 무엇인가요? 돈을 탐하는 자들은 어떤 길을 가게 되나요?

[2] 경건에 이익이 되는 마음은 무엇이며, 왜 그렇다고 생각하나요?

3 바울은 어떤 형편이든지 견딜 수 있는 일체의 비결이 무엇이라고 말하나요?

4 하나님의 나라와 복음에 헌신하는 자들에게 주시는 약속은 무엇인가요?

내 이웃의 집이나 아내, 내 이웃의 다른 어떤 소유를 탐낸다는 것은 하나님이 주신 것에 만족하지 못한다는 뜻입니다. 실제로 탐심은 언제나 만족하지 못하는 마음에서 나옵니다. 탐심은 자신의 처지를 자기보다 더 많이 가진 것처럼 보이는 다른 사람의 처지와 비교할 때 시작됩니다. 탐심이 우리가 얽매이기 쉬운 죄라는 것을 부인할 사람은 거의 없습니다. 인간은 행복을 추구합니다. 하지만 모든 것을 갖춘 사람만 행복할 수 있다고 생각하는 경향은 인간의 탐심을 부추깁니다. 탐심을 물리치고 탐심에서 자유할 수 있는 유일한 수단은 그리스도께 뿌리를 내려 자족하는 것입니다. 바울은 돈을 사랑함이 일만 악의 뿌리라고 디모데에게 가르칩니다. 부(富)하려하는 자들이 이것 때문에 얼마나 많이 시험과 올무에 걸리며, 어리석고 해로운 욕심에 빠지는지 우리는 압니다. 돈에 대한 집착과 탐욕은 미혹을 받아 믿음에서 떨어지게 합니다. 주님은 가시떨기 밭을 예로 들면서 세상 염려와 재물 욕심에 막혀 하나님의 말씀이 결실하지 못한다고 하셨습니다.

사도 바울이 빌립보서에서 "내게 능력 주시는 자 안에서 내가 모든 것을 할 수 있느니라"(빌 4:13)라고 고백한 말씀은 감옥에서 쓴 것입니다. 성도들이 보내주는 구호품을 받아 살면서 모든 것을 할 수 있다는 고백은 앞뒤가 안 맞는 것 같지만, 그 말 속에 신비한 자족의 비밀이 있습니다. 하나님이 나를 감옥에 두셨다면 감옥이 가장 안전한 곳이라고 고백하는 것입니다. 하나님이 둘을 주셨다면 둘 가지고 먹고 사는 자족의 비결을, 일체의 비결을 배웠다는 고백입니다.

우리는 십계명에 나타난 하나님의 지혜를 보아야 합니다. 하나님은 제10계명을 나머지 모든 계명의 울타리와 파수꾼으로 십계명의 맨 끝에 두셨습니다. '탐내지 말라'는 남의 것을 넘보거나 남의 것에 군침 흘리지 말라는 뜻입니다. '갖고 싶은 욕구를 어떻게 참느냐'고 반박하는 사람이 있을지 모르겠습니다. 하지만 바로 그 사실이 사람의 타락한 상태, 곧 사람의 마음이 심히 악하다는 것을 보여 줍니다. 계명에 비춰 볼 때 그런 욕구가 죄악되고 저주받을 것임을 알 수 있습니다. "만물보다 거짓되고 부패한 것은 마음이라 누가 능히 이를 알리요 마는 나 여호와는 심장을 살피며 폐부를 시험하고 각각 그의 행위와 그의 행실대로 보응하나니"(렘 17:9-10). 예레미야는 우리의 마음을 "만물보다 거짓되고 부패한 것"이라 말합니다. 누가 자신의 마음을 통제하며 다스릴 수 있겠습니까?

십계명의 마지막 말씀을 정직하게 마주하는 사람은 틀림없이 자신의 무력함을 깨달을 것입니다. 이것이 하나님께서 십계명을 주신 궁극의 목적입니다. 우리 자신은 아무 소망이 없음을 보여 주셔서 우리가 그리스도께 가게 하려고 율법을 주셨습니다. 이처럼 우리가 자기 힘으로는 율법을 지킬 소망이 없음을 보고, 그리스도께 피하게 하는 것이 율법의 목적입니다. "그리스도는 모든 믿는 자에게 의를 이루기 위하여 율법의 마침이 되시니라"(롬 10:4).

묵상과 적용

1. 성경은 인간의 탐심을 우상숭배라고 가르칩니다. 탐심이 왜 우상숭배인지를 자신이 직접 경험한 사례로 설명해 보세요.

2. 아간과 그의 가족들은 첫 여리고 성 전투에서 승리한 이후 모든 것을 바치고 탐욕을 제어하라는 하나님의 말씀을 어기고 귀중품 일부를 훔쳤습니다. 그만큼 탐심은 중독처럼 한 번 어떤 것에 꽂히면 우리 마음에서 떠나지 않고 행동으로 옮기게 합니다. 탐심의 심리 상태에 대하여 서로 논의해 보세요.

3. 각자마다 탐심이 있을 수 있습니다. 현재 받는 고난이 탐심을 이길 수 있게 만들까요? 무엇이 우리를 탐심에서 해방시키고 하나님 말씀에 순종하게 만들까요? 로마서 7장과 8장을 묵상하고 나누어 보세요.

13과

예수님과 율법

    우리는 이제까지 율법을 대표하는 십계명을 살펴보았습니다. 그렇다면 구약의 율법은 오늘날 우리들에게 어떤 의미가 있는지 의문이 들 수 있습니다. 예수님이 율법을 어떻게 이해하셨고, 율법을 어떻게 가르치며 지키셨는지 살펴보면 해답을 얻을 수 있습니다. 예수님의 가르침이야말로 신약의 그리스도인들에게는 규범이 되기 때문입니다.
    예수님은 "수고하고 무거운 짐 진 자들아 다 내게로 오라 내가 너희를 쉬게 하리라 나는 마음이 온유하고 겸손하니 나의 멍에를 메고 내게 배우라 그리하면 너희 마음이 쉼을 얻으리니 이는 내 멍에는 쉽고 내 짐은 가벼움이라"(마 11:28-30)고 하셨습니다. '멍에'란 유대교 문헌에서 사람들이 지켜야 하는 종교적 의무를 뜻했습니다. 당시 바리새인과 서기관들은 종교적 의무를 중시했습니다. '수고하고 무거운 짐을 진 사람들'이라는 표현에서 당시 일반 백성들에게도 엄격하고 무거운 종교적 의무가 부과되어 있었음을 알 수 있습니다. 이와 달리 주님이 말씀하시는 '나의 멍에'란 제자들이 따르고 지켜야 하는 예수님의 교훈, 재해석된 율법의 말씀을 의미합니다. 예수님은 율법에 관한 유대인들의 잘못된 인식과 왜곡된 생각을 아시고 이를 새롭게 하려는 의도를 나타내신 것입니다.
    예수님의 사역을 보던 종교지도자들은 감히 근접할 수 없는 모세의 권위에 예수님이 도전하는 듯이 보였을 것입니다. '자신의 권세를 내세우며 직접 말씀하시는 예수님은 과연 모세의 율법을 폐하려는가?', '장로들의 전통을 무시하는 것은 아닌가?' 이처럼 예수님의 제자들을 포함한 모든 백성은 궁금하였을 것입니다. 예수님은 산상수훈을 비롯한 복음서에서 그에 대한 대답을 하십니다.

1. 율법의 완성자 예수 그리스도

종교지도자들은 율법에 대한 예수님의 입장을 듣고 율법을 폐기하려 한다고 비판했습니다. 하지만 예수님은 율법을 폐기하려는 것이 아니라 완성하려 한다고 변호하셨습니다. 예수님이 말씀하신 율법의 완성이란 문자적으로 율법의 일점일획까지 실천한다는 말이 아니라, 율법의 본래 의미와 목적을 찾아내고, 삶 속에서 율법이 추구하는 의를 율법학자들보다 더 철저하게 성취한다는 뜻입니다. 예수님에게 율법은 자명한 것이었으며 율법 해석이란 그 자명한 의미를 드러내는 것이었습니다.

> **(마태복음 5:17-20)** [17] 내가 율법이나 선지자를 폐하러 온 줄로 생각하지 말라 폐하러 온 것이 아니요 완전하게 하려 함이라 [18] 진실로 너희에게 이르노니 천지가 없어지기 전에는 율법의 일점 일획도 결코 없어지지 아니하고 다 이루리라 [19] 그러므로 누구든지 이 계명 중의 지극히 작은 것 하나라도 버리고 또 그같이 사람을 가르치는 자는 천국에서 지극히 작다 일컬음을 받을 것이요 누구든지 이를 행하며 가르치는 자는 천국에서 크다 일컬음을 받으리라 [20] 내가 너희에게 이르노니 너희 의가 서기관과 바리새인보다 더 낫지 못하면 결코 천국에 들어가지 못하리라.

1 17절에서 예수님이 율법에 대해 선언하는 내용이 갖는 의미는 무엇인가요?

2 천국과 율법의 관계를 설명해 보세요. 율법 준수가 천국에 들어가는 구원의 조건이 된다는 말인가요?

3 서기관과 바리새인보다 더 나은 의는 무엇인가요?

　　율법에 관한 예수님의 선언은 율법을 바라보는 예수님의 관점과 이해, 핵심적인 가르침이 무엇인지 요약해줍니다. "내가 율법이나 선지자를 폐하러 온 줄로 생각하지 말라 폐하러 온 것이 아니요 완전하게 하려 함이라." 율법이나 선지자는 통상적으로 구약성경 전체를 가리킵니다. 율법에 대한 예수님의 정확한 이해와 선언은 율법을 폐하는 것이 아니라 완전케 하는 것이라는 말에 담겨 있습니다. 예수님은 율법과 예언서를 무시하거나 폐한다는 주장에 반대하셨습니다. 오히려 자신이 구약의 전통을 잇고, 그 내용을 완성시키는 율법의 계승자요 완성자라고 표현하셨습니다. '완전케 하다'는 말은 문자적으로 '텅 빈 혹은 아직 채워지지 않은 무엇을 가득 채우다'를 의미합니다. 예수님이 오신 목적은 율법을 변화시키는 것이 아니며 그것을 폐기하는 것은 더더욱 아니었습니다. 율법이 지녔던 의미의 완전한 깊이를 드러내는 것이 주님이 오신 목적이었습니다.

　　예수님의 주장의 핵심은 이스라엘 민족만을 위한 규범에 불과한 율법은 구속사적으로 새로운 시대에 어울리지 않는다는 사실에 있습니다. 옛 시대의 율법은 예수님의 교훈으로 새롭게 해석되고 보충되어 모든 민족을 위한 규범으로 바뀌어야 합니다. 그래서 율법에서 부적당하고 불충분한 부분이 예수님의 교훈으로 채워진 것입니다. 예수님의 교훈은 구약 율법을 해석하는 결정적인 기준, 완성된 기준이 되었습니다. 사도 바울은 예수님과 율법에 대하여 이렇게 가르쳤습니다. "그리스도는 모든 믿는 자에게 의를 이루기 위하여 율법의 마침이 되니라"(롬 10:4). 그리스도는 율법이 의도하는 목적이요 의미입니다. 그리스도는 그의 인격과 사역, 특히 십자가의 죽음을 통해 모든 율법의 요구를 충족시키고, 율법을 종결지으셨습니다. 그러므로 믿는 자들에게 더 이상 율법의 정죄가 없는 것입니다. 율법은 예수님과 분리되어 이해될 수 없습니다. 율법이 예수님에 대하여 말하며 예수님만이 율법의 엄격한 요구를 충족시키기 때문입니다.

　이어지는 본문 말씀에서 예수님은 하나님의 율법과 하나님 나라 사이에 중대한 관계가 있음을 말씀합니다. 예수님은 율법을 완전케 하기 위해 오셨고 율법은 일점일획이라도 반드시 없어지지 아니하고 다 이루어질 것입니다. 그렇기 때문에 하나님 나라에서 큰 자와 작은 자는 율법을 지키는 것에 의해 좌우될 것입니다. 율법의 정신은 하나님 나라의 윤리입니다. 주님을 따르는 제자들이 가장 조심해야 할 것이 삶에서 율법을 약화시키는 자세입니다. 왜냐하면 율법이 우리의 양심과 삶을 다스리는 권위를 잃는 것은 율법을 주신 하나님의 뜻에 반하는 것이기 때문입니다. 그러므로 천국은 서기관과 바리새인이 피상적으로 해석하고 율법을 왜곡된 방식으로 지킨 '의'로는 들어갈 수 없습니다. 오히려 그보다 '더 나은 의'를 가져야 합니다. 그 의는 예수님이 새롭게 재해석하고 실천하신 진정한 의입니다. 그리스도인의 의는 양보다 질적으로 바리새인의 의를 능가합니다. 이것은 더욱 깊은 마음의 의이며 내적인 의이기에 하나님을 기쁘시게 할 것입니다.

하나님이 말씀하신 '의'는 선지자들이 다가올 메시아 시대에 누리게 될 축복으로 예견했던 '새로운 마음의 의'였습니다. 하나님께서는 예레미야를 통해 "내가 나의 법을 그들의 속에 두며 그 마음에 기록하여"(렘 31:33)라고 약속하셨습니다. 하나님은 어떻게 그것을 행하실까요? 하나님은 에스겔을 통해 "내 신을 너희 속에 두어 너희로 내 율례를 행하게 하리니"(겔 36:27)라고 말씀하셨습니다. '하나님의 율법과 그의 신을 우리 마음속에 두신다'는 두 가지 약속은 같은 것입니다. 우리 마음속에 성령을 두신다는 말은 우리 마음속에 하나님의 법을 기록한다는 말과 같은 것이기 때문입니다. 따라서 '성령', '율법', '마음'은 모두 합하여 전체를 이룹니다. 바리새인들은 외적으로 율법을 복종하는 것만으로도 충분한 의가 될 것이라고 생각했지만 예수님께서는 더욱 철저하셨습니다. 더욱더 깊은 복종으로 이루어지는 것이 '마음의 의'입니다. 이것은 오직 성령으로 거듭나 성령이 마음속에 거하시는 자에게만 있을 수 있습니다. 그러므로 천국과 율법의 의는 깊은 관계가 있습니다.

2. 율법에 대한 예수님의 가르침

우리는 율법을 재해석하시는 예수님의 새로운 가르침을 통해 예수님이 율법을 어떻게 이해하셨는지 더욱 명확하게 알 수 있습니다. 예수님의 가르침은 구약의 계명에 반대하는 것이 아니라 오히려 구약의 율법을 '해설'하고 '확장'한 것입니다. 산상수훈의 여섯 가지 반제들은 한 가지로 귀결되는 데 그것은 바로 '이웃 사랑'입니다. 우리를 향한 하나님의 사랑이 온전하신 것처럼 우리도 온전하게 이웃을 대하고 사랑해야 한다는 뜻입니다.

(마태복음 5:38-42) [38] 또 눈은 눈으로, 이는 이로 갚으라 하였다는 것을 너희가 들었으나 [39] 나는 너희에게 이르노니 악한 자를 대적하지 말라 누구든지 네 오른편 뺨을 치거든 왼편도 돌려 대며 [40] 또 너를 고발하여 속옷을 가지고자 하는 자에게 겉옷까지도 가지게 하며 [41] 또 누구든지 너로 억지로 오 리를 가게 하거든 그 사람과 십 리를 동행하고 [42] 네게 구하는 자에게 주며 네게 꾸고자 하는 자에게 거절하지 말라.

(마태복음 5:43-48) [43] 또 네 이웃을 사랑하고 네 원수를 미워하라 하였다는 것을 너희가 들었으나 [44] 나는 너희에게 이르노니 너희 원수를 사랑하며 너희를 박해하는 자를 위하여 기도하라 [45] 이같이 한즉 하늘에 계신 너희 아버지의 아들이 되리니 이는 하나님이 그 해를 악인과 선인에게 비추시며 비를 의로운 자와 불의한 자에게 내려주심이라 [46] 너희가 너희를 사랑하는 자를 사랑하면 무슨 상이 있으리요 세리도 이같이 아니하느냐 [47] 또 너희가 너희 형제에게만 문안하면 남보다 더하는 것이 무엇이냐 이방인들도 이같이 아니하느냐 [48] 그러므로 하늘에 계신 너희 아버지의 온전하심과 같이 너희도 온전하라.

1 예수님은 악한 자를 대적하지 말고 그들에게 어떻게 하라고 말씀하나요?

2 이웃과 원수에 대하여 주님은 어떤 말씀을 하나요? 이 말씀은 우리의 이해나 태도와 어떻게 다른가요?

3 하늘에 계신 아버지의 온전하심이 율법을 행하는 데 기준이 됩니다. 우리가 온전해야 한다는 말은 무슨 뜻인가요? 우리가 온전해질 수 있는 방법은 무엇인가요?

예수님은 율법을 반대하거나 율법이 무효하다고 선언하시는 것이 아니라, 당시 삶 속에서 구체적이고 실제적으로 율법을 적용하도록 가르치셨습니다. 다섯 번째 반제인 보복 금지 계명은 '눈에는 눈, 이에는 이로 갚아야 하며 동정을 베풀어서는 안 된다'(출 21:23-25; 레 24:19-20; 신 19:21)는 것입니다. 동해복수법(同害復讐法)이라 불리는 이 계명은 개인의 사사로운 처벌 대신 사법적 처벌을 통해 폭력의 확산을 막기 위한 법이었습니다. 이 법의 목적은 정의를 분명히 나타내고 복수를 제한하는 것이었습니다.

마태복음 5장 39절에서 42절까지의 말씀은 당시 폭력적 저항 방식과 사회 약자들을 학대하던 지주와 부자들의 악의적 태도에 대해 주님이 가르치신 것이었습니다. 주님은 피해자라도 정당한 권리에 따라 고

동해복수법 해를 받은 만큼 보복한다는 고대 근동의 법

소할 것을 포기하고 오히려 그런 악한 자들에게까지도 선을 베풀라고 하시는 것입니다. 예수님께서는 비록 동해복수법의 원리가 법정과 하나님의 심판에 속한 것이기는 하지만, 그것이 우리의 개인적인 관계에 그대로 적용될 수 없다고 말씀하셨습니다. 개인적인 관계는 공정이 아닌 사랑에 근거를 두어야 합니다. 우리에게 불의를 행하는 사람들에게는 보복이 아니라 용납을 베풀어야 합니다. 불의를 무시하거나 묵인한다는 말이 아니라 우리의 보복을 금한다는 것입니다. 본문의 네 가지 예는 주님이 악한 이웃에 대하여 가르치려는 원리인 사랑에 관한 것입니다. 해를 당했을 때 복수하는 것으로 만족하지 말아야 합니다. 그 대신 이기심이 없는 사랑을 실천해야합니다. 다른 사람과 사회에 대한 최선의 복지를 도모하며 자신의 반응을 적절하게 정하는 태도가 그런 사랑입니다. 보복할 권리를 포기한다고 해서 악에 대해 무관심하거나 비겁하게 순응하는 것이 아닙니다. 그것은 오히려 폭력을 완전히 새로운 방식으로 저항하는 일입니다.

　동해복수법에는 자기 몫을 추구하고 각자의 몫을 동등하게 배분하는 세상 정의를 추구하는 정신이 반영되어 있습니다. 이러한 세상적 정의는 법이 허용하는 범위 안에서 제한적인 폭력 사용을 정당화합니다. 하지만 겟세마네 동산에서 자기를 무력으로 보호하려는 제자들을 만류하며 '칼을 쓰는 사람은 모두 칼로 망한다'(마 26:52)고 말씀하신 것처럼, 예수님은 일체의 폭력 사용을 거부했습니다. 법이 보장하는 정당한 권리 주장이 아니라 법적 권리를 포기하는 일이었습니다. 이처럼 자기희생 정신에 기초한 하나님의 정의는 세상적 정의의 한계를 드러내며 이를 교정하고 승화시킵니다.

　'네 이웃을 사랑하고 원수를 미워하라'는 율법은 레위기 19장 18절과 관련이 있습니다. 레위기 본문은 원수를 미워하라고 말하지 않았는데도, 율법학자들은 그렇게 해석하고 가르쳤습니다. 여기서 말하는 이웃은 이스라엘 민족 전체를 가리킵니다. 유대인들은 그 외에는 모두 원수 취급을 했습니다. 유대인들은 하나님의 선민을 핍박하는 이방인, 그 가운데서도 로마에 대해서 깊은 적개심을 가지고 있었습니다. 그러나 예수님은 악에 대항하지 말라는 소극적인 교훈을 뛰어넘어 적극적으로 원수마저 사랑할 것을 말씀하십니다. 동족에게만 베푸는 배타적이고 선택적인 사랑 대신에 차별 없는 보편적인 사랑을 강조하셨습니다. 사랑의 대상을 원수와 박해하는 사람들까지 확장하라는 요구였습니다. 제자들이 사랑해야 하는 이유는 하늘에 계신 아버지처럼 온전해지기 위해서라고 재차 가르치십니다.

여섯 번째로 나타난 예수님의 가르침은 악인에게 보복하지 말라는 계명의 도덕 수준을 넘어섭니다. 보복하지 말라는 계명이 원수의 부당한 폭력을 참고 견디는 것을 강조한다면, 원수를 사랑하라는 계명은 거기서 한 걸음 더 나아가 사랑하라고 요구합니다. 예수님이 율법을 이해하고 실천하는 원리는 이웃 사랑에 있음을 알 수 있습니다.

결국 예수님은 모세를 통해 선포된 율법의 모든 요구를 자신의 인격과 사역을 통해 실천하셨습니다. 자신의 삶과 가르침을 통해 율법이 추구하는 의, 사랑의 의를 완성하셨습니다. 독일의 본회퍼 목사는 예수님이 십자가의 길을 통해 의를 소유했을 뿐 아니라 의 자체가 되셨다고 표현했습니다. "그것은 자기 부정, 완전한 사랑, 완전한 순결, 완전한 진실, 완전한 비폭력의 길이다."

3. 가장 큰 계명

　가장 큰 계명에 대한 예수님의 가르침은 예수님이 율법을 어떻게 이해하셨는지 잘 보여 줍니다. 예수님은 율법을 완전케 하시기 위해 오셨습니다. 그리고 완전한 율법의 정점에는 종교지도자들과의 논쟁에서 밝힌 가장 큰 계명이 있습니다. 곧 하나님 사랑과 이웃 사랑입니다. 주님은 이 두 계명이 '온 율법과 선지자의 강령'(마 22:40)이라고 밝히셨습니다. 당시 유대인들이 규정한 613개 계명은 중요한 것과 덜 중요한 것으로 구분되어 있었습니다. 그들은 모든 율법 조항을 다 지킬 수 없기에 차선책으로 중요한 조항만 반드시 지키도록 하였습니다. 그러나 이들의 조항 분류에는 늘 논쟁이 있었습니다. 이런 배경 아래서 예수님이 말씀하신 가장 큰 계명이 나옵니다.

> (마태복음 22:34-40) [34] 예수께서 사두개인들로 대답할 수 없게 하셨다 함을 바리새인들이 듣고 모였는데 [35] 그 중의 한 율법사가 예수를 시험하여 묻되 [36] 선생님 율법 중에서 어느 계명이 크니이까 [37] 예수께서 이르시되 네 마음을 다하고 목숨을 다하고 뜻을 다하여 주 너의 하나님을 사랑하라 하셨으니 [38] 이것이 크고 첫째 되는 계명이요 [39] 둘째도 그와 같으니 네 이웃을 네 자신 같이 사랑하라 하셨으니 [40] 이 두 계명이 온 율법과 선지자의 강령이니라.

1 한 바리새인 율법사가 예수님에게 무슨 질문을 했나요? 이 질문에는 어떤 의도가 담겨있었나요? 여러분은 이 질문에 대해 어떤 생각이 드나요?

2 예수님이 대답을 하신 두 계명은 무엇인가요? 이렇게 두 계명을 말씀하신 이유가 무엇일까요?

3 두 계명이 구약에서 어느 정도 위치를 차지하나요? 이 두 계명은 십계명과 어떤 관계가 있나요?

　　예수님이 바라보시는 율법은 사랑이셨습니다. 예수님은 하나님의 마음과 뜻이 담긴 율법을 지키되, 하나님의 성품을 따라 사랑하며 사는 것을 율법을 지키는 것으로 보셨습니다. 바리새인들이 예수님을 시험하며 '율법 중에서 어느 계명이 크냐'고 묻는 질문에 예수님은 분명하게 대답하셨습니다. "네 마음을 다하고 목숨을 다하고 뜻을 다하여 주 너의 하나님을 사랑하라 하셨으니 이것이 크고 첫째 되는 계명이요, 둘째도 그와 같으니 네 이웃을 네 자신 같이 사랑하라 하셨으니 이 두 계명이 온 율법과 선지자의 강령이니라." 두 계명은 성경의 어느 특정 계명을 제시하기보다 구약성경의 모든 율법을 관통하는 계명이자 율법의 근본 정신이었습니다. 나아가 예수께서 제시하신 두 계명은 사랑이야말로 모든 율법의 완성이라는 사실을 보여 주고 있습니다(롬 13:18-10).

　　'어느 계명이 큰가?'는 당시 랍비 세계에서 중요한 이슈였습니다. 중요한 조항과 덜 중요한 조항 사이의 기준을 찾고 있던 상황에서 예수님께 질문하고 대답을 구했던 것입니다. 이에 대해 예수님은 바리새인의 기대와 다른 대답을 하십니다. 바리새인들이 기대했던 대답은 하나님을 사랑하는 것이었으며, 하나님을 사랑하는 것은 하나님의 율법을 준수하는 것이었습니다. 그러나 예수님은 가장 큰 계명이 하나님을 사랑하는 것에는 동의하지만, 그것을 표현하는데 있어서는 바리새인들과 다른 생각을 갖고 있었습니다. 하나님을 사랑하는 표시는 율법 준수가 아니라 이웃 사랑으로 나타난다는 것입니다. 율법 준수와 이웃 사랑은 하나이며, 따라서 이웃 사랑을 행하는 것이 곧 모든 율법을 준행하는 것이었습니다.

안식일 논쟁에서도 예수님은 안식일 계명을 지키는 것이 겉으로 드러난 행위가 아니라, 곤경에 처한 자에게 자비를 베풀고 긍휼히 여기는 사랑에 있다는 것을 보여 주셨습니다. 예수님에게는 사랑의 실천이 더 중요했습니다. "화있을 진저 외식하는 서기관들과 바리새인들이여 너희가 박하와 회향과 근채의 십일조는 드리되 율법의 더 중한 바 정의와 긍휼과 믿음은 버렸도다 그러나 이것도 행하고 저것도 버리지 말아야 할지니라"(마 23:23). 마태복음에 나타난 예수님의 율법 이해는 유대교의 율법을 준수하는 차원에서 벗어나 실제적인 행동으로 구체화되어야 한다는 것이었습니다. 그러므로 예수님의 이웃 사랑 강조는 율법의 계명을 파기하는 것이 아니라, 율법의 진정한 의미가 무엇이며 율법을 지키는 것이 무엇인지 가르쳐 주고 있는 것입니다. 사랑이야말로 진정한 율법의 성취인 것입니다(마 9:13; 12:7).

결국 이러한 예수님의 말씀은 사랑이 빠진 율법 준수는 종교적 형식주의를 초래할 수밖에 없다는 사실을 경고합니다. 하나님의 계명 중 어느 하나도 사랑에 기초하지 않고는 온전히 순종할 수 있는 것이 없습니다. 하나님의 징벌과 심판에 대한 두려움 때문에 억지로 계명을 지키는 자가 있다면, 결국 그는 실패하고 말 것입니다. 성도가 하나님을 사랑하고 그분의 계명에 순종하는 것은 바로 우리를 향하신 하나님의 극진한 사랑과 풍성한 은혜 때문입니다. "사랑하는 자들아 하나님이 이같이 우리를 사랑하셨은즉 우리도 서로 사랑하는 것이 마땅하도다 어느 때나 하나님을 본 사람이 없으되 만일 우리가 서로 사랑하면 하나님이 우리 안에 거하시고 그의 사랑이 우리 안에서 온전히 이루어졌느니라"(요일 4:11-12). 하나님을 향한 우리의 사랑과 충성은 반드시 이웃에 대한 사랑과 봉사로 표현되어야 합니다. 하나님을 사랑한다고 말하면서 이웃을 사랑하지 않는 자가 있다면, 틀림없이 그는 거짓말하는 자입니다(요일 3:16-18; 4:20, 21). 따라서 그런 자들은 장차 주님께서 재림하실 때 엄청난 책망과 수치를 당하게 될 것입니다(마 25:31-46).

이웃 사랑의 원리는 하나님 사랑에 입각해 실천됩니다. 여섯 번째 주제에서 '하늘에 계신 너희 아버지께서 온전하신 것 같이 너희도 온전하라'는 예수님의 말씀은 두 가지 큰 계명과 동일한 것입니다. 온전함이란 자비와 긍휼을 가리키는 말입니다. '하나님처럼 온전하라'는 요구는 유대인과 이방인을 구분하지 말고, 세리와 로마 원수에 대해 차별을 두지 말고, 하나님의 보편적 사랑과 자비를 실천하라는 의미입니다. 이렇듯 사랑은 율법 전체를 해석하고 실천하는 원리입니다.

묵상과 적용

1. 바리새인과 서기관보다 더 나은 의가 있어야 하나님 나라에 들어갈 수 있다고 하신 예수님의 말씀에 따라 우리에게도 이런 의가 있는지 반성해보아야 합니다. 그러기 위해서는 '더 나은 의'에 대한 개념을 분명히 가져야 합니다. 십계명과 관련하여 '더 나은 의'가 나에게는 어떻게 나타나는 지 나누어 보세요.

2. 예수님은 악한 자에게 폭력을 사용하는 것을 일체 금지하셨습니다. 이 말은 우리가 속해 있는 사회와 국가 활동에서도 해당될 수 있나요? 비폭력 저항 정신에 대한 의견을 나누어 보세요.

3. 가장 큰 계명이 율법과 선지자의 강령이라는 원리는 신약에서도 그대로 적용되고 있습니다. 그 원리가 신약에서도 왜 동일한지 이야기해 봅시다. 네 이웃을 내 몸처럼 사랑하지 못하는 경우가 많습니다. 실례를 들어보고 이를 해결할 방법을 이야기 해보세요.

14과

바울과 율법

　바울에게 율법은 중심적인 위치를 차지했습니다. 율법은 바울의 신학, 윤리적 주제와 밀접한 관련이 있습니다. 바울이 회심하기 전 율법 학자로서 가졌던 견해는 그리스도를 만난 이후 이방인의 사도가 되면서 많이 바뀌었습니다. 바울은 율법의 의를 좇는 바리새인으로 살았지만, 회심 이후 사도가 되자 그리스도를 믿음으로 얻는 의를 가르쳤습니다.

　바울과 율법의 관계를 이해하려면 성경을 자세히 읽고 연구해야 합니다. 잘못된 율법 준수의 가르침에 빠진 갈라디아 교회를 복음으로 되돌리기 위해 저술한 갈라디아서, 유대인과 이방인의 갈등이 있던 교회에 전반적인 복음을 설명하는 로마서에는 율법에 관한 바울의 견해가 잘 기록되어 있습니다. 따라서 갈라디아서와 로마서를 비교하며 율법에 관한 바울의 견해를 연구하는 것은 아주 유익합니다.

　바울의 견해에 따르면, 율법은 구속사에서 여러가지 기능이 있습니다. 하나님의 계획 속에서 율법은 한 번도 구원의 수단이었던 적이 없습니다. 그리스도의 오심과 구속 사역으로 인해 나뉘는 두 시대(옛 시대와 새 시대)에 대한 바울의 종말론적 관점을 바탕으로, 바울은 율법을 임시적인 것으로 이해합니다. 또한 바울은 율법을 사람을 의롭게 하는 수단으로 여기지 않습니다. 그러나 율법이 윤리적인 차원에서 직·간접적으로 성도의 삶에 연결된다는 점은 바울도 동의합니다.

1. 율법과 믿음

 이방인의 사도인 바울은 이방인들이 어떻게 의롭게 되어 하나님의 백성이 되는지에 관심을 가졌습니다. 그는 그리스도의 죽으심과 부활을 믿는 자는 누구나 차별 없이 의롭게 된다는 복음을 증거했고, 이와 다른 복음을 전하는 자는 저주를 받을 것(갈 1:8-9)이라고 하며 율법주의를 심하게 비판했습니다. 먼저 바울이 이해하는 율법은 칭의(稱義, justification)*와 관련 있습니다. 시내산에서 모세를 통해 주어진 율법은 구원을 얻는 수단인가요? 아니면 하나님의 백성으로서의 삶의 규범인가요? 먼저 바울은 율법은 구원을 얻는 수단이 아니라고 주장합니다. 오직 예수 그리스도를 믿음으로 의롭게 된다고 주장합니다.

(로마서 3:19-31) [19] 우리가 알거니와 무릇 율법이 말하는 바는 율법 아래에 있는 자들에게 말하는 것이니 이는 모든 입을 막고 온 세상으로 하나님의 심판 아래에 있게 하려 함이라 [20] 그러므로 율법의 행위로 그의 앞에 의롭다 하심을 얻을 육체가 없나니 율법으로는 죄를 깨달음이니라 [21] 이제는 율법 외에 하나님의 한 의가 나타났으니 율법과 선지자들에게 증거를 받은 것이라 [22] 곧 예수 그리스도를 믿음으로 말미암아 모든 믿는 자에게 미치는 하나님의 의니 차별이 없느니라 [23] 모든 사람이 죄를 범하였으매 하나님의 영광에 이르지 못하더니 [24] 그리스도 예수 안에 있는 속량으로 말미암아 하나님의 은혜로 값 없이 의롭다 하심을 얻은 자 되었느니라 [25] 이 예수를 하나님이 그의 피로써 믿음으로 말미암는 화목제물로 세우셨으니 이는 하

칭의 '의롭게 됨' 또는 '의롭다고 인정을 받음'을 뜻하며, 기독교 신학에서 속죄를 통해 죄의 용서와 내면적 쇄신과 동시에 죄인들이 의로워졌다고 선언받는 것이다.

나님께서 길이 참으시는 중에 전에 지은 죄를 간과하심으로 자기의 의로우심을 나타내려 하심이니 26 곧 이 때에 자기의 의로우심을 나타내사 자기도 의로우시며 또한 예수 믿는 자를 의롭다 하려 하심이라 27 그런즉 자랑할 데가 어디냐 있을 수가 없느니라 무슨 법으로냐 행위로냐 아니라 오직 믿음의 법으로니라 28 그러므로 사람이 의롭다 하심을 얻는 것은 율법의 행위에 있지 않고 믿음으로 되는 줄 우리가 인정하노라 29 하나님은 다만 유대인의 하나님이시냐 또한 이방인의 하나님은 아니시냐 진실로 이방인의 하나님도 되시느니라 30 할례자도 믿음으로 말미암아 또한 무할례자도 믿음으로 말미암아 의롭다 하실 하나님은 한 분이시니라 31 그런즉 우리가 믿음으로 말미암아 율법을 파기하느냐 그럴 수 없느니라 도리어 율법을 굳게 세우느니라.

1 바울이 로마서 3장 19~20절에서 말하는 율법의 기능은 무엇인가요?

2 바울이 말하는 율법 외에 나타난 하나님의 한 의는 무엇인가요?

3 이신칭의(以信稱義)*의 원리로 인해 율법은 그 역할을 잃은 것처럼 보입니다. 그렇다면 믿음은 율법을 파기하나요? 아니면 율법을 어떻게 한다고 말하나요? 그 말의 의미는 무엇인가요?

(갈라디아서 3:6-14) ⁶ 아브라함이 하나님을 믿으매 그것을 그에게 의로 정하셨다 함과 같으니라 ⁷ 그런즉 믿음으로 말미암은 자들은 아브라함의 자손인 줄 알지어다 ⁸ 또 하나님이 이방을 믿음으로 말미암아 의로 정하실 것을 성경이 미리 알고 먼저 아브라함에게 복음을 전하되 모든 이방인이 너로 말미암아 복을 받으리라 하였느니라 ⁹ 그러므로 믿음으로 말미암은 자는 믿음이 있는 아브라함과 함께 복을 받느니라 ¹⁰ 무릇 율법 행위에 속한 자들은 저주 아래에 있나니 기록된 바 누구든지 율법 책에 기록된 대로 모든 일을 항상 행하지 아니하는 자는 저주 아래에 있는 자라 하였음이라 ¹¹ 또 하나님 앞에서 아무도 율법으로 말미암아 의롭게 되지 못할 것이 분명하니 이는 의인은 믿음으로 살리라 하였음이라 ¹² 율법은 믿음에서 난 것이 아니니 율법을 행하는 자는 그 가운데서 살리라 하였느니라 ¹³ 그리스도께서 우리를 위하여 저주를 받은 바 되사 율법의 저주에서 우리를 속량하셨으니 기록된 바 나무에 달린 자마다 저주 아래에 있는 자라 하였음이라 ¹⁴ 이는 그리스도 예수 안에서 아브라함의 복이 이방인에게 미치게 하고 또 우리로 하여금 믿음으로 말미암아 성령의 약속을 받게 하려 함이라.

이신칭의   믿음으로 의롭게 된다는 영적 원리

4 믿음으로 의롭다 함을 얻는다는 진리를 증거하기 위해 바울은 누구의 예를 들고 있나요? 진정한 아브라함의 자손은 누구인가요?

5 갈라디아서 본문에 의하면 율법 행위에 속한 자들은 저주 아래 있다고 선언합니다. 그 이유가 무엇인가요?

6 이 율법의 저주를 누가 어떻게 해결했나요?

바울에게 있어 율법은 유대인이나 이방인의 행위를 심판하는 규범입니다(롬 2:12-16). 율법이 있는 유대인은 율법으로 심판을 받고, 율법 없이 양심이 율법 역할을 한 이방인은 율법이 없어 망합니다. 율법은 원래 구원을 위해 주신 것이 아닙니다. 모세 언약 아래 있는 이스라엘 백성들에게 삶의 규범으로 주셨습니다. 그러나 율법을 소유한 것과 율법을 지키는 것은 별개입니다. 하나님께 의롭다 함을 받으려면 율법의 조항들을 온전히 지켜야만 했습니다. 바울은 이 사실을 갈라디아서에서 더 구체적으로 말했습니다. "무릇 율법 행위에 속한 자들은 저주 아래에 있나니 기록된 바 누구든지 율법 책에 기록된 대로 모든 일을 항상 행하지 아니하는 자는 저주 아래에 있는 자라 하였음이라"(갈 3:10). 그러나 인간은 율법을 온전히 지킬 능력이 없습니다. 오직 율법은 우리가 죄를 짓는다는 사실을 깨닫게 해 줄 뿐입니다. 율법은 사람을 정죄하는 역할을 합니다. 율법은 사람들을 저주 아래 예속시킵니다. 복을 주어야 할 하나님의 율법이 인간의 무능력과 율법의 무력함으로 인해 죄인들을 저주 아래 둡니다. 그것이 로마서 2장 12~16절과 갈라디아서 3장 10절에서 바울이 주장하는 바입니다.

그러나 율법과 관계 없는 하나님의 의가 나타났습니다. 하나님은 당신의 은혜로 인간을 의롭게 하는 무조건적인 긍휼을 베푸셨습니다. 모든 사람이 죄를 범해 하나님의 영광에 이르지 못하자 하나님은 인간을 긍휼히 여기셔서 독생자 예수 그리스도를 세상에 보내 죄인들을 속량했습니다. "그리스도께서 우리를 위하여 저주를 받으바 되사 율법의 저주에서 우리를 속량하셨으니 기록된 바 나무에 달린 자마다 저주 아래 있는 자라 하였음이라"(갈 3:13). 하나님이 믿음으로 말미암는 화목 제물로 그리스도를 세우심은 그를 믿는 자마다 의롭게 하시기 위함입니다. 죄가 없으신 예수 그리스도를 정죄하사 모든 믿는 자들의 죄를 용서하심으로 자신의 의로움을 드러내셨고 또한 믿는 자들을 의롭다고 하셨습니다. 율법이 할 수 없는 것을 그리스도께서 하셨습니다. 그리스도는 율법을 온전하게 지키셨을 뿐 아니라 율법의 온전한 요구를 들어주셨습니다. 그러므로 예수 그리스도를 믿고 그와 연합한 자는 율법의 정죄와 저주에서 속량된 것입니다.

사실 그리스도가 이 땅에 오시는 것과 무관하게 율법이 칭의(의롭다 함)의 통로가 될 수 없는 치명적인 결함이 있습니다. 바울의 관점에서 칭의는 생명의 부여, 곧 죽음으로부터 다시 살려 낼 수 있는 능력이 요구됩니다. 하나님과 관계 회복을 가져올 수 있어야 합니다. 그런데 하나님께서는 자신의 배타적 권한에 속하는 이 능력을 율법에는 부여하지 않으셨습니다. 그렇기에 사람을 살려 낼 수 없는 율법을 통해 의를 추구하는 것은 그리스도의 죽음을 헛된 것으로 만듭니다. "내가 하나님의 은혜를 폐하지 아니하노니 만일 의롭게 되는 것이 율법으로 말미암으면 그리스도께서 헛되이 죽으셨느니라"(갈 2:21). 비록 하나님의 거룩한 율법이지만, 율법에는 살리는 생명의 능력이 없습니다. 바울에게 있어서 율법을 행함과 그리스도를 믿음은 양립될 수 없는 원리입니다. "하나님 앞에서 아무도 율법으로 말미암아 의롭게 되지 못할 것이 분명하니 이는 의인은 믿음으로 살리라 하였음이라"(갈 3:11).

2. 율법과 죄

바울은 믿음을 갖기 전 육신에 있을 때와 신자가 된 후에 율법과 맺는 관계가 어떻게 달라지는지 설명합니다. "우리가 육신에 있을 때에는 율법으로 말미암는 죄의 정욕이 우리 지체 중에 역사하여 우리로 사망을 위하여 열매를 맺게 하였더니 이제는 우리가 얽매였던 것에 대하여 죽었으므로 율법에서 벗어났으니 이러므로 우리가 영의 새로운 것으로 섬길 것이요 율법 조문의 묵은 것으로 아니할지니라"(롬 7:5-6). 이는 하나님의 뜻과 마음이 담긴 율법은 반드시 지켜야 한다는 유대 율법주의자들의 논리에 대한 답변입니다.

율법은 죄인을 정죄한 결과로 죽음을 요구했습니다. 그러나 죽음을 극복하기 위해 그리스도께서 우리를 위해 죽으셨습니다. 그리스도인은 믿을 때 그리스도와 연합함으로 죄와 율법에 대하여 죽습니다. 죽으면 더 이상 율법의 속박 아래 있지 않습니다. 그러므로 이제 율법의 조문을 따라 살아서는 안 됩니다. 왜냐하면 율법 자체는 죄가 아니지만 율법은 우리 지체 중에 죄가 역사하도록 돕는 방편이기 때문입니다

(로마서 7:7-25) ⁷ 그런즉 우리가 무슨 말을 하리요 율법이 죄냐 그럴 수 없느니라 율법으로 말미암지 않고는 내가 죄를 알지 못하였으니 곧 율법이 탐내지 말라 하지 아니하였더라면 내가 탐심을 알지 못하였으리라 ⁸ 그러나 죄가 기회를 타서 계명으로 말미암아 내 속에서 온갖 탐심을 이루었나니 이는 율법이 없으면 죄가 죽은 것임이라 ⁹ 전에 율법을 깨닫지 못했을 때에는 내가 살았더니 계명이 이르매 죄는 살아나고 나는 죽었도다 ¹⁰ 생명에 이르게 할 그 계명이 내게 대하여 도리어 사망에 이르게 하는 것이 되었도다 ¹¹ 죄가 기회를 타서 계명으로 말미암아 나를 속이고 그것으로 나를 죽였는지라 ¹² 이로 보건대 율법은 거룩하고 계명도 거룩하고 의로우며 선하도다 ¹³ 그런즉 선한 것이 내게 사망이 되었느냐 그럴 수 없느니라 오직 죄가 죄로 드러나기 위하여 선한 그것으로 말미암아 나를 죽게 만들었으니 이는 계명으로 말미암아 죄로 심히 죄 되게 하려 함이라 ¹⁴ 우리가 율법은 신령한 줄 알거니와 나는 육신에 속하여 죄 아래에 팔렸도다 ¹⁵ 내가 행하는 것을 내가 알지 못하노니 곧 내가 원하는 것은 행하지 아니하고 도리어 미워하는 것을 행함이라 ¹⁶ 만일 내가 원하지 아니하는 그것을 행하면 내가 이로써 율법이 선한 것을 시인하노니 ¹⁷ 이제는 그것을 행하는 자가 내가 아니요 내 속에 거하는 죄니라 ¹⁸ 내 속 곧 내 육신에 선한 것이 거하지 아니하는 줄을 아노니 원함은 내게 있으나 선을 행하는 것은 없노라 ¹⁹ 내가 원하는 바 선은 행하지 아니하고 도리어 원하지 아니하는 바 악을 행하는도다 ²⁰ 만일 내가 원하지 아니하는 그것을 하면 이를 행하는 자는 내가 아니요 내 속에 거하는 죄니라 ²¹ 그러므로 내가 한 법을 깨달았노니 곧 선을 행하기 원하는 나에게 악이 함께 있는 것이로다 ²² 내 속사람으로는 하나님의 법을 즐거워하되 ²³ 내 지체 속에서 한 다른 법이 내 마음의 법과 싸워 내 지체 속에 있는 죄의 법으로 나를 사로잡는 것을 보는도다 ²⁴ 오호라 나는 곤고한 사람이로다 이 사망의 몸

에서 누가 나를 건져내랴 ²⁵ 우리 주 예수 그리스도로 말미암아 하나님께 감사하리로다 그런즉 내 자신이 마음으로는 하나님의 법을 육신으로는 죄의 법을 섬기노라.

1 사도 바울이 주장하는 율법과 죄의 관계는 무엇인가요?(7-12절)

2 본문에 등장하는 사람은 왜 죄 아래 팔렸다고 하소연하나요?

3 이 사람이 결론을 내리는 말은 무엇인가요? 왜 그렇게 단정할까요?

바울은 율법의 목적이 죄인을 정죄하는 것이라고 가르칩니다. 그렇다면 율법은 죄를 억제할까요, 아니면 더하게 할까요? 바울의 율법 신학의 독특한 점이 여기에 있습니다. 그는 율법이 죄를 억제하는 것이 아니라 오히려 보다 많은 죄를 짓도록 유도한다고 말합니다. 그러나 유대교는 율법이 죄를 예방하고 이스라엘 백성을 지켜준다고 믿습니다.

바울은 "율법이 들어온 것은 범죄를 더하게 하려 함이라"(롬 5:20)고 했습니다. "그런즉 율법은 무엇이냐 범법하므로 더하여진 것이라"(갈 3:19). 율법은 전문적이고 법적인 의미에서 죄를 확인하는 것입니다. 바울은 율법이 죄를 드러내며 사람들을 예속시킨다고 일관되게 말합니다. 바울에게 있어 '율법 아래'와 '죄 아래'의 밀접한 관계도 죄를 유발시키는 율법의 역할을 나타냅니다. "죄가 너희를 주장하지 못하리니 이는 너희가 법 아래에 있지 아니하고 은혜 아래 있음이라"(롬 6:14). 바울은 모세 율법 아래 있는 것은 죄의 권세, 권위, 지배력 아래 있는 것이지만, 은혜 아래 있는 것은 죄의 강력한 권세로부터 자유로운 것을 의미한다고 강조합니다. '율법 아래의 삶'은 우리로 하여금 죄 짓지 않게 하지도 못하고, 우리에게 의로운 삶을 살도록 가르치지도 못합니다. 율법 아래의 삶은 사람들을 죄의 삶에 예속시킵니다.

사실 위 본문에서 '나'가 누구를 가리키는지 논란이 많습니다. 본문을 잘 이해하려면 구조를 파악해야 합니다. 로마서 7장 5절은 "우리가 육신에 있을 때에는 율법으로 말미암는 죄의 정욕이 우리 지체 중에 역사하여 우리로 사망을 위하여 열매를 맺게 하였더니"라고 말합니다. 반면에 로마서 7장 6절은 "이제는 우리가 얽매였던 것에 대하여 죽었으므로 율법에서 벗어났으니 이러므로 우리가 영의 새로운 것으로 섬길 것이요 율법 조문의 묵은 것으로 아니할지니라"고 말합니다. 로마서 7장 7~25절은 죄가 율법을 통해 사망을 가져온 로마서 7장 5절의 사람을 묘사하고 있습니다. 반면 로마서 8장 1~7절은 율법의 지배로부터 해방되어 성령의 지배를 받게 된 사람을 묘사합니다.

'육신에 있을 때'와 '율법에 대하여 죽었을 때'가 대조되는데 이것은 비신자와 신자의 대조적인 면을 말합니다. 이런 대조는 아담의 사역과 그리스도의 사역이 대조되는 로마서 5장에 이미 나타나 있습니다. 6장에서는 죄와 율법 둘 다 사람을 지배하는 통치 세력으로 보면서 신자가 '죄의 지배 아래 있지 않는 것'처럼 '율법의 지배 아래 있지 않다'고 말합니다. 신자가 죄의 지배로부터 자유롭게 된 것처럼 율법의 지배에서도 자유롭게 되었다는 사실은 7장 6절 '이제는 우리가 얽매였던 것(율법)에 대하여 죽었으므로 율법에서 벗어났으니'에서 재확인됩니다.

7장에 들어와서는 그동안 미뤄둔 문제, 곧 죄와 율법의 상호 연관성과 율법이 비신자의 삶에 어떻게 부정적인 역할을 하는지 구체적으로 설명합니다. 성도가 죄의 유혹을 이기지 못하고 죄의 종이 될 때도 있습니다. 그래서 많은 학자들은 이 본문을 바울의 경험으로 인식하며 그의 체험을 통해 신자의 경험을 말한다고 보기도 합니다.

7장은 1~6절, 7~13절, 14~25절 세 부분으로 나누어집니다. 첫 번째 부분인 1~6절은 7~8장의 서론으로서, 바울은 결혼한 여자가 남편이 죽었을 때는 남편의 법으로부터 자유롭게 되는 결혼 제도의 실례를 들어 율법의 한계를 설명합니다. 신자는 그리스도의 죽음과 연합하여 율법에 대해 죽었음으로 소극적으로는 그동안 자신을 예속한 율법으로부터 해방되었고, 적극적으로는 이제부터 성령으로 말미암아 하나님을 위해 살아야 할 것을 강조합니다. 두 번째 부분인 7~13절에서, 바울은 비록 율법이 죄의 도구가 되어 나를 죽음으로 끌고 간다고 할지라도 율법 자체가 죄는 아니며, 오히려 하나님의 거룩한 법인 것을 증명합니다. 문제는 율법에 있는 것이 아니라 오히려 죄의 지배를 받는 나의 죄성에 있다는 것입니다. 세 번째 부분인 14~25절에서, 바울은 율법이 하나님의 거룩한 법으로서 나에게 죄가 무엇이며 어떻게 살아야 할지 알려주지만, 또 한편으로는 죄의 지배 아래 있는 나를 구원하지 못할 뿐만 아니라 죄와 싸워 승리하는 삶을 살도록 도와주지 못하는 무능력한 것으로 표현합니다. 그리고 그 무능력 때문에 절망하고 좌절할 수밖에 없는 나의 고뇌에 관해 말합니다. 사실 율법이 죄를 만들어 낸 것은 아닙니다. 그렇지만 죄로 죄를 깨닫게 해주는 율법의 역할에 오히려 반동(反動)하여 죄를 더 짓고자 하는 타락하고 부패한 인간의 본성이 문제가 되어, 결국 깊은 고뇌와 탄식에 빠지게 됩니다.

앞서 말한 것처럼 로마서 7장은 율법을 지키고 싶어도 지킬 수 없는 사람이 빠진 곤경을 극적으로 묘사합니다. 바울은 내적 욕구, 즉 율법을 통해서도 소멸되지 않는 탐심에 초점을 맞춥니다. 탐심을 금지하면 실제로 이웃의 것을 탐내려는 욕구가 일어납니다. 탐을 내는 것에 대해 즉각적이고도 직접적인 징벌이 없으므로 율법은 억제 수단으로서의 기능을 하지 못합니다. 율법은 '신령하며'(롬 7:14), '선한'(롬 7:16) 것으로 높이 평가됩니다. 속사람은 율법을 지키려고 합니다(롬 7:22). 하지만 죄의 능력이 율법보다 더 강하여 실제로는 율법은 더 많은 죄를 짓게 만드는 역할을 합니다. 율법을 사랑하는 사람조차 율법을 지킬 수 없습니다. 그러한 사람은 그들이 미워하는 것을 행하는 것으로 끝나는데(롬 7:15), 이는 그들 속에 율법을 지키고자 하는 마음보다 더 강한 힘이 죄를 짓게 만들기 때문입니다(롬 7:17, 20). 죄의 폭정이 그들을 속박하며(롬 7:14) 그들이 곤고하게 느끼도록 만듭니다(롬 7:24).

3. 율법과 성령

율법의 두 가지 역할, 즉 시내산 언약을 지켜야 할 의무와 죄에 예속되게 만드는 힘은 그리스도의 구속 사역으로 종결되었습니다. 그렇다면 율법은 이제 그리스도인의 생활 속에서 아무런 역할을 하지 않을까요? "온 율법은 네 이웃 사랑하기를 네 몸 같이 하라 하신 한 말씀에 이루었나니"(갈 5:14)와 "너희가 짐을 서로 지라 그리하면 그리스도의 법을 성취하리라"(갈 6:2)와 같은 말씀에서는 율법이 긍정적으로 표현됩니다. 앞에 나오는 부정적 진술과 이런 긍정적 진술은 어떻게 조화를 이루어야 할까요? 바울은 성령과 율법에 관하여 늘 긍정적으로 말합니다. 그리스도의 속죄 사역과 성령 강림은 모세 언약이 끝나고 아브라함 언약이 성취되었음을 알려줍니다. 하나님은 이미 선지자 예레미야를 통해 "내가 나의 법을 그들 속에 두며 그들의 마음에 기록하여"(렘 31:33)라고 하셨고, 에스겔 선지자를 통해 "또 내 영을 너희 속에 두어 너희로 내 율례를 행하게 하리니 너희가 내 규례를 지켜 행할지라"(겔 36:27)고 약속하셨습니다. 예수님의 죽음과 부활, 승천, 그리고 성령의 강림으로 이 약속은 성취되었습니다. 구약 선지자들의 예언에 의하면 성령과 율법은 밀접한 관계를 가집니다.

(로마서 8:1-4) [1] 그러므로 이제 그리스도 예수 안에 있는 자에게는 결코 정죄함이 없나니 [2] 이는 그리스도 예수 안에 있는 생명의 성령의 법이 죄와 사망의 법에서 너를 해방하였음이라 [3] 율법이 육신으로 말미암아 연약하여 할 수 없는 그것을 하나님은 하시나니 곧 죄로 말미암아 자기 아들을 죄 있는 육신의 모양으로 보내어 육신에 죄를 정하사 [4] 육신을 따르지 않고 그 영을 따라 행하는 우리에게 율법의 요구가 이루어지게 하려 하심이니라.

(갈라디아서 5:1-6, 13-15) [1] 그리스도께서 우리를 자유롭게 하려고 자유를 주셨으니 그러므로 굳건하게 서서 다시는 종의 멍에를 메지 말라 [2] 보라 나 바울은 너희에게 말하노니 너희가 만일 할례를 받으면 그리스도께서 너희에게 아무 유익이 없으리라 [3] 내가 할례를 받는 각 사람에게 다시 증언하노니 그는 율법 전체를 행할 의무를 가진 자라 [4] 율법 안에서 의롭다 함을 얻으려 하는 너희는 그리스도에게서 끊어지고 은혜에서 떨어진 자로다 [5] 우리가 성령으로 믿음을 따라 의의 소망을 기다리노니 [6] 그리스도 예수 안에서는 할례나 무할례나 효력이 없으되 사랑으로써 역사하는 믿음뿐이니라.

¹³ 형제들아 너희가 자유를 위하여 부르심을 입었으나 그러나 그 자유로 육체의 기회를 삼지 말고 오직 사랑으로 서로 종 노릇 하라 ¹⁴ 온 율법은 네 이웃 사랑하기를 네 자신 같이 하라 하신 한 말씀에서 이루어졌나니 ¹⁵ 만일 서로 물고 먹으면 피차 멸망할까 조심하라.

(갈라디아서 6:1-2) ¹ 형제들아 사람이 만일 무슨 범죄한 일이 드러나거든 신령한 너희는 온유한 심령으로 그러한 자를 바로잡고 너 자신을 살펴보아 너도 시험을 받을까 두려워하라 ² 너희가 짐을 서로 지라 그리하여 그리스도의 법을 성취하라.

1 로마서 7장에서 사도 바울은 율법을 지키려다 늘 죄로 인해 정죄받은 사람의 곤고함을 지적했습니다. 그러다가 8장에 들어와 위대한 선언을 합니다. 그 선언은 무엇이며 왜 정죄함이 없게 되었을까요? 그 말의 뜻은 무엇인가요?

2 하나님이 예수 그리스도에게 어떤 일을 하셨나요? 우리는 어떻게 할 때 율법의 요구를 이룰 수 있나요?

3 율법과 사랑, 성령의 관계를 갈라디아서 본문 말씀을 풀어서 설명해 보세요. 의롭게 되는 것은 믿음으로 말미암습니다. 성령은 어떻게 사랑의 열매를 맺게 하나요?

바울은 율법과 성령을 다양하게 대조합니다. '율법 조문은 죽이는 것이요 영은 살리는 것'(고후 3:6)이라고 주장했고, "할례는 마음에 할지니 영에 있고 율법 조문에 있지 아니한 것이라"(롬 2:29), "이제는 우리가 얽매였던 것에 대하여 죽었으므로 율법에서 벗어났으니 이러므로 우리가 영의 새로운 것으로 섬길 것이요 율법 조문의 묵은 것으로 아니할지니라"(롬 7:6)고 여러 차례 강변했습니다.

성령과 율법의 관계를 연구하려면, 율법의 기능을 긍정적으로 설명한 갈라디아서 5장 14절과 6장 2절을 탐구해 보아야 합니다. 또한 로마서 7장과 8장을 비교 연구해야 합니다. 바울은 사랑이 율법을 대치하거나 무용지물로 만든다고 말하지 않고, 율법을 완성한다고 말합니다. 이것은 바울이 5장 12절까지 율법을 냉혹하게 비판한 것(율법의 행위로는 의롭다 함을 얻을 수 없음, 율법의 저주, 범법을 생산하는 율법의 기능, 율법 아래의 노예 상태)을 돌아보면 매우 놀랍습니다.

바울은 믿음으로 의롭게 되었다는 말씀을 이제는 "이는 그리스도 예수 안에서 아브라함의 복이 이방인에게 미치게 하고 또 우리로 하여금 믿음으로 말미암아 성령의 약속을 받게 하려 함이라"(갈 3:14)고 강조합니다. 우리는 예수 그리스도를 믿음으로 말미암아 하나님의 아들이 되었다는 증거로 성령을 받습니다. 성경은 "너희가 아들이므로 하나님이 그 아들의 영을 우리 마음 가운데 보내사 아빠 아버지라 부르게 하셨느니라"(갈 4:6), "너희는 다시 무서워하는 종의 영을 받지 아니하고 양자의 영을 받았으므로 우리가 아빠 아버지라고 부르짖느니라 성령이 우리의 영과 더불어 우리가 하나님의 자녀인 것을 증언하시나니"(롬 8:15-16)라고 말합니다.

그렇다면 율법은 어떠합니까? 이미 로마서 7장과 갈라디아서 3장 15절, 4장 17절에서 율법을 우리를 예속하는 세력, 우리를 마치 종과 같이 다루었던 것으로 증거했습니다. 그런데 로마서 8장에 보면 예수 안에 있는 자는 결코 율법의 정죄함이 없다고 선언합니다. 왜냐하면 죄와 사망을 일으키는 율법 아래 있지 않도록 생명을 주는 성령의 법이 우리를 해방시켰기 때문입니다. 누구도 율법을 온전히 지킬 수 없습니다. 지키려고 노력하면 할수록 오히려 죄가 기승을 부려 우리를 사망의 몸에 가두어 버립니다. 우리를 죄 아래 있게 만들고, 결국 저주 아래 있게 만듭니다. 이런 예속과 저주 아래 있는 우리를 해방시켜주는 분은 성령이십니다. 그리스도를 통해 죄와 사망의 법에서 해방되었다는 것은 더이상 법 아래 있지 않는 것, 다시 말해 의롭다 함을 얻거나 거룩해 지기 위해 율법을 의지하지 않는 것을 말합니다. 그리스도 안에 있는 자는 복음, 즉 생명을 주시는 성령의 거듭나게 하는 역사로 말미암아 새로운 피조물로 태어납니다. 율법이 할 수 없는 일, 즉 생명을 주는 일을 하나님은 하십니다. 율법은 의롭게 할 수도, 거룩하게 할 수도 없습니다. 무기력한 것은 율법이 아니라 우리의 육신, 우리의 타락한 이기적 본성입니다. 그래서 하나님은 완전하신 하나님의 아들을 죄 있는 육신의 모양으로 이 땅에 보내셔서 그 육신을 정죄하셨습니다. 하나님은 자기 아들의 무죄한 인성 안에서 우리 죄를 심판하셨습니다. 십자가에서 판결의 선고와 집행을 다 하셨습니다.

왜 그렇게 하셨습니까? 그것은 육신을 따르지 않고 영을 따라 행하는 우리에게 율법의 요구가 이루어지게 하시기 위함입니다. 육신은 율법을 무력하게 만들지만, 성령은 율법에 순종할 수 있는 능력을 줍니다. 예레미야와 에스겔을 통해 예언하신 성령의 역사가 이제 성취됩니다. 도덕법은 우리 안에서 이루어져야 합니다. 성령의 도움으로 율법에 순종하는 것이 칭의의 열매이며 성화가 의미하는 바입니다. 거룩함이란 그리스도를 닮는 것이며, 그리스도를 닮는 것은 율법의 의로운 요구를 이루는 것입니다. 거룩함은 성령의 역사입니다. 내주하시는 성령의 힘으로 우리는 율법을 지킬 수 있으며, 또한 반드시 지켜야 합니다. 성령은 우리로 하여금 사랑의 열매를 맺게 하십니다.

갈라디아서에서는 어떻게 성령을 통해 율법의 완성인 사랑(롬 13:10)

을 행하게 되는지 구체적으로 가르칩니다. 갈라디아서 5장 3~4절에서는 할례받는 것은 온 율법을 지켜야 하는 의무를 부과하는 것이고 결국은 의롭게 되지 못한다고 말하며, 율법 안에서 의롭다 함을 얻으려고 하는 사람은 그리스도에게서 끊어진 자라고 가르칩니다. 그 대신 우리들은 성령으로 의롭게 되는 것을 소망하며 기다립니다. 그 의는 믿음으로 말미암은 의입니다. 6절에서 바울은 결론적으로 그리스도 예수 안에서는 할례나 무할례나 효력이 없으며, 중요한 것은 사랑으로 역사하는 믿음 뿐이라고 말합니다. 율법의 행위가 아니라 오직 그리스도를 믿음으로 의를 이루는 것입니다. 그 믿음은 우리가 성화되면서 사랑의 열매를 맺게 합니다. 사랑 안에서 살아가는 사람은 사랑이 마음에서 흘러나오는 깊은 수준의 변화가 일어나기 때문에 사랑은 율법의 궁극적인 성취입니다. 이러한 근본적인 변화는 믿음과 성령의 역사 없이는 이루어질 수 없습니다. 오직 하나님의 약속과 공급하심을 신뢰하며 성령의 능력을 받은 사람만 사랑할 수 있습니다. 성령에 의한 마음의 변화 없이는 율법을 순종한다고 해도 율법을 완성할 수 없습니다. 바울은 성령의 능력으로 율법의 요구를 성취할 수 있다고 단언합니다.

바울은 갈라디아서 5장 1절에서 이미 언급한 말씀을 5장 13절에서 사랑을 강조하며 새롭게 표현합니다. "형제들아, 너희가 자유를 위하여 부르심을 입었으나(종이 아니라) 그러나 그 자유로 육체의 기회를 삼지 말고(다시 종의 멍에를 메지 말고), 오직 사랑으로 서로 종 노릇 하라." 그리스도의 십자가 사건은 구속사의 최대 정점으로, 우리를 향한 극진한 사랑의 표현입니다. 하나님의 은혜는 우리의 응답을 요구합니다. 따라서 바울은 복음의 진리를 깨닫고 그리스도의 삶을 본 받아야 할 성도의 구체적인 생활 규범으로 사랑을 제시합니다. 갈라디아서 6장 2절에서 '그리스도의 법을 성취하라'고 말합니다. 갈라디아서 5장 14절과 6장 2절은 깊은 상호 연관성이 있습니다. 바울은 믿는 자들에게 '이웃 사랑'으로 종노릇하라고 명하며(갈 5:13-14), 다양한 예로 서로 섬김으로써 '그리스도의 법'을 성취하라고 말합니다(갈 6:1, 4-5). 바울은 성도에게 율법을 행하거나 순종하라고 명령하지 않습니다. 오히려 그는 사랑을 통해 율법이 완성된다고 말할 뿐입니다. 이것은 율법의 완성이 사랑의 결과임을 보여 줍니다. 로마서 13장 8절에서 '남을 사랑하는 자는 율법을 다 이루었느니라'고 율법을 완성하는 길을 말합니다.

 옛 언약 시대에는 율법의 모든 외적 요구에 순응하는 것이 이스라엘의 본질적인 의무였습니다. 새 언약 시대에는 그렇지 않습니다. 그리스도의 구속을 받은 그리스도인에게 요구되는 것은 훨씬 더 깊은 헌신, 다시 말해 성도들은 성령의 절대 주권적인 다스림에 삶을 완전히 복종시키는 것입니다. 그 결과 그리스도인은 십자가에서 계시된 하나님의 은혜에 반응하여 이웃을 사랑할 수 있는 능력을 얻게 됩니다. 이러한 그리스도인들의 사랑 안에서 율법의 모든 의도가 실현됩니다. 그리스도인들은 내주하시는 성령을 따라 살아갈 때 율법을 주신 하나님의 뜻인 '하나님 사랑'과 '이웃 사랑'을 실천할 수 있습니다.

묵상과 적용

1. 교회나 믿는 가정에서 자기 열심으로 경건한 분위기를 유지하며 관계를 온전히 하려는 열렬한 성도들이 있습니다. 그러다가 자기 뜻대로 되지 않을 때 실망하거나 원망하는 경우를 가끔 봅니다. 이런 사람들의 잘못은 무엇인가요?.

2. 죄가 율법을 통해 우리를 사로잡고 결국은 죄 가운데 더 거하게 만들어 결국은 고통을 한탄하게 만듭니다. 이런 경험이 있었다면 나누어 보세요. 무엇이 문제였나요?

3. 성령을 따라 행하면 사랑의 열매를 맺는다고 성경은 가르칩니다. 사랑은 율법의 완성입니다. 그러므로 성령은 우리가 율법을 잘 지킬 수 있는 능력을 주십니다. 이때 율법은 무엇을 말하며 성령이 어떻게 우리를 돕는지 나누어 보세요.

15과

복음적 삶

    율법과 약속, 율법과 복음의 관계에 관해 많은 논쟁이 있었습니다. 루터파 복음주의는 그리스도께서 "율법의 마침"(롬 10:4)이 되셨기 때문에 율법이 그리스도 안에서 폐지되었다고 주장합니다. 그리스도께서 율법의 종지부를 찍었기 때문에 하나님께 나아가는데 더 이상 율법의 역할이 없다는 것입니다. 그러나 개혁주의는 모세의 율법이 선하고 거룩하고 신령한 하나님의 법이라는 점을 강조하면서 로마서 10장 4절을 율법의 '목표/완성'이라는 뜻으로 해석합니다. 그리스도는 스스로 율법을 성취하셨으며, 그가 성령을 주신 것은 율법을 굳게 세우기 위해서입니다(롬 3:31; 8:2, 4). 율법을 굳게 세운다는 것은 하나님께서 율법 안에 그분의 거룩한 뜻을 은혜로 계시하여 주셨음을 뜻하므로 그리스도인들은 그것을 기쁘게 받아들여 자신의 삶의 지침으로 삼아야 합니다. 성령의 말씀은 본질적으로 하나이기 때문에 복음과 율법도 하나이며, 결과적으로 율법은 그리스도 안에서 폐지되지 않았습니다.

    신앙생활이 정체되거나 성장하지 못하는 이유는 율법과 복음을 바르게 구분하지 못하고, 복음을 깨닫지 못하기 때문입니다. 많은 신자가 주님과 더 깊은 관계를 맺고 영적으로 성장하기 위해 성경을 읽고, 기도하고, 예배합니다. 또 하나님이 싫어하시는 것을 의지적으로 피하기도 합니다. 이런 생활이 유지되는 한 하나님과 더 가까워졌다는 느낌을 갖게 됩니다. 하지만 이런 신앙생활을 잘 유지하지 못하고 실패라도 하면 주님과의 관계에 자신감이 없어지고 믿음도 한 순간에 무너집니다. 이러한 경우를 자세히 살펴보면 '나 하기에 달려 있다'는 생각이 그 바탕에 깔려 있습니다. 내 의지와 신념으로 신앙생활을 합니다. 그렇기에 율법과 복음이 어떻게 다른지 선명하게 깨닫고 복음이 무엇인지를 정확하게 이해해야 합니다. 그 은혜를 알기까지 신앙생활은 기쁨과 좌절을 오르내리기 때문입니다.

1. 신자의 정체성 알기

신자는 자신이 누구인지 알아야 합니다. 정체성에 적합한 의식을 갖고 합당한 삶을 살아야 합니다. 신자는 율법이 아니라 은혜 아래 살아가는 사람입니다. 그는 자기 행위와 공로에 의존해 하나님의 사랑을 얻어 내려고 하지 않습니다. 비록 영적 삶에 승리와 패배가 공존하지만 자기 행위와 공로에 의존해서 하나님께 나아가지 않습니다. 그는 언제나 그리스도와 연합한 은혜의 영광을 알기에 하나님의 영광과 하나님의 이름을 생각하면서 살아갑니다. 성도는 영광스러운 하나님의 자녀라는 신분과 지위를 인식하면서 그 영광스러운 자리를 즐거워하고 감사하며 살아가는 사람입니다. 비록 고난 가운데 넘어지고 범죄할지라도 그리스도 안에서 자신이 얻은 영광스러운 신분은 변할 수 없음을 압니다. 그러므로 은혜 아래의 삶에는 자유와 기쁨, 안식과 평강이 있습니다. 은혜 아래 있는 삶은 하나님이 그리스도 안에서 나를 위해 행하신 일로 인해 만족하며 쉼을 얻는 삶입니다.

(로마서 6:1-11) [1] 그런즉 우리가 무슨 말을 하리요 은혜를 더하게 하려고 죄에 거하겠느냐 [2] 그럴 수 없느니라 죄에 대하여 죽은 우리가 어찌 그 가운데 더 살리요 [3] 무릇 그리스도 예수와 합하여 세례를 받은 우리는 그의 죽으심과 합하여 세례를 받은 줄을 알지 못하느냐 [4] 그러므로 우리가 그의 죽으심과 합하여 세례를 받음으로 그와 함께 장사되었나니 이는 아버지의 영광으로 말미암아 그리스도를 죽은 자 가운데서 살리심과 같이 우리로 또한 새 생명 가운데서 행하게 하려 함이라 [5] 만일 우리가 그의 죽으심과 같은 모양으로 연합한 자가 되었으면 또한 그의 부활과 같은 모양으로 연합한 자도 되리라 [6] 우리가 알거니와 우리의 옛 사람이 예수와 함께 십자가에 못 박힌

것은 죄의 몸이 죽어 다시는 우리가 죄에게 종 노릇 하지 아니하려 함이니 7 이는 죽은 자가 죄에서 벗어나 의롭다 하심을 얻었음이라 8 만일 우리가 그리스도와 함께 죽었으면 또한 그와 함께 살 줄을 믿노니 9 이는 그리스도께서 죽은 자 가운데서 살아나셨으매 다시 죽지 아니하시고 사망이 다시 그를 주장하지 못할 줄을 앎이로라 10 그가 죽으심은 죄에 대하여 단번에 죽으심이요 그가 살아 계심은 하나님께 대하여 살아 계심이니 11 이와 같이 너희도 너희 자신을 죄에 대하여는 죽은 자요 그리스도 예수 안에서 하나님께 대하여는 살아 있는 자로 여길지어다.

1 죄와 관련한 우리의 정체성은 무엇인가요? 이와 관련하여 유대주의자들과 바울의 논쟁을 살펴보고 그에 대한 바울의 선언이 무엇인지 정리해 보세요.

2 우리가 예수 그리스도와 합하여 세례를 받았다는 건 무슨 뜻인가요?

3 나는 무엇 때문에 그리스도와 함께 장사되고 부활했나요? 성경이 말씀하시는 삶에 합당하게 살아가고 있나요?

> **4** 사도 바울은 이 단락을 마치면서 우리의 정체성에 대해 무엇이라고 선언하나요?

율법은 우리를 정죄하고 죄를 더하게 합니다. 죄는 우리의 헛된 정욕을 이용해 율법으로 우리를 지배하고 자유를 빼앗아 갑니다. 반면에 은혜는 죄가 많은 곳에 더욱 넘칩니다. 은혜는 죄인을 구원합니다. 죄가 사망의 권세로 죄인 가운데 역사하며 통치하는 반면, 은혜는 의의 권세로 믿는 자 가운데 역사하며 통치합니다. 유대주의자들은 이에 대해 반론을 제기합니다. 죄가 많은 곳에 은혜가 넘친다면, 은혜를 받기 위해 죄를 더 지으면 되겠다는 것입니다. 언뜻 논리적인 것 같습니다. 그러나 바울은 절대 그럴 수 없다고 선언합니다. 그들은 진리를 오해하고 있었습니다.

신자는 죄에 대하여 죽은 자입니다. 이것이 우리 신자의 정체성입니다. 이 말씀에 관한 세 가지 오해를 살펴보면 진정한 의미를 알 수 있습니다. 첫째, '신자는 죄에 대하여 죽었다'라는 말을 어느 경지에 오르면 더 이상 죄를 짓지 않는다는 말로 오해하는 완벽주의입니다. 둘째, 신자가 깊은 영적 생활을 하려면 '죄에 대하여 죽으라'는 명령에 순종해 살아야 하는 것으로 오해하는 율법주의입니다. 만일 우리의 구원과 영적 생활의 은혜가 우리 자신의 영적 싸움에 따라 승패가 달린 문제라면 신자는 복음 안에서 안식을 누리는 대신에 불안과 자책과 죄책 가운데서 살아가게 됩니다. 셋째, '믿는 자인 나는 죄에 대하여 죽은 적이 있는가? 그런 일이 일어났는가?'라고 질문하여 자신의 체험 수준을 확인하려 하는 체험주의입니다. 많은 그리스도인이 오해하고 실수하는 것이 바로 이 세 번째 오해입니다. 사도 바울은 신자의 체험 대신 그리스도께서 행하신 일, 그리스도 안에서 믿는 자에게 일어난 일을 객관적 수준에서 말하고 있습니다.

신자들이 죄에 대하여 죽었다는 선언은 신자들이 죄를 짓는 것이 불가능하다는 뜻이 아니라 도덕적으로 부적합하다는 뜻입니다. 그러나 우리의 타락한 옛 사람의 본성은 아직도 살아 있습니다. 바울은 서신서 뒷부분에서 우리에게 "어둠의 일을 벗어버리고 정욕을 위하여 육신의 일을 도모하지 말라"(롬 13:12, 14)고 권면합니다. 죽음은 육체적인 의미보다는 법적인 의미로 설명됩니다. 우리는 그리스도와 연합하여 죄의 형벌을 이미 받았다는 의미에서 죽은 것입니다. 죄의 영향력이나 죄를 사랑하는 본성이 죽어 없어졌다는 생각은 잘못된 개념입니다. 이 문제를 해결하기 위해 하나님은 성령님을 통해 은혜의 방식으로 우리를 통치하십니다.

로마서 6장 3~11절은 '신자는 죄에 대하여 죽었다'는 말을 설명합니다. 바울은 이것을 '그리스도와의 연합'이라는 개념으로 설명합니다. 예수 그리스도를 믿음으로 세례를 받은 신자는 예수 그리스도와 연합한 신분이 됩니다. 즉 그리스도와 하나 되어 그리스도께 일어난 일이 곧 신자에게 일어난 일이 되었습니다. 신자는 먼저 그리스도의 죽으심과 연합합니다. 그리스도의 죽으심이 바로 신자 자신의 죽음이라는 뜻입니다. 이것은 경험이 아니라 영적 사실입니다. 바울 사도가 갈라디아서 2장 20절에서 '내가 그리스도와 함께 십자가에 못 박혔나니'라고 말한 것과 같은 사실입니다. 신자는 그리스도와 함께 완전히 죽어 장사된 자입니다. 또한 신자는 그리스도의 부활과도 연합한 자입니다. 단순히 미래에 부활될 것이라는 소망을 넘어 이미 그리스도와 함께 살아난 자라고 선언하는 것입니다.

그렇다면 신자를 그리스도와 연합하게 하시는 하나님의 목적은 무엇입니까? 그것은 그리스도와 함께 부활하여 새 생명 가운데서 살게 하려는 것입니다. 죄에 대하여는 죽은 자요, 하나님께 대하여는 산 자가 되어 새 생활을 하게 하려는 뜻이 담겨 있습니다. 그리스도께서 부활하신 후 성부 하나님과 온전히 영광스런 교제 속에 들어가 영광 중에 거하는 삶을 사신 것처럼, 우리도 새롭게 받은 하나님의 생명 속에서 교제하며 하나님의 영광을 위해 사는 삶을 삽니다.

신자는 죄에 대하여 죽은 사람이기에 죄가 신자들을 더 이상 주관하지 못합니다. 우리는 죄의 흑암의 나라에서 빛의 그리스도의 나라로 옮겨온 자들입니다(골 1:13). 그리스도가 지금 우리를 다스리고 계시는데 어떻게 죄가 우리를 동시에 다스릴 수 있겠습니까? 그리스도의 나라는 법 아래 있지 않고 은혜 아래 있습니다. 율법 아래 있는 사람은 하나님께 인정 받으려고 노력하며, 끊임없이 자기 행위와 공로에 의존합니다. 그를 지배하는 것은 율법입니다. 그에게는 쉼이 없습니다. 신자는 은혜 아래 살아가는 사람입니다. 영광스러운 하나님의 자녀로서 하나님을 사랑함으로 감사하고 이웃을 섬기며 살아갑니다. 은혜 아래 사는 삶은 자유와 기쁨, 안식과 평강이 있습니다. 은혜 아래 삶은 하나님이 그리스도 안에서 나를 위해 행하신 일 안에서 만족하며 쉼을 얻는 삶입니다. 온전한 신앙생활, 하나님의 뜻을 행하는 삶은 신자의 정체성을 바르게 아는 데서 시작됩니다.

2. 죄와 싸워 승리하는 삶

죄는 믿는 자를 지배하지는 못하지만 신자의 몸은 지배할 수도 있습니다. 중요한 것은 죄의 문제를 고려할 때 우리 자신과 우리의 몸을 구별해야 한다는 것입니다. 바울은 이렇게 증거합니다. "우리의 옛 사람이 예수와 함께 십자가에 못 박힌 것은 죄의 몸이 죽어 다시는 우리가 죄에게 종 노릇 하지 아니하려 함이니"(롬 6:6). 옛 사람은 죄성, 육체적 본성, 정욕을 가리키는 말이 아닙니다. 옛 사람은 아담과 연합한 사람, 아담 안에 있던 사람, 즉 자연인입니다. 옛 사람은 율법 아래 있는 사람이고 하나님의 진노와 정죄 아래 태어난 사람입니다. 죄의 몸은 옛 사람과 다른 개념입니다. 이 땅에 사는 동안 신자는 죄와 타락의 영향에서 완전히 자유롭지 못한 몸을 입고 살아갑니다. 죄는 우리의 선천적인 본능을 왜곡시킵니다. 본능 자체는 선하지만, 죄는 자연적 본능을 비정상적인 정욕과 사욕으로 바꿉니다.

(로마서 6:12-23) [12] 그러므로 너희는 죄가 너희 죽을 몸을 지배하지 못하게 하여 몸의 사욕에 순종하지 말고 [13] 또한 너희 지체를 불의의 무기로 죄에게 내주지 말고 오직 너희 자신을 죽은 자 가운데서 다시 살아난 자 같이 하나님께 드리며 너희 지체를 의의 무기로 하나님께 드리라 [14] 죄가 너희를 주장하지 못하리니 이는 너희가 법 아래에 있지 아니하고 은혜 아래에 있음이라 [15] 그런즉 어찌하리요 우리가 법 아래에 있지 아니하고 은혜 아래에 있으니 죄를 지으리요 그럴 수 없느니라 [16] 너희 자신을 종으로 내주어 누구에게 순종하든지 그 순종함을 받는 자의 종이 되는 줄을 너희가 알지 못하느냐 혹은 죄의 종으로 사망에 이르고 혹은 순종의 종으로 의에 이르느니라 [17] 하나님께 감사하리로다 너희가 본래 죄의 종이더니 너희에게 전하여 준 바 교훈의 본을 마음으로 순종하여 [18] 죄로부터 해방되어 의에게 종이 되었느니라 [19] 너희 육신이 연약하므로 내가 사람의 예대로 말하노니 전에 너희가 너희 지체를 부정과 불법에 내주어 불법에 이른 것 같이 이제는 너희 지체를 의에게 종으로 내주어 거룩함에 이르라 [20] 너희가 죄의 종이 되었을 때에는 의에 대하여 자유로웠느니라 [21] 너희가 그 때에 무슨 열매를 얻었느냐 이제는 너희가 그 일을

부끄러워하나니 이는 그 마지막이 사망임이라 ²² 그러나 이제는 너희가 죄로부터 해방되고 하나님께 종이 되어 거룩함에 이르는 열매를 맺었으니 그 마지막은 영생이라 ²³ 죄의 삯은 사망이요 하나님의 은사는 그리스도 예수 우리 주 안에 있는 영생이니라.

1 죄에 대하여 죽고 하나님에 대하여 산자로서 우리는 어떻게 살아야 하나요? 죄에 대하여 죽은 우리는 아직도 왜 죄에 대하여 민감해야 하나요?

2 죄가 우리를 지배하지 못하는 이유가 무엇인가요?

3 바울이 신자들을 순종의 종으로 묘사하는 이유가 무엇인나요? 의의 종이란 무슨 뜻인가요?

4 신자들이 거룩함에 이르는 삶을 어떻게 살 수 있나요? 이 말이 뜻하는 바가 무엇인가요?

신자는 하나님 나라의 '이미'와 '아직'의 갈등 구조 속에서 살아갑니다. '이미' 우리는 예수 그리스도의 속죄 사역에 힘입어 죄에 대하여 죽은 자가 되었고, 부활로 말미암아 하나님 앞에서 새 생명으로 살게 되었습니다. 그러나 '아직' 우리 자신들도 죄의 몸을 가지고 있으며 결국 몸의 속량을 소망하며 살아갑니다. 신자는 몸 안에 살아가는 동안 "죄가 너희 죽을 몸을 지배하지 못하게 하라"(롬 6:12)는 율법의 명령이 필요합니다. 신자는 여전히 이 땅을 사는 동안 죄와 싸워야 하고 때로는 죄를 지을 수도 있습니다.

성도들이 조심해야 할 것은 자기 생각과 의지로 거룩함과 의를 이루려고 하는 율법주의적인 태도입니다. 로마서 7장에 의하면, 율법 아래로 들어가서 율법의 방법으로 싸우면 죄에게 백전백패합니다. 그러나 복음적 태도를 가지고 은혜 아래 있으면 죄와의 싸움에서 승리하고 거룩의 열매를 맺을 수 있습니다. 성령의 지배를 받는 신자 자신이 자기의 죽을 몸 안에 남아 있는 죄와 싸웁니다. 그러므로 이 싸움은 신자의 구원받은 신분에는 아무런 영향을 미치지 못합니다. 신자 안에 남아있는 죄성은 신자의 몸 안에 있는 죄입니다.

신자는 더 이상 법 아래 있지 않고 은혜 아래 있습니다. 이것을 인식하고 깨닫는 것이 죄와의 싸움에서 승리하는 비결입니다. 법 아래 있다는 것은 그 법을 지킬 의무를 갖고 있고 그로 인한 저주나 정죄 아래 있다는 말입니다. 은혜 아래 있다는 것은 우리가 그리스도의 사역에 의지하여 구원받는다는 사실을 인정하고 의롭다 함을 받고 자유함을 누리는 것입니다. 자신이 정죄로부터 벗어나 자유롭게 되었다는 것을 아는 사람은 자신을 침해하는 죄의 권세에 대해 새로운 힘과 담대함으로 자유롭게 저항할 수 있습니다. 거듭난 사람 안에서만 싸움이 일어납니다. 죄와의 싸움에서 승리하기 위해서는 그리스도 안에 있는 자신의 신분을 확실히 알고 인정해야 합니다. 신자의 싸움은 생명이나 자유를 얻기 위한 싸움이 아니라 하나님이 그리스도의 복음 안에서 주신 생명과 자유를 지키고 누리기 위한 싸움입니다. 율법과 은혜는 옛 질서와 새 질서, 아담의 질서와 그리스도의 질서라는 서로 반대되는 원리입니다.

로마서 6장 16~23절의 원리, 누구에게 순종하는지에 따라 순종하는 대상의 종이 된다는 원리도 신자의 정체성과 동일한 원리입니다. 신자는 죄에 대하여 죽었기 때문에 죄의 종이 되어서는 안 됩니다. 신자는 하나님 앞에서 살기 때문에 순종의 종이 되어야 합니다. 그 결과와 열매는 확연히 다릅니다. 죄는 사망을 낳습니다. 순종은 의를 낳고, 결국 생명을 풍성하게 해줍니다. 신자는 생명을 얻기 위해 순종하는 것이 아니라 생명을 선물로 받았기 때문에 순종의 삶을 삽니다. 옛 사람일 때는 죄의 종이었는데, 새 사람이 되어서는 순종의 종이 되는 것입니다. 이런 회심은 철저한 자기 포기 행위입니다. 자기 포기는 불가피하게 종 노릇으로 이끕니다. 그리고 종 노릇은 전적으로 철저한 배타적 순종을 요구합니다. 예수님이 말씀하신 것처럼 누구도 두 주인을 섬길 수 없기 때문입니다. 죄의 종이 되어 부정과 불법에 우리 지체를 드리면 불법에 이릅니다. 순종의 종이 되어 우리 지체를 의에게 드리면 거룩함에 이릅니다. 신자들이 할 일은 당연히 의에 자기 지체를 드리는 것입니다. 바울이 이것을 명령합니다. 이것이 그리스도 안에서 새로운 율법(복음)입니다.

사도 바울 자신도 날마다 자기 몸을 쳐서 복종시킨다고 고백합니다(고전 9:27). 성령을 따라 행함으로써 육체의 욕심을 이루지 않기 위한 싸움을 한다고 말합니다(갈 5:16). 거룩함에 이르는 싸움을 쉬지 않겠다는 것입니다. 이런 싸움은 저절로 되지 않습니다. 그리스도인의 영적 싸움, 죄와의 싸움은 힘쓰고 애써야 하는 싸움입니다. 히브리서 12장 4절에서 '너희가 죄와 싸우되 아직 피 흘리기까지는 대항하지 아니하고'라고 부정적으로 표현하면서 그리스도인의 죄와의 싸움이 어디까지 이르러야 하는지를 말해 줍니다.

그렇다면 신자가 죄와 싸워 이기는 동력은 무엇입니까? 율법이 아니라 은혜에서 오는 동력은 무엇입니까? 그것은 "오직 사랑으로 서로 종 노릇 하라"(갈 5:13), "너희 안에 이 마음을 품으라 곧 그리스도 예수의 마음이니"(빌2:5) 이들 말씀에 담겨 있습니다. 주님이 본이 되십니다. 주님은 스스로 종의 형체를 가져 사람들과 같이 되셨고 자기를 낮추고 십자가에서 죽기까지 복종하셨습니다. 하나님의 아들이 친히 순종의 종이 되셨습니다. 이것이 사랑으로 종 노릇 하신 것입니다. 신자는 하나님을 사랑하여 평생 순종의 종, 의의 종, 하나님의 종으로 살고 싶어합니다. 신자는 하나님의 무한한 사랑과 은혜를 경험하고 살아가기 때문에 주님의 마음을 본받아 사랑으로 종 노릇 할 수 있는 동기와 힘을 가진 존재입니다.

3. 성령을 따라 사랑하는 삶

신자가 죄와 싸워 승리하는 동력은 사랑에 있습니다. 하나님의 사랑을 체험하고 하나님을 섬기는 신자는 죄와의 싸움에도 적극적입니다. 우리의 싸움은 이미 얻은 구원을 유지하며 기뻐하고 즐거워하기 위함입니다. 그렇다면 우리는 어떻게 사랑하고 어떻게 죄와의 싸움을 잘 감당할 수 있을까요? 여기에도 율법과 복음의 원리가 작용합니다. 내 의지와 내 경험, 내 안에 내재된 어떤 힘으로 이기려고 하면 실패합니다. 이는 율법적 태도입니다. 그러나 예수 그리스도를 믿음으로 우리 안에 내주하시는 성령을 따라 행하면 승리할 수 있습니다. 이것이 복음적인 원리입니다.

(갈라디아서 5:16-24) [16] 내가 이르노니 너희는 성령을 따라 행하라 그리하면 육체의 욕심을 이루지 아니하리라 [17] 육체의 소욕은 성령을 거스르고 성령은 육체를 거스르나니 이 둘이 서로 대적함으로 너희가 원하는 것을 하지 못하게 하려 함이니라 [18] 너희가 만일 성령의 인도하시는 바가 되면 율법 아래에 있지 아니하리라 [19] 육체의 일은 분명하니 곧 음행과 더러운 것과 호색과 [20] 우상 숭배와 주술과 원수 맺는 것과 분쟁과 시기와 분냄과 당 짓는 것과 분열함과 이단과 [21] 투기와 술 취함과 방탕함과 또 그와 같은 것들이라 전에 너희에게 경계한 것 같이 경계하노니 이런 일을 하는 자들은 하나님의 나라를 유업으로 받지 못할 것이요 [22] 오직 성령의 열매는 사랑과 희락과 화평과 오래 참음과 자비와 양선과 충성과 [23] 온유와 절제니 이같은 것을 금지할 법이 없느니라 [24] 그리스도 예수의 사람들은 육체와 함께 그 정욕과 탐심을 십자가에 못 박았느니라.

(로마서 13:8-10) [8] 피차 사랑의 빚 외에는 아무에게든지 아무 빚도 지지 말라 남을 사랑하는 자는 율법을 다 이루었느니라 [9] 간음하지 말라, 살인하지 말라, 도둑질하지 말라, 탐내지 말라 한 것과 그 외에 다른 계명이 있을지라도 네 이웃을 네 자신과 같이 사랑하라 하신 그 말씀 가운데 다 들었느니라 [10] 사랑은 이웃에게 악을 행하지 아니하나니 그러므로 사랑은 율법의 완성이니라.

1 우리 안에는 두 원리가 서로 싸우고 있습니다. 그것은 무엇인가요? 성령의 인도하심 아래 있으면 율법 아래 있지 않다는 말의 의미는 무엇인가요?

2 육체의 일과 성령의 열매는 각각 무엇인가요? 이것은 우리에게 무엇을 알려주나요?

3 왜 사랑은 율법의 완성인가요? 십계명을 지키는 원리를 말해보세요

    율법은 그 아래 속한 자들에게 율법의 요구를 수행하게 해 줄 능력이 없습니다. 율법 아래 있다는 말은 사실상 율법의 저주 아래 있는 것이며, 죄 아래 갇혀 육체의 노예가 된 상태를 말합니다. 바울은 율법과 육체를 하나로 묶어 놓습니다. 율법과 육체는 짝을 이루며 성령과 대치됩니다. 율법은 성령의 능력 밖에 있는 것으로, 육체의 영향에서 우리를 벗어나지 못하게 합니다. 육체의 일은 본문에 나열한 것처럼 온갖 죄악으로 가득 차게 됩니다. 그러나 바울은 "성령의 인도하시는 바가 되면 율법 아래 있지 아니하니라"(갈 5:18)고 진술합니다. 성령의 인도하심을 받으면 율법의 저주에서 벗어날 수 있습니다. 성령을 따르고 열매 맺는 삶은 아홉 가지의 열매를 맺는데 이를 하나로 요약하면 사랑의 열매입니다. 생명을 부어주는 성령의 능력(요 6:63; 롬 8:11; 고전 15:45; 고후 3:6)만이 신자들로 하여금 사랑의 요구로 집약되는 율법을 성취하게 할 수 있습니다.

로마서에서도 같은 맥락의 설명이 있습니다. "죄로 말미암아 자기 아들을 죄 있는 육신의 모양으로 보내어 육신에 죄를 정하사(정죄) 육신을 따르지 않고 그 영을 따라 행하는 우리에게 율법의 요구가 이루어지게 하려 하심이니라"(롬 8:3-4). 바울은 율법이 할 수 없는 것을 하나님이 하셨다고 말합니다. 그것이 위의 성경 구절에서 말한 복음입니다. 삼위일체 하나님이 하신 일입니다. 성자 하나님이 완전한 인간이 되셔서 십자가에서 죽으심으로 성부 하나님은 죄인의 죄를 심판하셨습니다. 그리고 인간의 연약한 죄성이 아니라 성령을 따라 행함으로 율법의 요구를 이루게 하셨습니다. 하나님이 정하신 복음과 율법의 원리입니다. 율법은 육신과 더불어 율법의 요구인 사랑을 하기에는 무력합니다. 그러나 성령을 따라 행하면 사랑의 열매를 맺습니다. 그러므로 신자들은 성령을 따라 행해야 합니다.

바울은 로마서 1~11장에서 교리, 12~13장에서 실천을 언급한 다음 마지막으로 권면합니다. "피차 사랑의 빚 외에는 아무 빚도 지지 말라. 남을 사랑하는 자는 율법을 다 이루었느니라"(롬 13:8). 바울은 타인에게 빚을 져서는 안 된다고 하면서 오직 사랑의 빚만 지라고 권면합니다. 우리가 결코 갚을 수 없기 때문에 언제나 남아 있는 빚이 있습니다. 그것이 사랑의 빚입니다. 우리는 어떤 사람을 사랑하기를 중지하고 '이제 충분히 사랑했어'라고 말할 수 없습니다. 우리는 언제나 우리에게 요구되는 사랑에 미치지 못할 것이고 '영속적인 사랑의 빚'은 남아 있습니다.

오늘 본문은 십계명의 결론을 말합니다. 많은 성도에게 숨겨진 질문이 있습니다. '십계명을 마음을 다해 온전히 지킬 수 있는가? 율법을 온전하게 지킬 수 있는가?' 이 문제는 산상수훈 말씀을 하나님의 온전하심처럼 온전하게 지킬 수 있을지와도 관련됩니다. 바울의 말처럼 우리는 십계명과 관련하여 늘 빚이 남아 있습니다. 충분하고 온전하게 이웃을 사랑함으로 하나님의 뜻을 이루기에는 늘 부족합니다. 만약 율법 아래 생활한다면 율법의 저주 아래 놓이게 되고 율법의 종노릇하며 죄를 더 짓습니다. 그러나 성경은 권면합니다. 우리는 그리스도의 은혜 아래 살아갑니다. 성령의 인도하심과 능력으로 율법의 요구를 지킵니다. 그래서 참 자유와 안식을 누립니다.

바울은 이제 어떻게 이웃 사랑이 율법을 완성하는지 설명합니다. 바울은 로마서 13장 9절에서 십계명의 이웃 사랑과 관련한 금지 사항들을 인용합니다. '간음하지 말라, 살인하지 말라, 도둑질하지 말라, 탐내지 말라'. 여기에 바울은 '그 외에 다른 계명이 있을지라도'를 덧붙이며, 그 모든 것은 '네 이웃을 네 자신과 같이 사랑하라 하신 그 말씀 가운데 다 들었느니라'고 단언합니다. 예수님이 이미 말씀하신 것과 같습니다. 왜 사랑 안에 모든 계명이 다 들어 있습니까? '사랑은 이웃에게 악을 행하지 아니하기'(롬 13:10) 때문입니다. 십계명에서 금하는 마지막 다섯 가지 죄는 사람들에게 악을 행하는 것입니다. 살인은 생명을, 간음은 가정과 명예를, 도둑질은 재산을, 거짓 증거는 명성을 빼앗습니다. 탐욕은 사회에서 검소함과 만족이라는 이상을 빼앗습니다. 이 모든 것은 이웃에 '악'을 행하는 것이지만 사랑의 본질은 우리 이웃의 최선을 추구하고 그것을 위해 일하는 것입니다. 이 때문에 '사랑은 율법의 완성'(롬 13:10)입니다.

예수님이 말씀하신 가장 큰 계명인 '하나님을 사랑하고 이웃을 사랑하는 것'은 십계명의 정신입니다. 온 율법의 강령입니다. 아직도 사랑하는 것이 부족하다고 해도 성령의 능력을 따라 사랑을 늘 추구하고 온전해지기를 소망하며 살아가는 삶이 십계명을 지키기는 삶입니다.

묵상과 적용

1. 신자의 정체성은 무엇인가요? 자신의 말로 정리해 기록해 보세요. 복음이 증거하는 모습을 항상 지니고 있지 못하는 이유는 무엇인가요?

2. 죄와의 싸움은 자신이 믿는 자임을 증거해 줍니다. 자신이 고질적으로 안고 있는 죄 문제가 있다면 나누어 주세요. 로마서 7장 24절의 "오호라 나는 곤고한 사람이로다. 누가 이 사망의 몸에서 누가 나를 건져내랴"고 고백할 정도로 죄에 사로잡힌 적이 있었나요?

3. 성령을 따라 행함으로 사랑의 열매를 맺는 것이 십계명을 지키는 원리입니다. 율법과 복음의 관계에서 이 원리를 다시 한 번 설명해 보세요.

ARMC Bible College 성경대학시리즈(ABC 성경대학시리즈)

성경이 말하게 하라!

오픈도어선교회와 협력 사역하는 아시아선교연구소(Asia Mission Research Center)에서 성경대학시리즈 교재를 개발하였습니다.

- 셀프 스터디에서부터 국내 목회 현장, 해외 선교 현장까지
- 초보적인 신앙에 머무르는 성도를 영적 리더로 길러내고자 하지만 훈련과 자료 부족으로 어려움을 겪는 선교현장,
- 각종 이단과 불건전한 신학의 홍수 속에서 성경으로 균형잡힌 건강한 성도들을 세워가기를 원하는 목회현장,
- 성경을 깊이 있게 공부하고 싶지만, 어디서부터 시작해야 할지 고민스러운 평신도를 위해,

••• ABC 성경대학시리즈 의 특징 •••

성도들이 복음의 기초에서 한 단계 더 나아가 성경을 깊이 있게 접하고 영적 리더로 도약하도록 돕기 위해 만들어졌습니다.
교사가 앞에서 직접 가르쳐주는 형식으로 구성되어 혼자서도 공부할 수 있고, 개인과 소그룹에서 활용할 수 있는 질문과 묵상 내용을 담고 있습니다.
성경 자료가 부족한 선교지를 위해 성경 본문과 참고 자료들을 한데 모아서 정리하여, 한 권의 책만으로도 깊이 있는 성경 공부가 가능합니다.

ABC 성경대학시리즈는 복음주의 교회 성도들이 성경을 깊이 이해하고 하나님이 자신에게 맡겨주신 사명을 온전히 감당하도록 도와줄 것입니다.

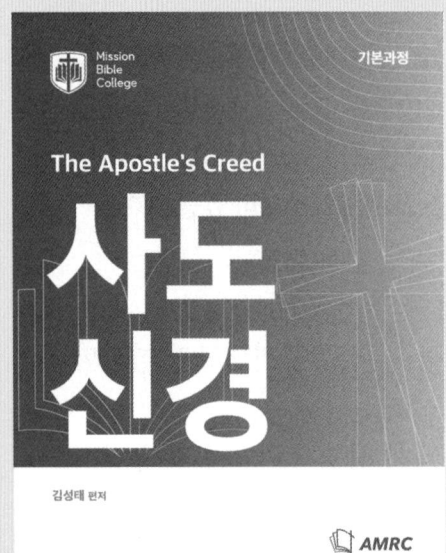

김성태 편저 / 크라운판 변형(175*230mm) / 232면

"당신의 신앙고백의 근거는 무엇입니까?"

사도신경은 신조 중의 신조입니다. 사도신경은 구원에 필요한 모든 기독교 신앙의 근본적인 교리가 간단한 성경적 용어로 기록되었습니다. 내용은 성경책의 순서대로 하나님과 창조부터 시작하여 부활과 영생으로 끝을 맺습니다. 사도신경의 짧은 문장 속에 우리가 믿는 복음의 핵심이 함축되어 있습니다. 따라서 우리가 사도신경의 의미를 정확히 배우면 기독교의 기본 진리를 바르게 이해할 수 있습니다. 더불어 각종 이단의 교리에 빠지지 않고 온전하고 성경적인 믿음을 가질 수 있습니다.

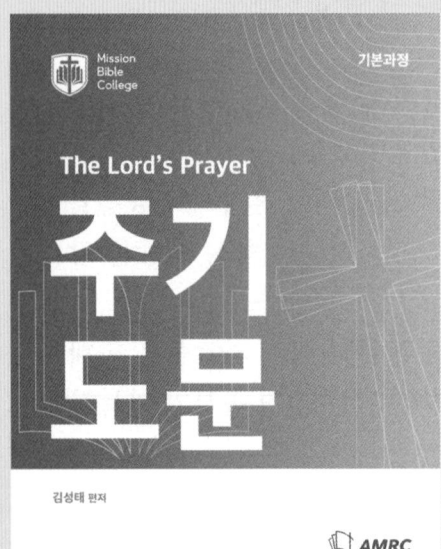

김성태 편저 / 크라운판 변형(175*230mm) / 204면

"예수님은 어떤 기도를 하셨을까요?"

기도는 하나님의 은혜를 경험하는 수단이기 때문에 모든 성도에게 중요합니다. 하지만 모든 기도가 하나님이 원하시는 기도는 아닐 경우가 있습니다. 그래서 우리는 바른 기도에 대해서 배워야 합니다. 우리는 주님이 가르쳐주시는 기도의 바른 방향성을 토대로 하나님이 원하시는 기도를 드려야 합니다. 대표적인 기도문이 바로 주기도문입니다. 주님이 가르쳐주신 기도는 우리 기도의 모범이며 하나님이 우리에게 듣기 원하시는 기도입니다. 이 책은 우리가 주기도문을 바르게 이해하고 하나님께 바른 기도를 할 수 있도록 도울 것입니다.